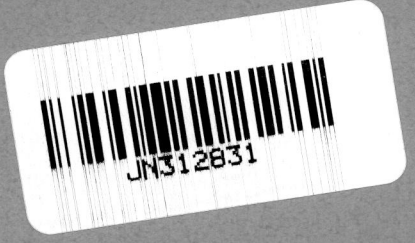

イラストでわかる建築模型のつくり方

大脇賢次・著

彰国社

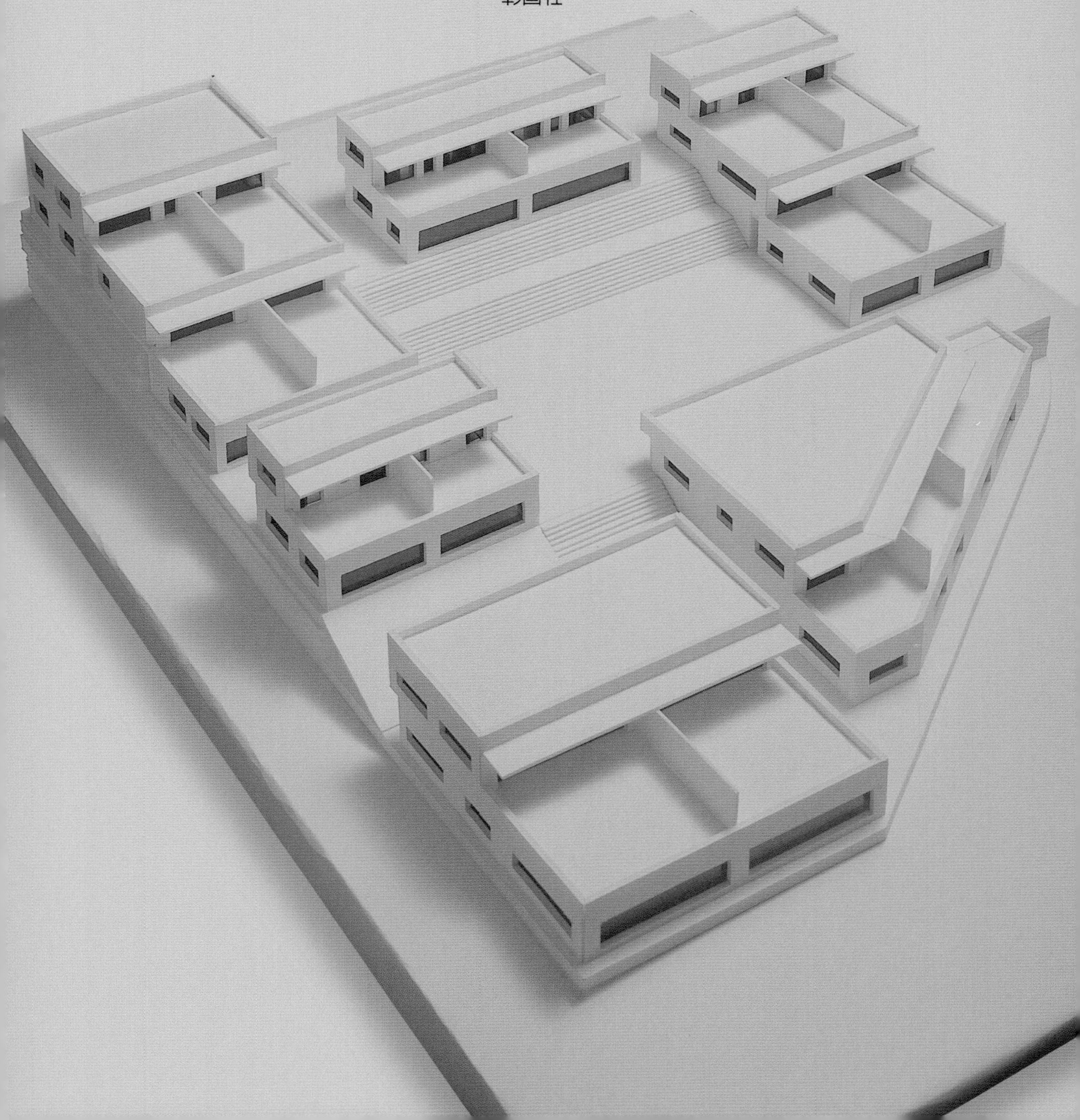

装丁・デザイン　柳忠行

はじめに

本書ははじめて模型を学ぼうとする方々や、建築、インテリア学科の学生を対象に、建築模型の入門書として書いたものである。また模型製作の経験を多少もっていても、意外と模型材料の名称や、基本的なテクニックを知らないことも多い。そのような方々にも役立つ本を目指した。

この本をつくるにあたって、模型製作の経験のない方にも理解しやすいように、模型材料と道具の説明から、作業の基本的なテクニックや製作のプロセスまで、なるべく平易な文章で書いたつもりである。また実際の模型についての理解がより深まるよう、できるだけ多くのイラスト、写真を用い、わかりやすく表現することを心がけた。

私の考えでは、建築を学びはじめた時期に、模型製作の基本をしっかりと身につけたほうがよいと思う。模型をつくるということは、建築のプレゼンテーションの道具として設計の意図を相手に伝えるためというばかりではない。頭だけでなく手を動かしながらものをつくっていくという行為を通して、建築に対する理解を深め、空間構成を理解するのにとても重要だからである。また立体をつくることで表現の幅が広がり、さらに自分の設計したエスキースや図面が、実際の形としてできあがっていくという、ものをつくる楽しさも得ることができる。

私自身、設計者として数多くの、そしていろいろなタイプの模型をつくっている。現在でも、建物のエスキースができると同時に、いくつかのスタディ模型をつくり、それを前にしてさまざまな事柄を検討している。また設計の際には必ずプレゼンテーション模型をつくり、施主への説明にも積極的に用いている。このように、模型をつくることは、設計作業になくてはならない重要な過程である。

本書は私の模型製作の経験をもとに書きあげたものである。この本をきっかけにして、手でものをつくる楽しさを知り、建築をより深く理解することに少しでも役立てば幸いである。

ＲＣ造２階建住宅

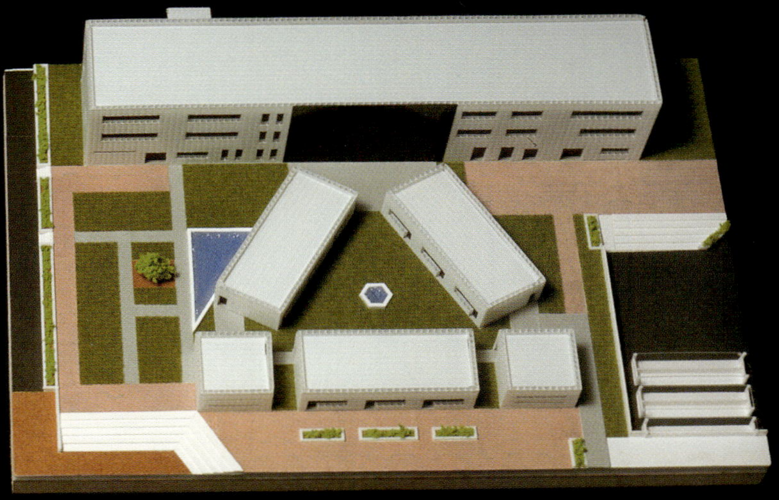

4頁上は第3章6節で紹介するコートハウスのインテリア模型、4頁下は第3章4節で紹介するRC造住宅の模型、5頁上は第3章4節で紹介する研究所の模型、5頁下は第3章3節で紹介するRC造事務所の模型

イラストでわかる**建築模型のつくり方**

【目次】

第1章

模型の材料と道具

この章では、模型をつくるうえで必要な材料と道具を紹介する。模型材料の色、質感、加工性などを知ることは模型製作の基本である。また道具の作業性、機能性を理解することは作業を効率よくすすめるためには欠かせない。模型の材料や道具には多くの種類があり、初心者が選ぶ際にはいろいろと迷うことが多いが、ここでは一般的によく使われるものを取りあげ、選択の手助けになるように基本を詳しく説明している。

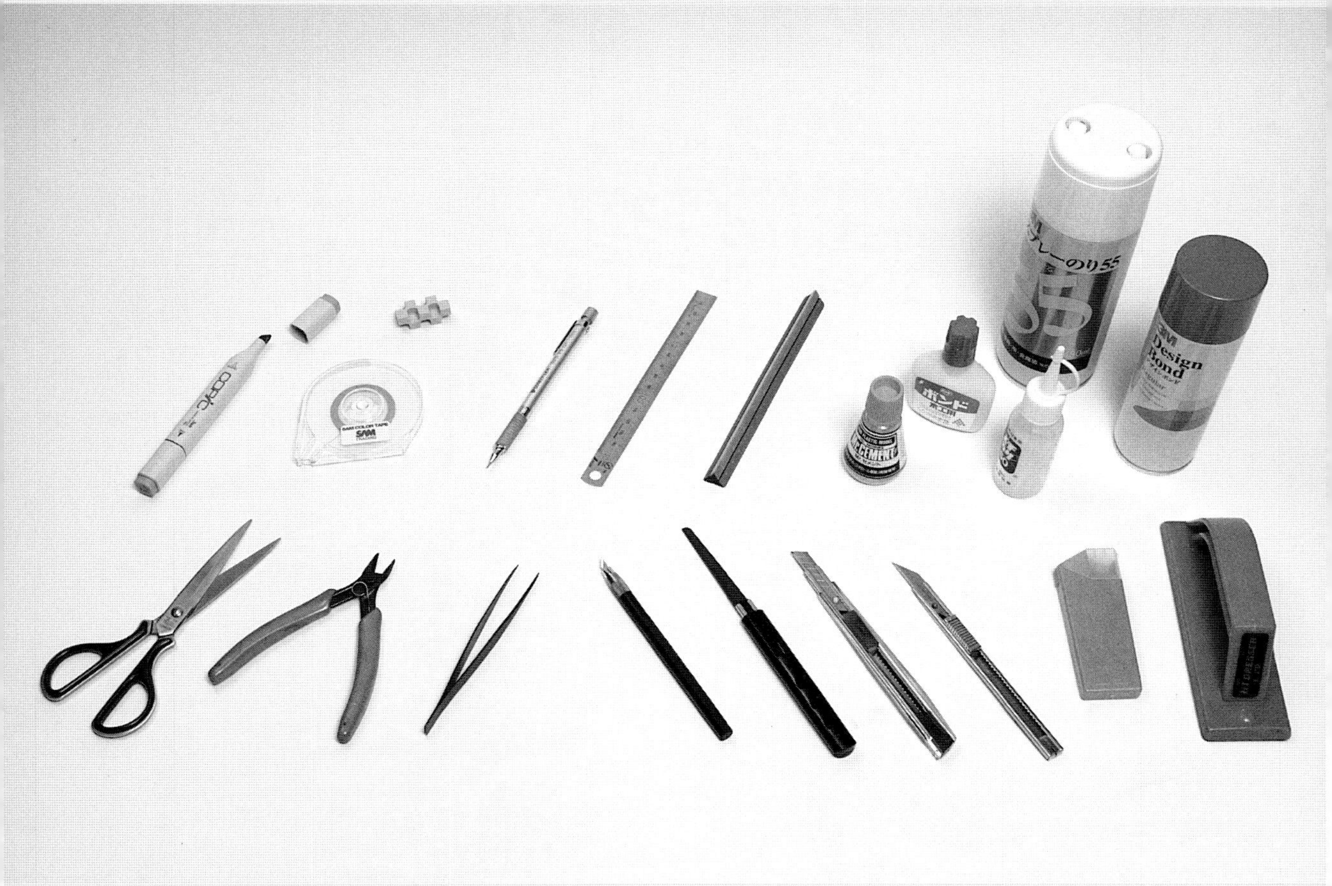

1　模型の材料

次に述べる模型の材料は、模型製作でよく使うものであり、これらのほとんどは画材店や日曜大工店などで市販されている。模型製作では、壁、床、屋根などの主要な部分にどのような材料を使うかが重要であり、それによって製作コスト、製作時間、道具、加工性などが大きく違ってくるので、それらをふまえたうえで材料を購入するとよい。また、市販の模型専用の材料だけでなく、それ以外のものを使ってもさしつかえない。アイディアを生かして身近にあるものを用いたり、自分で工夫して市販の材料をもとに二次加工品としての外壁や床の材料をつくるなどして、創意と工夫をこらすことは、模型製作をするうえでの楽しみの一つである。

1→スチレンボード

板状の発泡スチロールの両面に、白色の上質紙を張ったもので、模型製作に最もよく使う材料である。非常に軽く、カッターで容易に切断でき、加工性がよい。厚さは1、2、3、5、7mmがあるが、一般に厚さ2、3、5mmのものをよく使う。サイズはB1判(800×1100mm)、B2判(550×800mm)、B3判(400×550mm)、A1判(600×900mm)、A2判(450×600mm)、A3判(300×450mm)がある。一般に、スチのりを用いて接着する。

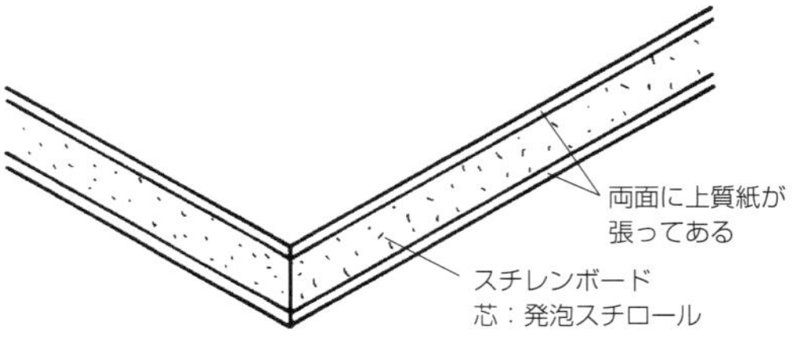

2→スチレンペーパー

スチレンボードとは違い、両面に紙が張られていないボードである。スチレンボードよりも密度が高く、粒子の細かい発泡スチロールのみでつくられている。土地の高低差を示すコンタ(等高線)模型や表面に紙を張る場合の下地用として用いられる。また厚さの薄いものなら容易に曲げることができるために、曲面の製作にも向いている。ただし、やわらかいので加工性はよいが、表面が傷つきやすい欠点があるので加工や保存に注意すること。

厚さは1、2、3、5、7mmがある。

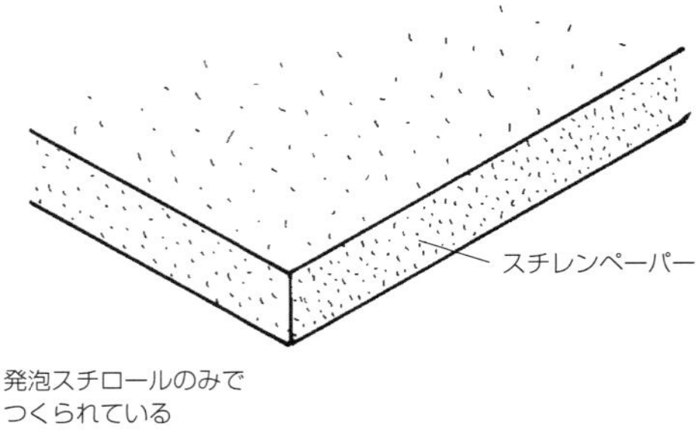

3→スタイロフォーム

硬質の発泡素材であり、軽量で水や圧縮にも強く、加工性にすぐれている。一般に、建築では断熱材として使われる材料である。ボードでは表現しにくいボリューム模型や地形の表現に適している。カッターやヤスリで複雑な形を削り出すことも可能である。模型に用いられるスタイロフォームは、少し目の粗いスタイロフォームときめが細かく加工性がよいスタイロフォームEKとがある。一般に、ボリューム模型では、スタイロフォームEKが使われる。色は、青が主流であるが、アイボリーや白もある。カッターまたはヒートカッターという電熱線を張った道具で切り、場合によってはサンドペーパーなどで成形する。ジェッソとよばれる液体の石膏を塗ると、白くて均一な表面になり、着色する場合の下地用にもなる。スタイロフォームを小さく切ったスタイロブロックもある。

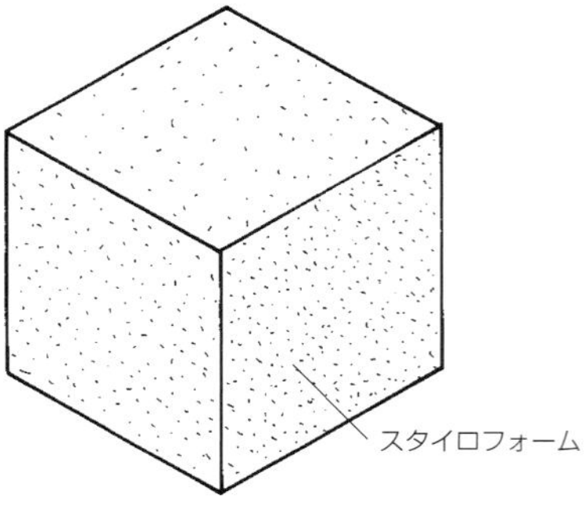

4→ゴールデンボード

ボード類のなかで、厚いケント紙を張り合わせたゴールデンボードは、比較的硬い素材のため丈夫な模型がつくれ、スチレンボードとともに模型材料としてすぐれたボードである。切り口がケント紙の表面と同じ白なので、小口処理のわずらわしさがないのが便利である。厚さは1mmであり、やわらかいスチレンボードに比べて加工性は劣るが、厚さ1mmでもしっかりと丈夫な模型をつくることができる。また1mmのため壁厚を意識しないで製作することができ、組み立ての際に小口処理をしなくてもよいなど、模型材料として多くの長所がある。模型製作では、ケントボードよりゴールデンボードのほうが加工しやすいので、ゴールデンボードをすすめる。ゴールデンボードは次のボード類に属するが、使用頻度の高い代表的なボードなので別項目としてここにあげた。

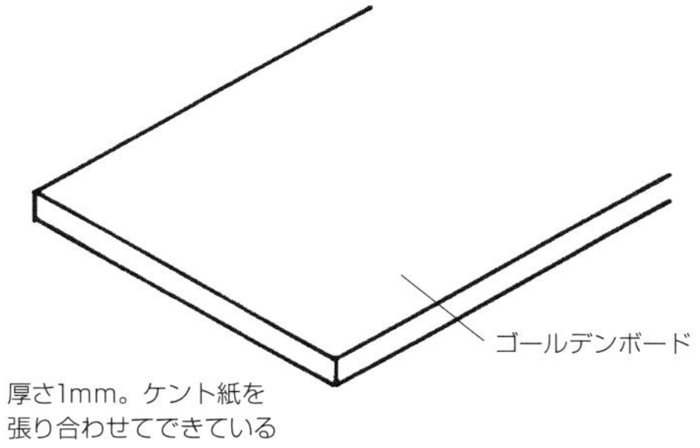
ゴールデンボード
厚さ1mm。ケント紙を
張り合わせてできている

5→ボード類

厚紙の片面または両面に各種の紙を張ったボードで、1、2、3mmの厚さがある。スチレンボードに比べて硬いので、カッターで切りにくく、作業性はスチレンボードに比べて劣る。ケントボード、キャンソンボード、クレセントボードなど、一般に表面に張ってある紙により名称がつけられている。そのため多くの種類と色があり、種類によってテクスチャーがそれぞれ異なるので、それらをふまえて使うようにする。ケントボードはボール紙の表面に白またはカラーのケント紙が張ってあるボードであり、模型だけでなく図面やプレゼンテーションにも使われ、ケント紙と同じ種類の色がある。模型ではアイボリーやグレーがよく使われる。

ボードのなかでは、ゴールデンボードやケントボードのほかに、黄ボール(厚さ1または2mmの圧縮された紙のボードで、壁や屋根の表現に適している)、スノーマット(ゴールデンボードより薄手で、曲面の表現に適した両面に艶のある純白色のボード)などがよく使われる。また厚紙に特殊な製法で穴あけ加工をして、パンチングメタルの代用として使う製品もあり、はさみやカッターで簡単に切ることができる。

ボードは、一般に道路や舗装などに、また厚手のものは模型台によく使うが、薄手のものは反りやすいので注意すること。ボードの接着には、合成ゴム系接着剤が適している。

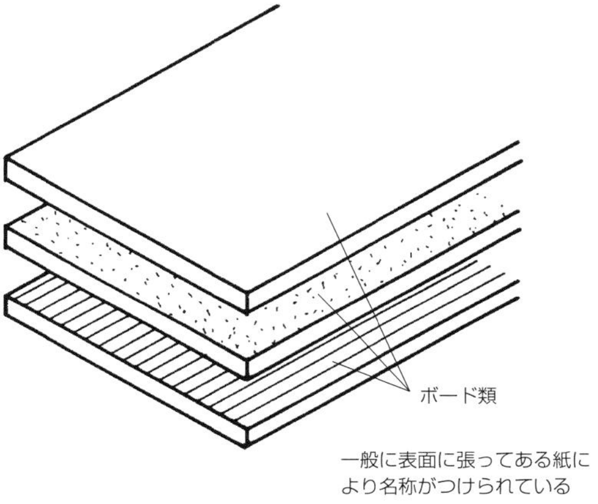
ボード類
一般に表面に張ってある紙に
より名称がつけられている

6→板段ボール

板段ボールは、模型台やコンタ(等高線)模型の製作に用いる大きなサイズの段ボールである。一般の黄土色のほかに、片面が白や黒のものもある。このほかに、白い段ボールの両面に白い上質紙を張ってあり、どこで切っても小口が白く見えるので張り合わせに便利なエコホワイトボード、片面にリップル(波目)があり波板などの表現に用いる、10色ほどの色がそろっているカラー段ボール(スーパーボブ)、板段ボールの厚いタイプで強度が高く、大きな模型をつくるときに使用されるハニカムボードなどがある。

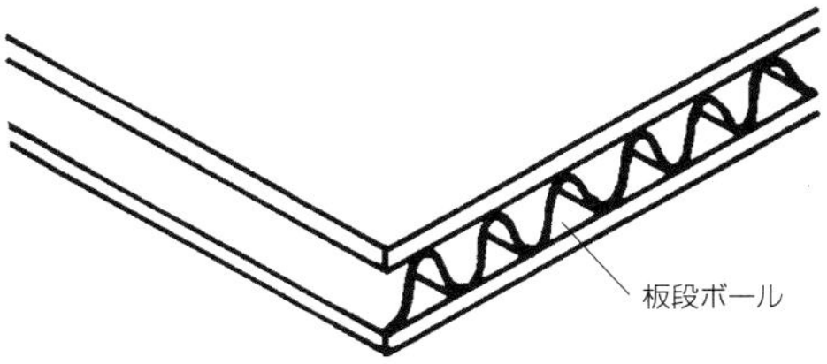
板段ボール

7→リップルボード

表面にリップル(波目)があり、波板などの表現に使う。切断は表面のリップル側からではなく、裏面の平らな面から行うようにする。

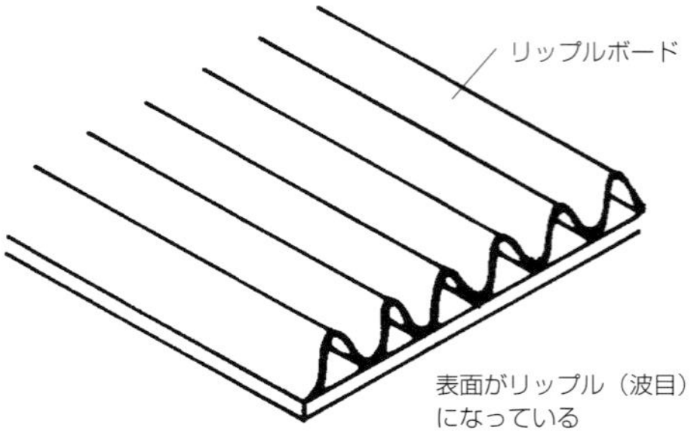

8→バルサ

たいへんやわらかく細かい木目をもつ木材で、切断や研磨が容易であるため、模型用の木材としては最も一般的なものである。バルサ独特の質感によって、スチレンボードの模型とは異なる雰囲気が出るが、製作時間はスチレンボードよりもかかる。厚さは0.5~20mmときわめて薄いものから厚いものまで豊富にそろっている。

またバルサをスチレンペーパーに張って、木の材質感をもつ加工性のよい材料として使用することもある。

接着には合成ゴム系接着剤や瞬間接着剤などが用いられる。木目による影響を受けないように、カッターをしっかりとカッター用定規に沿わせて切る。

バルサは次項目の木材に属するが、使用頻度の高い代表的な木材なので別項目としてここにあげた。

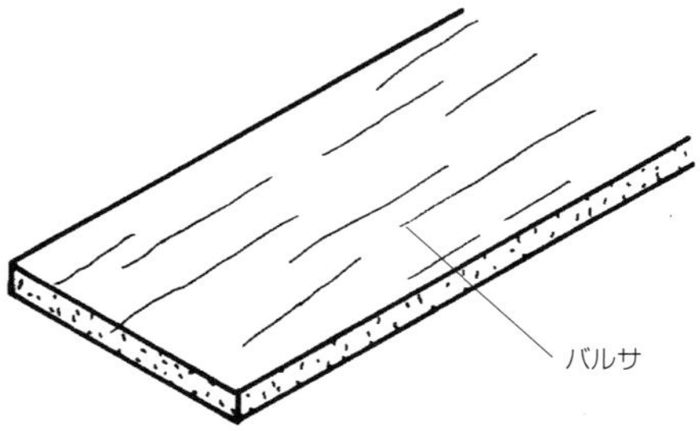

9→木材

模型材料ではバルサのほかに、ひのきやしな合板がよく使われる。形状は板材のほかに角棒や丸棒などの線材、塊材などいろいろなタイプがあり、サイズもさまざまである。角棒の素材にはひのき、バルサがあり、ひのきの角棒は90種類もの断面サイズがある。丸棒の素材にはひのき、バルサ、目の詰まった硬いラミンがある。外壁、デッキ、手すり、柱などに用いられる。切断する場合には、薄手の板なら小型のカッター、少し厚手のものなら中型のカッター、厚手のものなら小さくて目の細かい胴付きノコを使うとよい。角棒や丸棒の切断には、細いものならカッター、太いものなら胴付きノコを使うとよい。ノコの切断面は、サンドペーパーやヤスリで研磨して、表面をきれいに仕上げる。接着には、合成ゴム系接着剤や瞬間接着剤などを使う。

木材板材

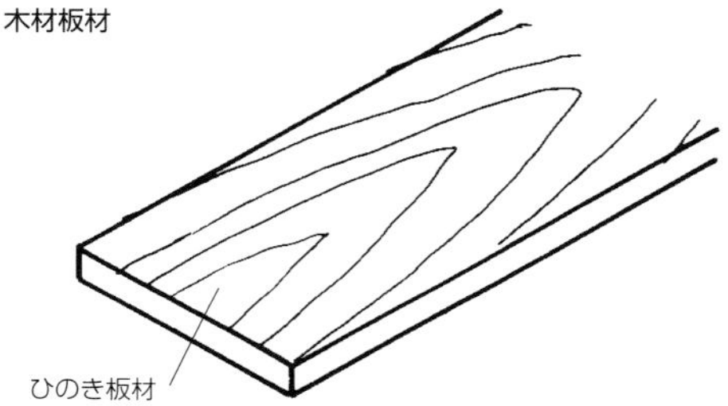

木材線材

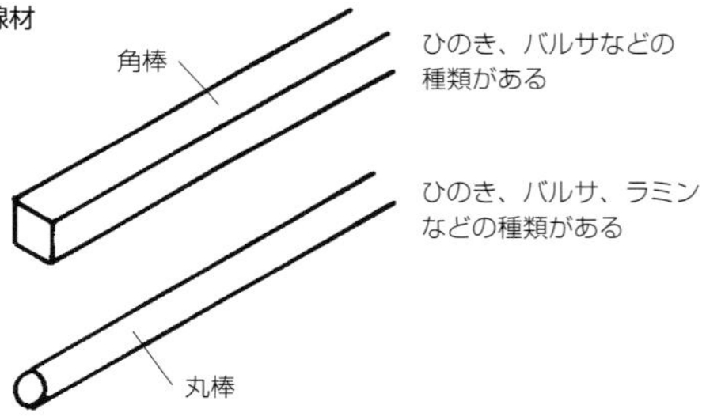

またバスウッド材という、加工性がよくきめの細かい反りの出にくい材料がある。アメリカ製で、厚さや幅がインチ刻みとなるため、ある程度の調整が必要となることもある。バスウッド材には、表面に下見板や波形のパターンをつけた目地加工材もありそのまま使用して壁や屋根などに使い、目地を生かした表現をすることができる。バスウッド材にはH断面やL断面の線材もある。

バスウッド板材

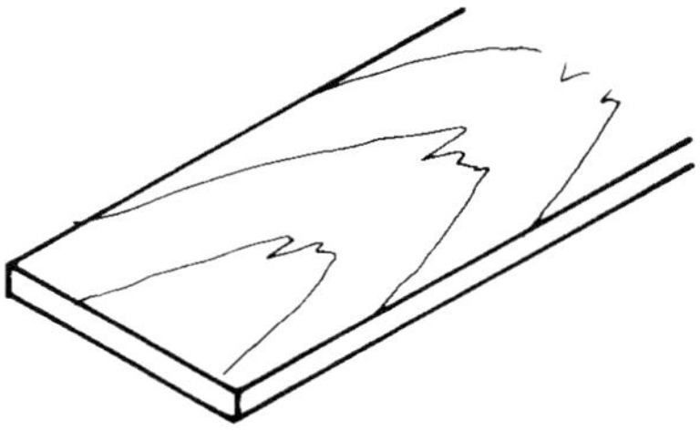

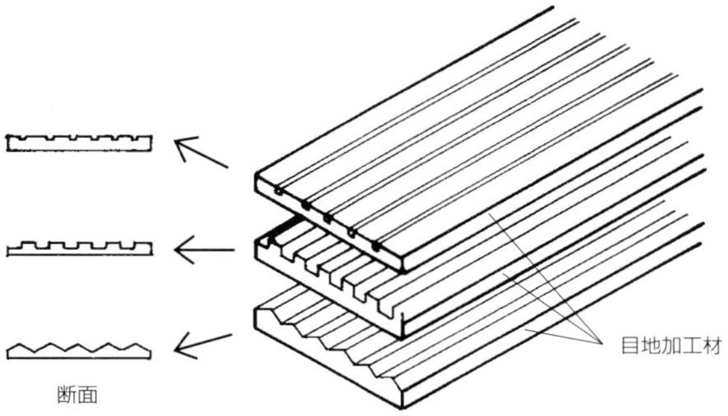

バスウッド線材

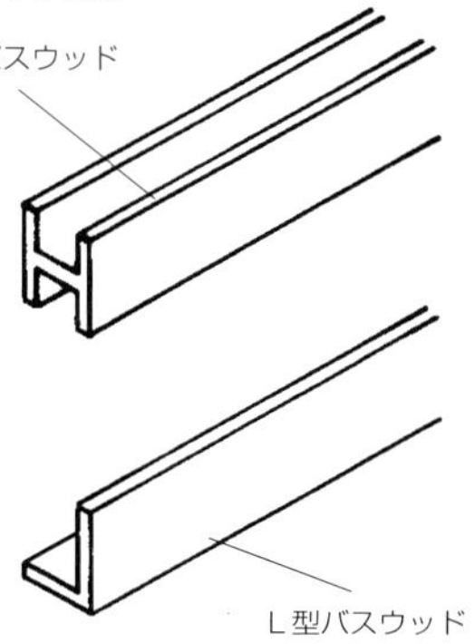

10→コルクシート

シート状のコルクで加工性にすぐれ、模型台のカバー、敷地の表現、コンタ(等高線)模型などに使う。厚さは1、2、3、5mmのものがある。コルクにはシートのほかにブロックもある。

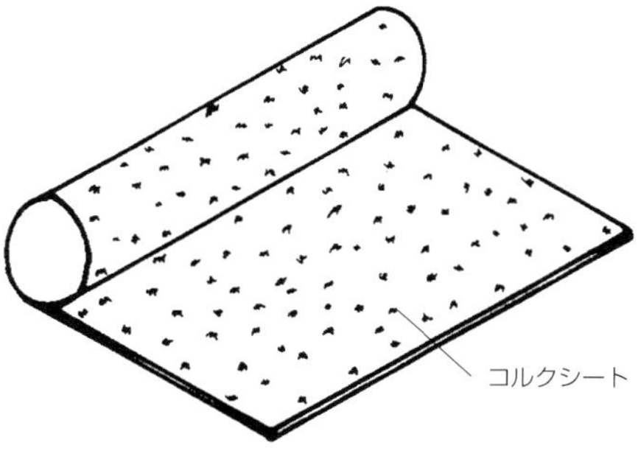

11→紙類

紙類は、模型製作でよく使われる材料であり、ボリューム模型やスチレンボードの表面に紙を張ることにより、色やテクスチャーを表現するのに使う。画材店などには、いろいろな種類の紙類があるが、紙類の選択は色だけでなく、実際にふれてテクスチャーを確かめてから決めるようにするとよい。

紙類には、製図によく用いられるケント紙、同じケント紙だが白ではなく、色数もそろったカラーケント紙、水彩画用の表面が粗いマーメイド紙やキャンソン紙、やわらかくて表面がザラザラした感触の、比較的安価なため写真撮影の背景にも用いられるラシャ紙、色数の豊富なミューズコットン紙、和紙などいろいろな種類があり、色数も豊富である。このため、これらの紙のカラーサンプルをもっていると便利である。どの紙類にも適している接着剤は、スチのり、スプレーのり、合成ゴム系接着剤などである。

紙類

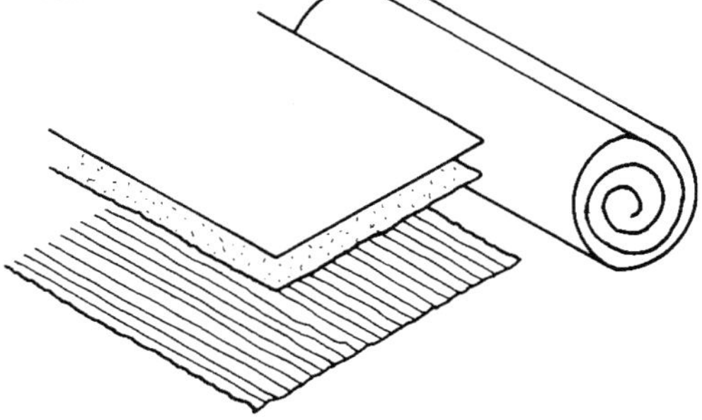

12→樹脂材料

樹脂材料には、板材では塩化ビニール板(塩ビ板)、プラスチック板(プラ板)、アクリル板、ポリエステル板などがある。また棒材では、一般にプラスチック棒(プラ棒)とアクリル棒がある。いずれも角棒、丸棒、三角棒がある。また中空部分がある透明プラパイプや透明アクリルパイプもある。

①塩ビ板は、アクリル板に比べやわらかいために、加工性がよくカッターだけでも切ることができ、熱を加えて型押しすることで曲面の表現もできる。窓や手すりの表現、池や川などの水の表現、艶のある材質感を出す場合などに使う。色の種類が豊富で、透明、透明マット、乳白、黒、白、ブラウンスモーク、ブルー、グリーン、レッド、イエロー、シルバー、ゴールド、チャコールメタリックなどがある。窓の表現には、透明や透明マットだけでなくブラウンスモークの塩ビ板もよく使われる。シルバー、ゴールド、チャコールメタリックは簡単に加工できるので、金属材料の代わりに適している。厚さは透明塩ビ板で0.2、0.3、0.4、0.5、0.6、1.0mmがあり、一般には透明の0.3mmのものがよく使われる。やわらかいため、表面が傷つきやすいので取り扱いに注意すること。

②プラ板は塩ビ板より硬いが、カッターだけでも十分作業することができる。切断は、カッターで数回に分けて表面に溝を彫り、そしてできる溝を上にして反対側に折り曲げるようにして切るのがポイントである。またプラスチックのパイプを切る場合には、模型用ノコギリのほうが適している。色は透明、白、レンガ色、ベージュがあり、白のプラ棒は手すりなど広範囲に使われる。またプラ板より薄く、淡いブルー色のプラスチックシートがあり、やわらかい材質である。

③アクリル板は上記二つの樹脂材料に比べ、硬くて加工性がよくないので模型には不向きであるが、模型のケースによく使われる。厚さは1、2、3、5mmがある。板材を切る場合には、アクリルカッターを使用すると加工が容易であるが、3mm以上のものを加工するには電動工具が必要になる。アクリル板には、透明のほかに乳白半透明、白、黒などがある。アクリル棒は直径4～21mmまで10種類ほどあり、カッターで傷をつければ簡単に折れるが、模型用ノコギリで丁寧に切るほうが、仕上がりはかなりよくなる。板材や棒材のほかに、立体や球のものがある。

④ポリエステル板はアクリル板と比べて、やわらかく、切るのも容易である。弾力もありしなやかで、折り曲げ、型押しなどの熱成形もできる。

⑤ほかには丈夫で、高い耐衝撃性能があり、透明とハーフミラーのあるポリカーボネート板、ファイルの表紙によく使われ、弾力性があり熱に強く、表面に細かい波模様が入っているものが水表現によく使われるポリプロピレンシート、ABS樹脂製のグレーの板材のABS板などもある。光ファイバーは、光を伝える透明で丸断面の線材である。加工が簡単で、照明効果をもたせるほかにも、細い径を利用した細かな表現もできる。

樹脂材料板材

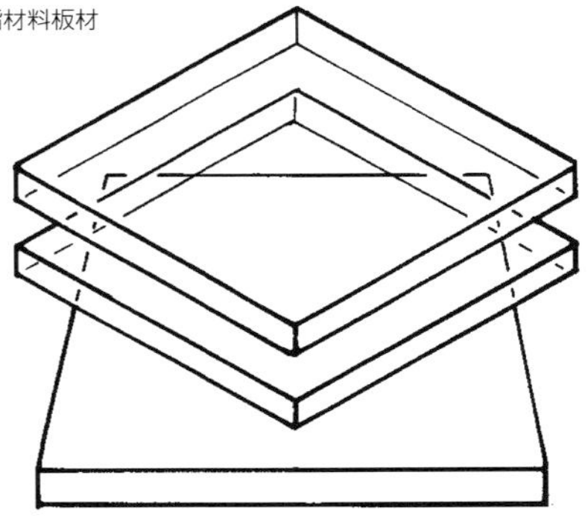

樹脂材料棒材

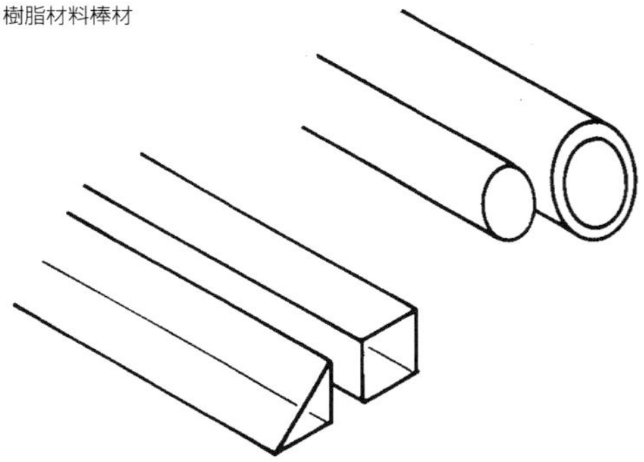

13→プラスチック段ボール

プラスチックの板段ボールで、半透明と白があり、略してプラ段という。ダンプレートという商品名で販売されている。

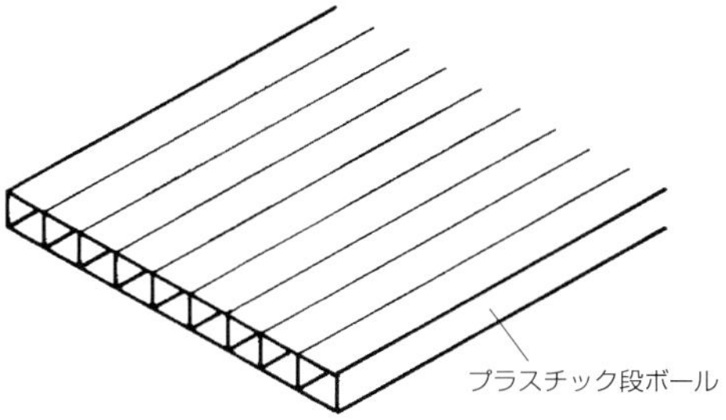

14→金属材料

金属材料はスチレンボードや木材に比べて、加工が難しく、金属材料専用の道具を使わなければならないなどの欠点があるが、模型製作にとって金属特有の材質感は魅力的なものである。金属どうしの接着には瞬間接着剤を用い、ほかの材料と接着する場合には、合成ゴム系接着剤を用いる。

①板材

金属板で加工しやすいものは、厚さ0.1〜0.5mm程度のものである。これ以上の厚さになると加工が難しく、このため厚さのあるものを表現するには、スチレンボードや塩ビ板に金属板を張り込む方法がある。模型製作によく使われる金属板はアルミ板、ステンレス板、銅板、真鍮板などである。また薄いものは板状ではなくロール状のものもあり、厚さはアルミ板で0.05、0.1、0.2mm、銅板や真鍮板で0.1、0.2mm、ステンレス板で0.1mmのものがある。

金属板のなかでも、アルミ板はほかの金属に比べてやわらかく、加工が容易であり、薄手のものならカッターで何回か切り込みを入れることで切断できる。カッターで切断できない場合は、金属板専用のはさみを用いる。切断面がきれいでない場合はサンドペーパーで磨くようにする。

またロールで巻いたアルミシートとよばれるかなり薄手のものがあり、カッターで簡単に切ることができたいへんに便利である。しかし、薄すぎるために独立した模型材料としてよりも、表面に張る材料として使われる。

②線材

線材では、アルミ線、ピアノ線、ステンレス線、銅線、真鍮線などがあり、ピアノ線以外はパイプのものもそろっている。細かく複雑な曲げ加工が必要なものにはアルミ線、銅線、真鍮線がよく、折れ曲がりにくくピンと張った緊張感のある表現にはピアノ線、ステンレス線が適している。

ピアノ線、ステンレス線の切断には強力ニッパーが必要である。パイプはカッターで切るのは難しいが、金属パイプカッターを用いると容易に切断でき、切断面もきれいに仕上がる。細くて丸い金属の線材は、ニッパーで切断する。

③金属加工板

金属加工板には、パンチングメタル、エキスパンドメタルなどがある。パンチングメタルは、等間隔に穴があいており、穴どうしをつないで切断すると簡単に加工できる。穴の径も0.5、1.0、1.5、3.0、6.0、10.0mmといろいろある。

④そのほか

ステンレスメッシュ、銅メッシュ、真鍮メッシュなどの金属メッシュがある。またメッシュには、ポリエチレンメッシュなどの非金属のものもある。また金属には、ブロック状のものもある。

金属材料板材

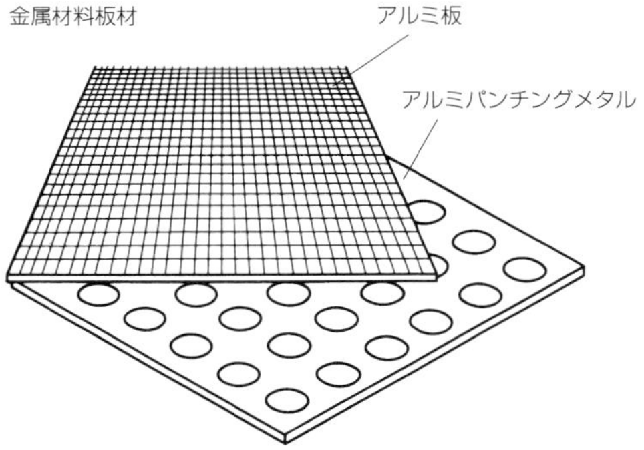

金属材料線材

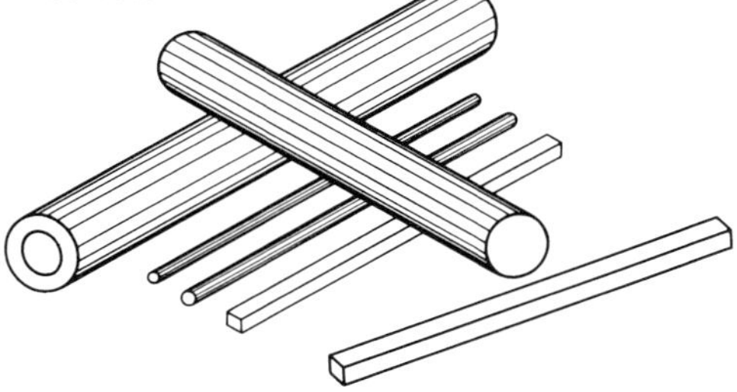

15→木製パネル

しな合板に木製の枠を取り付けた丈夫なパネルであり、模型台のパネルとして使う。裏面を角材で補強しているので、たわみや歪みがない。水張りパネルともいわれ、サイズはA1～A4判、B1～B4判がある。水張りとは、水彩画を描くときに、絵の具の水分による紙の伸縮を防ぎ、絵の具の伸びをよくするために、前もって紙を水にぬらして画板やパネルに張る方法である。この水張りパネルが軽くて丈夫なために、模型にも使われるようになった。また写真用の木製パネルも市販されている。木製パネルの側面は、水張りテープなどを張って仕上げる。

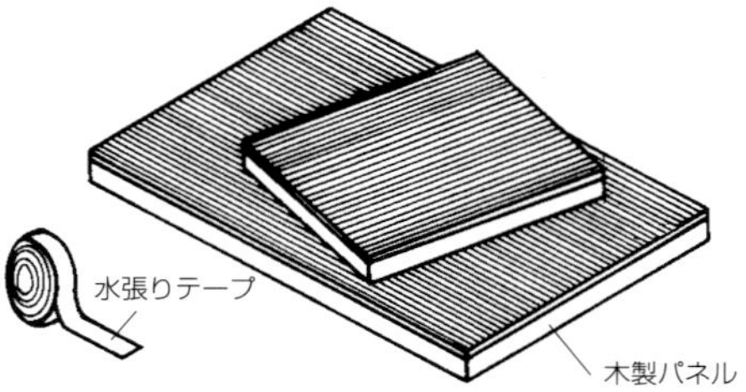

16→ハレパネ

発泡スチロール板の片面にあらかじめ接着剤がコーティングされ、その上にカバー用の紙が張られている軽くて丈夫なボードである。カバー用の紙を取ることで接着面があらわれ、そこに模型に使う紙などを張ることができる。模型台のパネルとして使われるが、1枚だと時間が経つと反ってしまうので、小さい模型や簡単なスタディ模型用などの台に適する。また図面、パース、プレゼンテーション用のボードにも使われる。ハレパネに紙を張るときは、空気を入れないように、またしわにならないように丁寧に張ること。ハレパネのサイズはA1、A2、B1、B2、B3判があり、厚さは3、5、7mmがある。

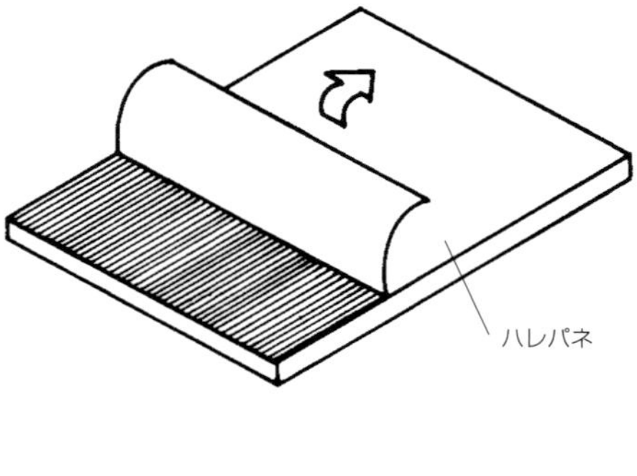

17→粘土

硬化する粘土として紙粘土があり、硬化しない粘土として油土がある。

①紙粘土

パルプ入りの粘土で、ポスターカラーなどの水彩絵の具で着色することができ、乾燥による収縮が少ない。スタイロフォームの表面などにも使うことができ、手にべとつかない。

②油土

天然土と硫黄分を含まない油を原料につくられた粘土で、耐熱、離型性にすぐれ、温度による硬度変化があまりなく、スタディ模型に適している。硬さは、低、中、高の3種類があり、いろいろな形状のヘラもそろっている。何回も使用できる利点があり、石膏取り、シリコンゴムの型取りに適する。

③石塑

天然の石粉からつくられた粘土である。木、紙、金属、発泡スチロールなどの上に自由に盛り付けられ、乾燥後はかなりの硬度が得られるので、ナイフなどで自由に削ったり、着色もできるため地形模型に適している。

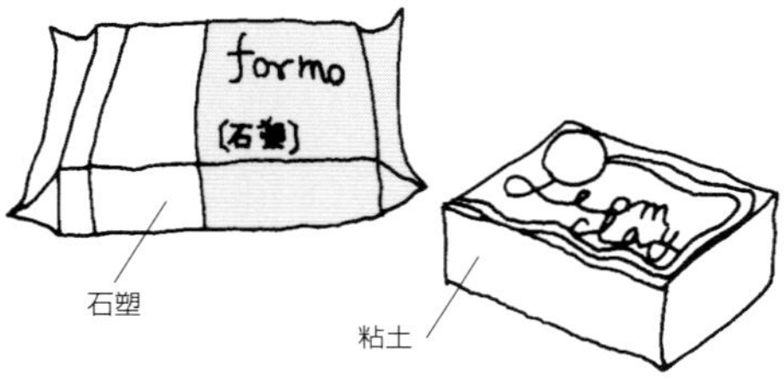

18→ラインテープ

窓枠、方立、窓の障子、敷地の境界線などの細い線を表現するために張るカラー粘着テープである。10種

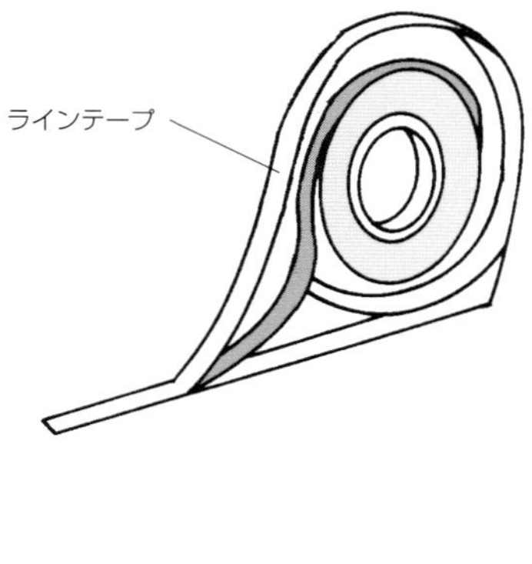

類ほどの色や幅のものが販売されている。直線を引くことが多いが、曲線もつくれ、簡単にはがすこともできるので張り直しが容易である。幅は0.5、1.0、2.0、3.0、4.0、5.0、10.0mmがあり、色は白、黒、シルバー、ゴールド、ブルー、レッド、イエロー、グリーンがある。窓枠などの表現には1mm幅のシルバー、白、黒などを使い、敷地の境界線には1mm幅の白、黒などを使うとよい。

19→スクリーントーン、カラートーン

スクリーントーンは、ドット、ライン、グリッド、ほかに模様などのいろいろなパターンが描かれた薄いフィルムである。窓、開口部、外壁などいろいろな模型材料の表面に張ることで、材質感や模様を表現することができる。適切なサイズに切って使い、容易に張り直しができるために作業性がよい。図面のプレゼンテーションにも、よく使われる便利な材料である。
カラートーンは、赤、緑、青などの有彩色の透明なフィルムであり、使い方はスクリーントーンと同様である。

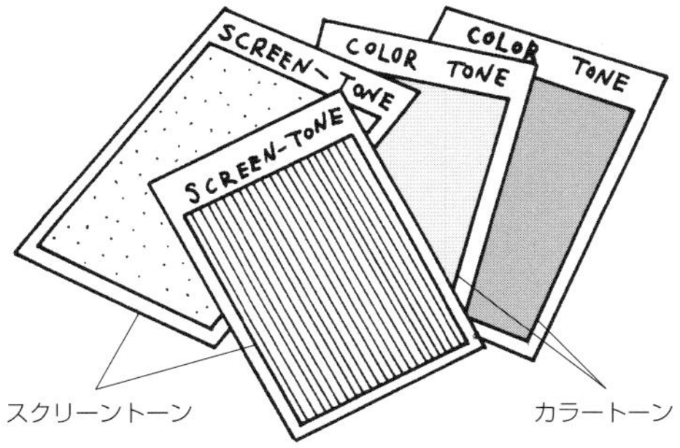

20→カッティングシート

裏面に良質の接着剤がコーティングされ、表面に色つきのカバーとしてポリ塩化ビニールフィルムが張られているものである。使用するときは、裏面に張られている紙を取ると接着剤があらわれるので、そのまま張り込むことができる。開口部、川や池などの表現に使われる。表面が平らで固いものであったら、なんにでも張り込むことができる。

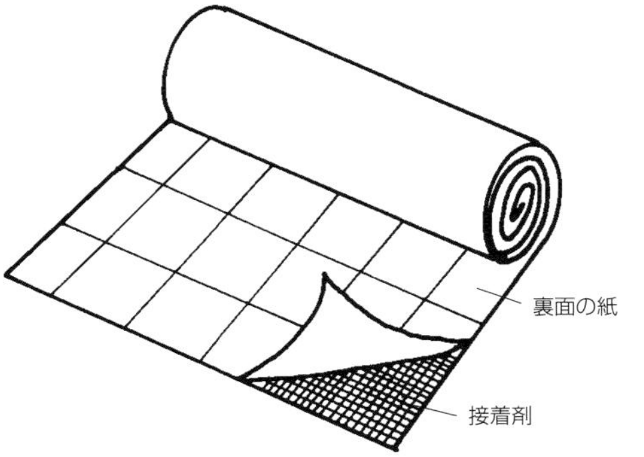

カッティングシート

21→インスタントレタリング

フィルムの表面をこすって紙などに写すレタリング材で、略してインレタという。図面表現にもよく用いられる。文字、数字、記号など種類も多く、サイズもいろいろである。

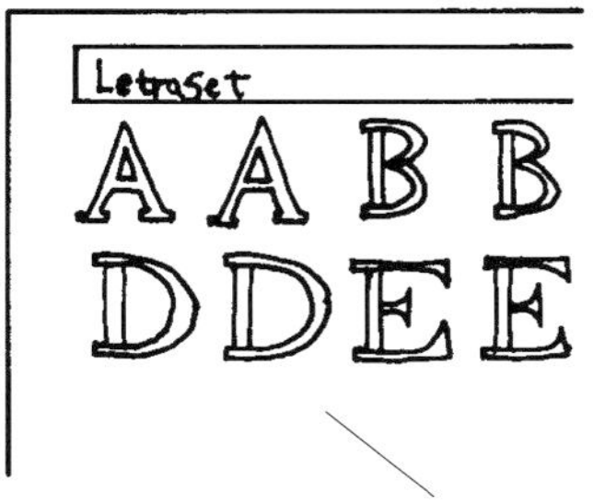

インスタントレタリング

22→塗料

塗料はスプレータイプが使いやすいが、使用するときは、塗料が飛び散ってもかまわないように、周囲に紙や段ボールなどを敷いておくか段ボールなどを立て掛けておくとよい。模型によく使われる塗料として、スプレータイプのラッカー塗料がある。ラッカー塗料は刷毛で塗ると刷毛むらが出やすいので、スプレータイプをすすめる。

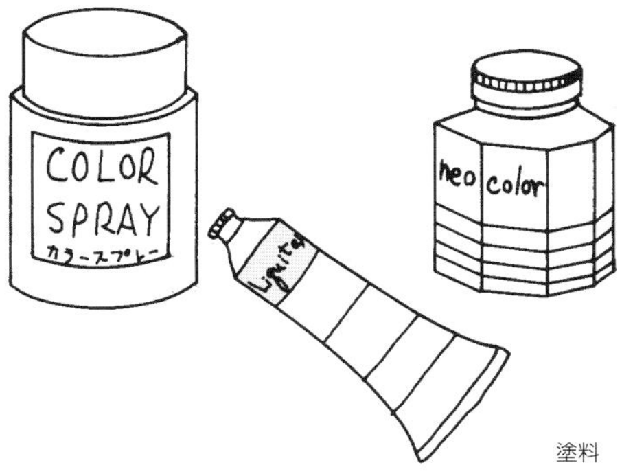

塗料

23→下地材

下地材とはジェッソやモデリングペーストなどのように、着彩する前に材料の隙間や目地を埋め、表面をなめらかにするために塗るものである。これによって、その表面にスプレー塗料をきれいに吹き付けたり、刷毛で均一に塗装することができる。ジェッソは水性塗料であるが、乾くと耐水性になる。

①ジェッソ

ジェッソはイタリア語で石膏という意味で、もともとアクリル絵の具のための下地材だが、これをスチレンボードなどに塗ると石膏独特のたいへんよい質感になるので、仕上げ用としてもよく使われる。白以外にもカラータイプがあり、混色も可能である。

②モデリングペースト

モデリングペーストは、ジェッソよりも粘度が高く、パテのように盛り上げたり、コンタ(等高線)模型の等高線間をなだらかにするのに適している。どんな素材にもよく接着して、乾燥後は軽くなり、カッターやヤスリなどで削ることができる。厚塗りする場合は、一度に塗り込まず、乾かしては塗り重ねるようにしたほうがひび割れしにくい。

24→マーカー

マーカーは、速乾性でスピーディに描くのに適している。図面を直接模型台に張って、プレゼンテーションとして着色する場合などに使う。マーカーで広い面を塗るときは、定規を使って塗ると均一にきれいに塗ることができる。

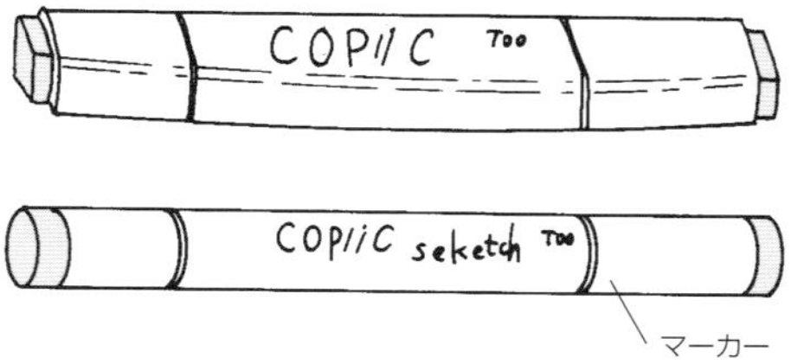

25→スチのり

発泡スチロールを溶かすシンナーを含まない粘着力のある接着剤である。模型製作用の接着剤として最も一般的なものであり、耐久性が非常に高く、材料に対しての染み込みが少なく、乾いても無色透明で、木工用ボンドと比べて乾きが速く作業性がよい。ただし、粘着力が強いために、張り直しが難しい。スチレンボード、スチレンペーパー、スタイロフォーム、発泡スチロール、スポンジ、また紙や木材、塩ビ板など、ほとんどの材料の接着が可能である。細かいところや奥まったところの接着作業には、グルーガンというスチのり用の先端がカーブして細くなっている注射器型の道具を用いると便利である。

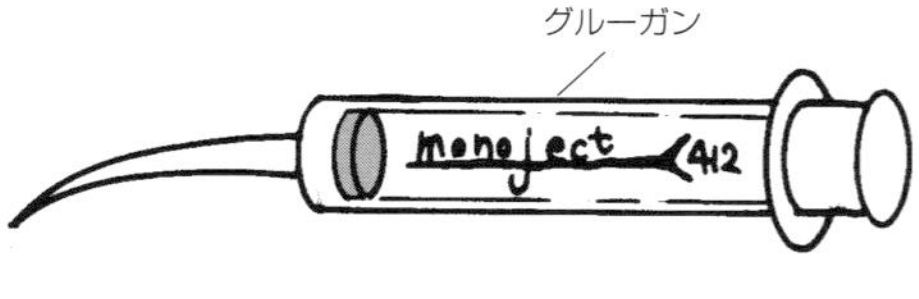

26→スプレーのり(スプレーボンド)

スプレー式の接着剤で、均一に塗布でき、広範囲な面どうしの接着、芝や土などに使うパウダーとその下地のボードなどとの接着に適する。紙に反りやしわを起こさせずに張ることができ、両面テープと異なり張り直しがきく長所がある。

接着力の大小によって、55、77、99などの種類があり、番号の大きいものほど接着力が強い。55は、一度張ったものを容易にはがすことのできる再接着タイプ、77は、なんとかはがすことのできる中接着タイプ、99は、はがすことの難しい強接着タイプである。低い粘着力のものは薄い紙、フィルムなどに適し、強い粘着力のものは段ボール、金属板、塩ビ板などのほかに、大きな板の張り合わせにも適している。一般に模型製作では55の再接着タイプがよく使われ、再接着タイプでも強い接着力が必要なときには、それぞれの材料の張り合わせる面の両方にまんべんなくスプレーすると効果的である。スプレーのりの汚れをきれいにすばやく落とせるものとして、スプレークリーナーがある。これは家具やデザイン用品の汚れを落としたり、ゴミの付着の原因となる帯電を防止することもできる。

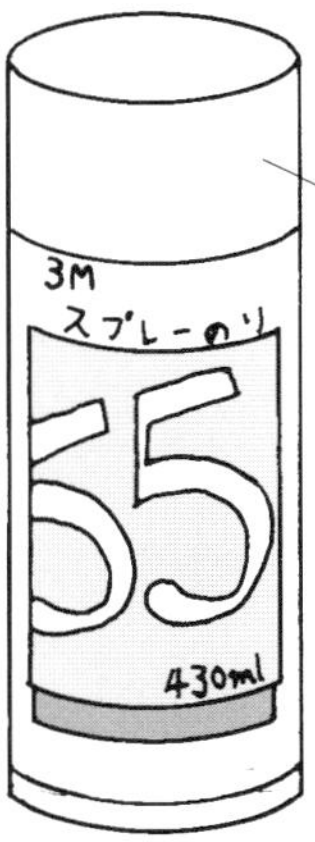

スプレーのり

27→ペーパーセメント

ペーパーセメントで接着するときには、容器のキャップの裏側にある専用のハケで、ボードなどに均一に塗って接着する。塗布後、数分間乾燥させて接着させるが、乾燥する前なら容易に紙をはがすことができ、乾くまで何度も張り直しがきく。ペーパーセメントは水分を含んでいないので、紙への染み込みがなく数分で接着でき、塗布面が乾燥しても、長時間接着力がある。またペーパーセメントが乾燥してからでもソルベントという専用の溶解液で簡単にはがすことができ、張り直しができる長所がある。使うときは、ソルベントを筆などに染み込ませて直接紙の上に塗るが、この溶解液はすぐに蒸発して気体になるので、部屋の換気を十分に行わなければならない。ソルベントは、ペーパーセメントの濃度を薄めるのにも使われる。ペーパーセメントで接着した後、はみ出したり、紙に付いたペーパーセメントを紙を傷めずに取り除くものにラバークリーナーがある。

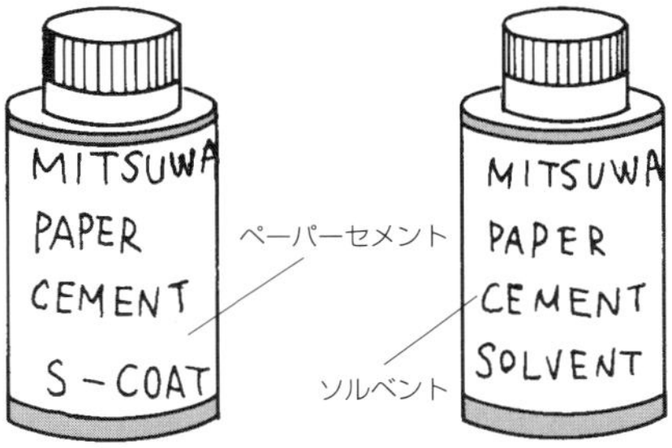

ペーパーセメント
ソルベント

28→木工用ボンド

スチのりと同じように耐久性にすぐれている。白色で乾くと透明になるが、付けすぎると白く残ってしまう。木材のほかに、ボード、紙、布、スチレンボード、スチレンペーパーの接着にも適している。コルクなどの材料には水を加えて薄めて使用することもできる。

木工用ボンド

29→合成ゴム系接着剤

木材、紙、発泡スチロールの接着に適しているが、ほとんどの材料を接着することができる。合成ゴム系接着剤は、塗ってすぐに乾燥し始める。

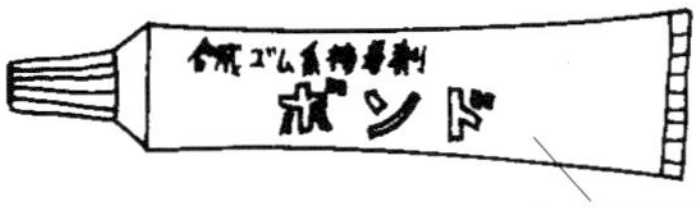

合成ゴム系接着剤

30→合成樹脂用接着剤

それぞれの合成樹脂の材料に応じて、塩ビ用接着剤、プラスチック用接着剤、アクリル用接着剤などの専用の接着剤がある。

合成樹脂用接着剤

31→瞬間接着剤

材料を瞬間的に、強力に接着させるもので、木材、金属、ゴムなどを接着するのに使う。とくに、点接着など接着面がほとんど得られない場合に、たいへん効果的である。ただし、粘着力が強いために張り直しが難しく、取り扱いには十分注意すること。もしはがしたい場合は、瞬間接着剤専用の剥離剤があるので、はがしたい箇所へ直接付けると簡単にはがすことができる。瞬間接着剤は木材どうしの接着には適しているが、スチレンボードに使うと発泡スチロール部分を溶かしてしまうので使わないこと。

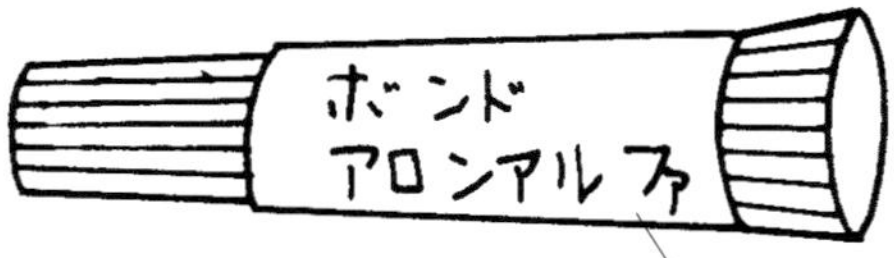

瞬間接着剤

32→テープ

①両面テープ

両面に粘着剤の付いているテープである。幅は細いものでは2、3、4、5mmがあり、幅広のものでは50、100、200、300、400mmといろいろあるが、20mmくらいのものが一般的である。スチのりやペーパーセメントを広い接着面に用いると、乾燥したときに反りが生じやすいが、両面テープだとそれがない。ただし、乾燥するとはがれやすくなり、耐久性はあまりない。芝生用にグランドフォームを張るときなどにも使われる。模型台に両面テープを張っておいて、必要なところだけ紙をはがし、パウダーや模型用の砂利をまけば、パターンづくりが簡単にできる。

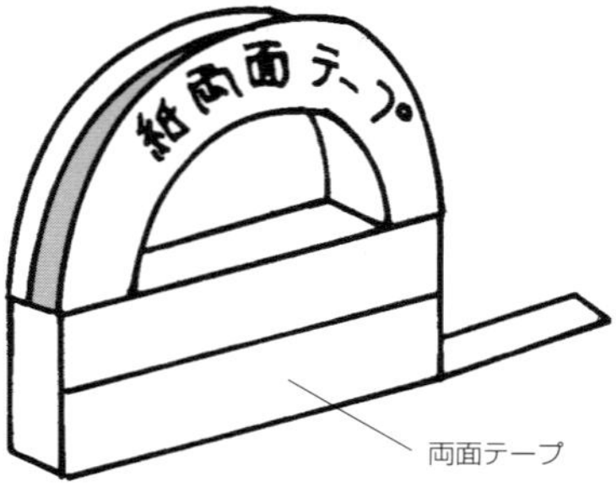

両面テープ

②ドラフティングテープ

ドラフティングテープは、接着力を低くして、材料を傷めることなく簡単にはがせるようにしたテープである。主に部材の仮止めやマスキングに使う。ドラフティングテープの代わりに、同じように接着力の低いマスキングテープを使うこともできる。

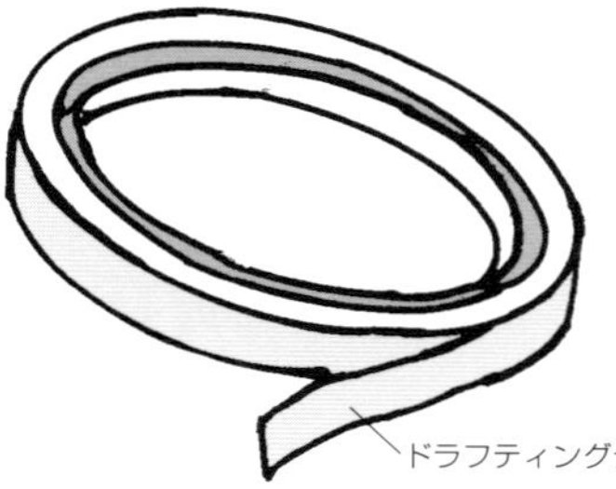
ドラフティングテープ

2　道具の種類と使い方

模型の精密さやきれいさは、模型をつくる人の技術のほかに、道具によっても大きく左右される。模型の道具は使いやすくて丈夫なものがよい。

次にあげる道具は、模型製作でよく使われるものであるが、これらのものをすべて一度に用意することはなく、必要に応じて購入していくとよい。また自分に合った簡単で便利な模型用の道具を工夫してつくってみることも楽しみの一つである。次にあげたもの以外にも、身近にあるものから十分に使える道具があるので、各自の好みに合わせて備えておくとよい。

1→カッター

カッターは、模型製作をするうえで基本的な道具であり、最もよく使われる。カッターは、刃の大きさにより大中小の3種類があるが、模型製作では主に小型のカッターを使う。ただベニヤ板などのような硬い材料や段ボールのような厚手の材料を切るには、大型のカッターが使いやすいので、大小のカッターをそろえておくと便利である。また必要に応じて、中型のカッターもそろえるようにする。

刃には刃先の角度によって2種類ある。普通に用いられている刃は刃先の角度が60°で直線を切るのに適している。それに対して、刃先の角度が30°の30°刃カッターがあり、細かい作業に適している。

刃の切れ味は模型の精度と仕上げに大きく影響するので、少しでも切れ味が悪くなったら、すぐに刃先を折って常にシャープに切れる状態にしておくことが大切である。そのためには、替え刃を常に十分に用意しておくようにする。

カッターで切ることのできる材料としては、スチレンボードなどのボード類、塩ビ板、バルサや薄手のひのき板などの木材がある。また薄手のアルミ板、プラ棒やアルミ棒も切ることができる。アクリル板やプラ板、塩ビ板などにはPカッターが適していて、小口がめくれ上がらずに、きれいに切ることができる。

ほかにアクリルカッター、円(サークル)カッター、デザインナイフなどがある。アクリルカッターは、アクリル専用のカッターであり、特殊な刃先でアクリル板に溝を彫り、その溝をガイドにあててアクリル板を折る。円カッターは、コンパスで円を描いたように正確に円を切ることができ、別売りのゲージを用いれば、直径の大きな円も切ることができる。デザインナイフはペンタイプのためペンで線を描くように切ることができるので、コルクシートでコンタ(等高線)模型をつくるような複雑な曲線や精密な作業に適している。

刃折り器は、カッターの刃を折って、それを収納できるものであり、これがあると折った刃の処理に困ることがないので便利である。

小型カッターナイフ

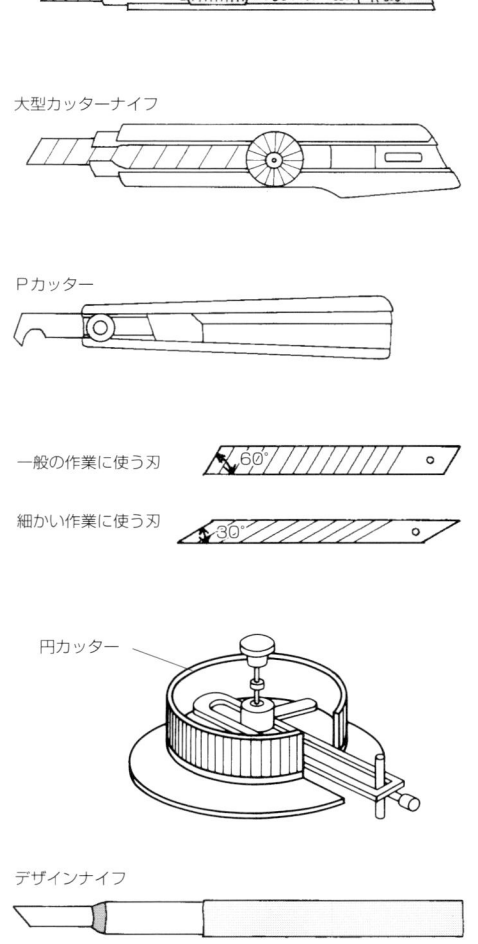

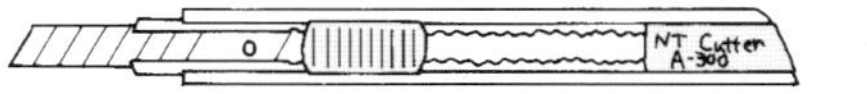

大型カッターナイフ

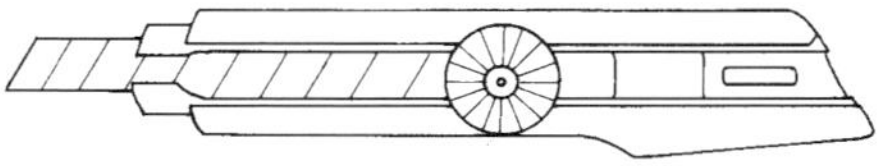

Pカッター

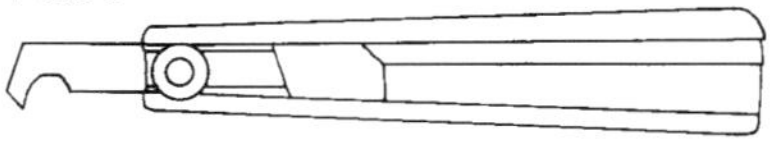

一般の作業に使う刃

細かい作業に使う刃

円カッター

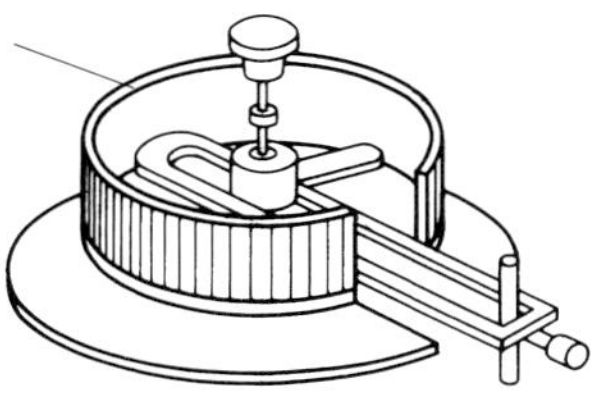

デザインナイフ

2→ヒートカッター

電熱線(ニクロム線)によって、発泡スチロール系の材料を溶かして切ることのできる道具である。ヒートカッターには、机上タイプと手持ちタイプがある。机上タイプは、付属の平行カット用の定規によって、容易に平行面や直角面を切ることができ、立方体や直方体を簡単につくることができる。また電熱線を支えているアームの角度を変えることで、斜めにも容易に切ることができる。

机上タイプで、しかもアームの角度が変えられるヒートカッターは高価だが、最良のものである。なぜなら、机上タイプは足で電源スイッチの操作をし、両手で作業ができることと、アームの角度を変えることによっていろいろな形を容易につくることができるからである。また材料の厚さ、硬さによって高温、低温に切り替えることもできる。アーム付きのヒートカッターのなかで、模型の精度に影響を与えるのがアームなので、ここがしっかりしていて丈夫なものを選ぶのがポイントである。また二クロム線は大変に切れやすいので、予備を必ず用意しておくようにする。

手持ちタイプは、糸ノコのような形状をしており、安価で入手が簡単であるが、平行カット用の定規が付いていないため、平行面や垂直面をつくるのがかなり難しい。ヒートカッターによって、配置模型、スタディ模型、ボリューム模型あるいはプレゼンテーション模型の芯となる部分などいろいろな模型がつくれ、慣れるとかなり細かい模型もつくることができる。

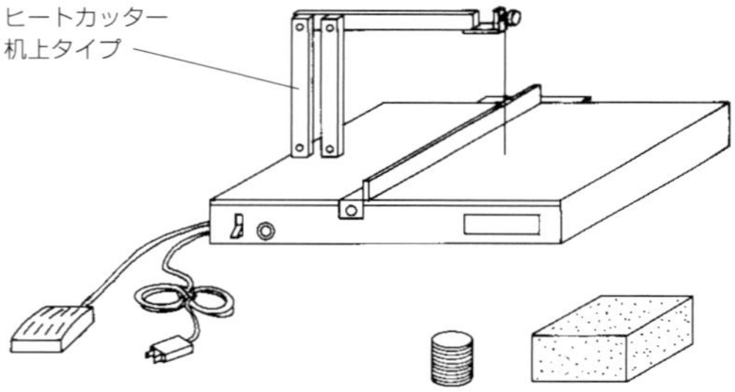

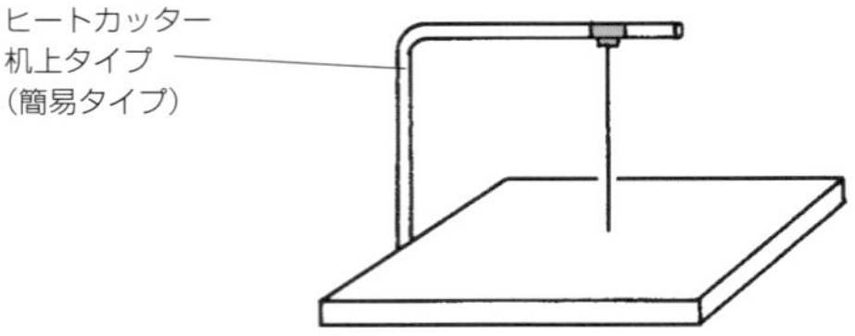

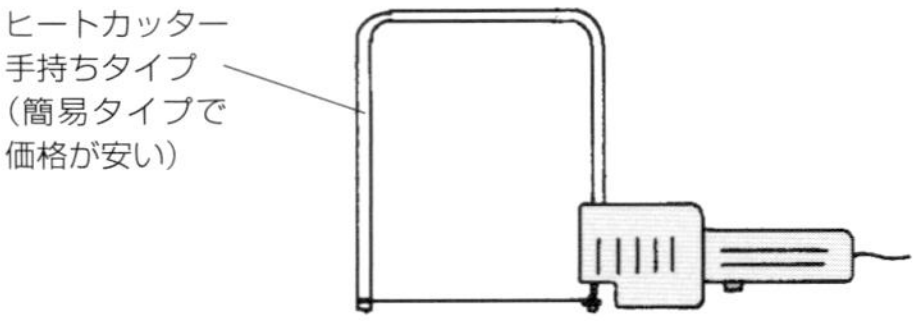

3→カッティングマット

カッターで材料を切るときに、作業テーブルなどを保護するために、材料の下に敷くマットである。ゴムだけでできているものやプラスチックに薄いゴムを張ってあるもの、塩ビ製のものなどがあり、大きさはA1〜A4判がある。段ボールや厚紙などで代用してもかまわないが、カッターによる削りかすが出て煩雑になる欠点がある。大きさはA2判(450×600mm)ぐらいのものが一般的であり、もっていると作業にたいへん便利である。

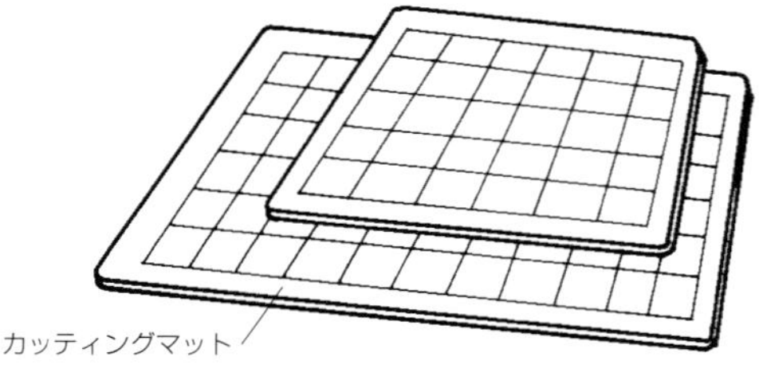

4→模型用ノコギリ

カッターでは切りにくい大きい断面の木材、プラスチックなどを切るときに使われる小型のノコギリであ

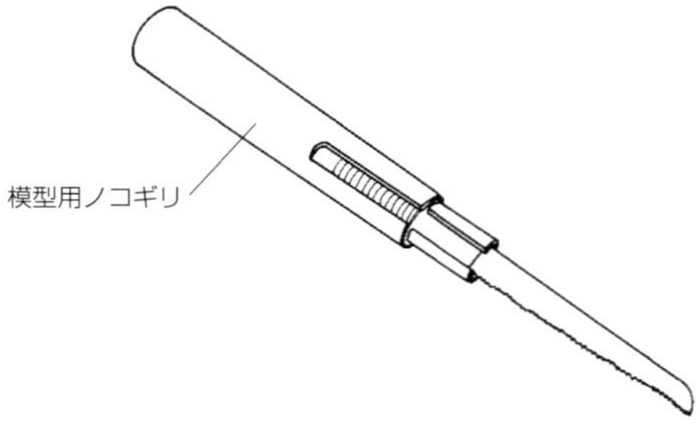

る。ノコギリで切る場合は、カッターとは異なり、ノコギリ刃の厚みを考えて、少し長めに採寸するとよい。ノコギリで切った面は、平板に巻いた紙ヤスリなどで、きれいに仕上げておくこと。第3章2節のひのき材などでつくる木造軸組模型の製作には、必要な道具である。

5→ヤスリ

ヤスリは、ひのき材などの木材のほか、プラスチック、アクリル、金属の線材の切断面をきれいに、なめらかにするのに使われる。ヤスリには紙ヤスリ、耐水サンドペーパー、金属ヤスリがある。
ヤスリの作業では、紙ヤスリを平板などに巻いたり、小型の万力などで材料を固定すると作業が楽になる。紙ヤスリや耐水サンドペーパーは番号の大小によって目の細かさをあらわし、番号が大きいものほど細かくなる。

①紙ヤスリ

紙ヤスリは40番（粗目）から400番（細目）まで12種類あり、木材や発泡材の粗削りや仕上げができる。番号が大きいほど目が細かくなる。また紙ヤスリの色やテクスチャーを生かして土の表現に使うこともある。

②耐水サンドペーパー

耐水サンドペーパーは、80番（粗目）から2000番（細目）まで13種類あり、紙ヤスリよりも種類が豊富である。紙ヤスリに比べて表面のざらつきが緻密であり材料に水を付けながら研磨するため、材料が粉状に飛び散ることがなく、テクスチャーが細かな仕上がりとなる。木材のみならず樹脂材料や塗装面などをきれいに磨くのに使われる。また紙ヤスリと同様に、アスファルトの表現などにも使うことがある。

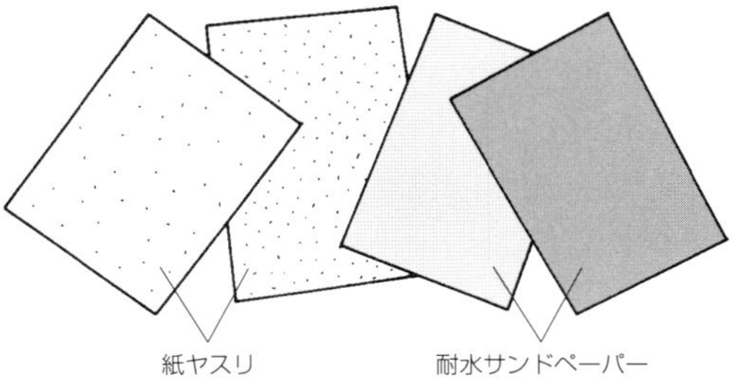

③金属ヤスリ

金属ヤスリには形や目の粗さによってさまざまなものがある。

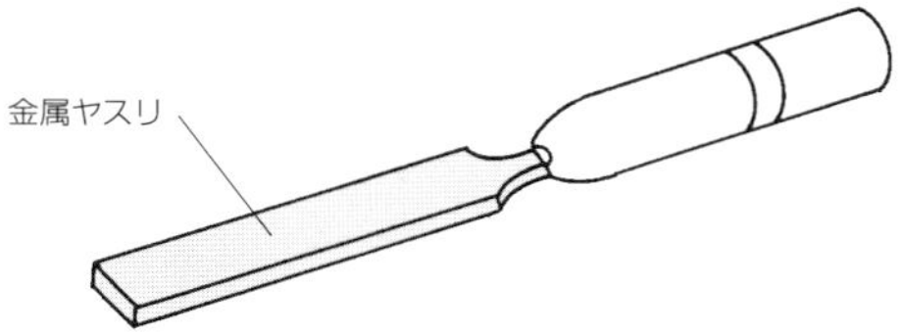

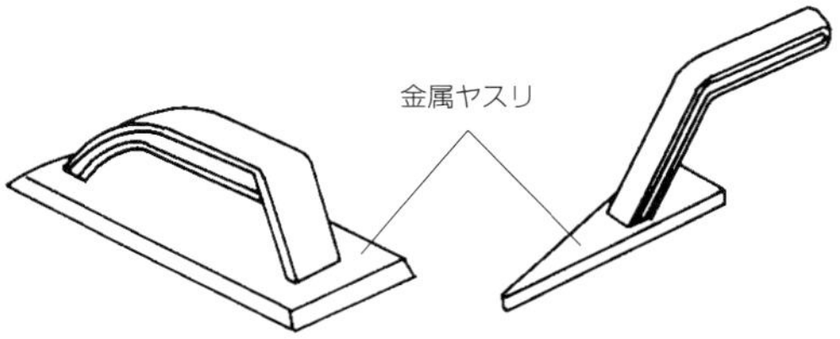

6→豆かんな

木材の表面仕上げ、板厚の調整、面取りなどに用いる。

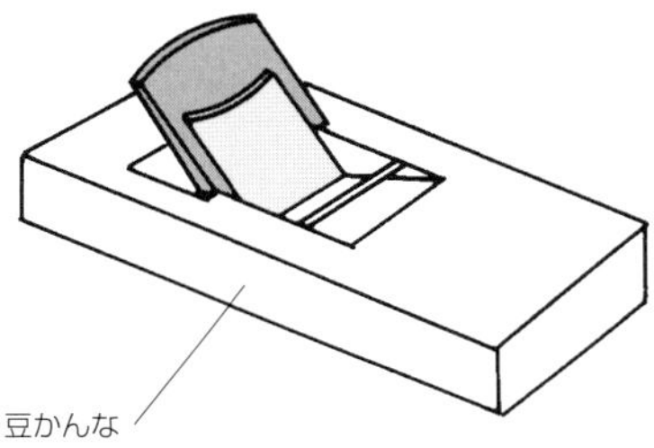

7→はさみ

材料の切断は定規を使ってカッターで行うのが一般的であるため、はさみはカッターの補助的な道具として使われる。たとえば紙を大まかに切ったり、模型用の樹木をきれいな形にするのに役立つ。はさみは先が尖っているものが、細かい作業がしやすくて便利である。

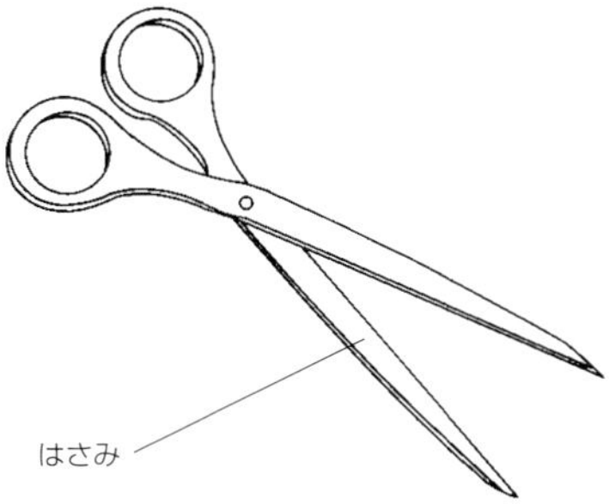

8→カッター用定規

カッター用の定規として、また材料の寸法を測るのにも使われる。金属製とアクリル製があるが、カッターによる損傷の恐れのない金属性のものがよい。金属製はステンレス製とアルミ製があるが、ステンレス製のほうが丈夫で厚さも薄い。末端から目盛りが刻んであって、ずれないように裏に薄いマットが張ってあるものが使いやすい。またエッジにステンレスを張ったアクリル製の定規は、切っている材料の状態を見ることができる。少なくとも150mmと300mmの2種類はそろえ、長い材料の切断や寸法の読み取り用として600mmのものも用意しておくと便利である。

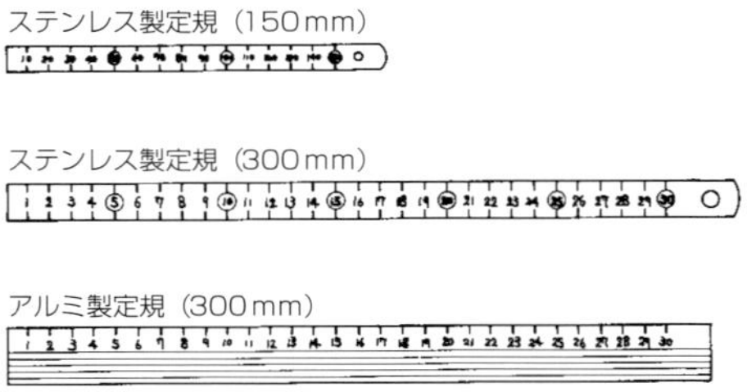

9→スコヤ

スコヤは、組み立てた部分が正確に直角になっているかどうか、また正確に模型台と垂直になっているかどうかなどを確かめるときに使われる。目盛りのついていないほうを直線の材料の端にあてがい、左右にずらしながら直角を確認する。また、金属製なのでボード材に直接あてがい、カッターで直角に切ることもできる。長さは100mmと150mmのものがあるが、150mmのものを用意するとよい。目盛りの入っているものが多いが、スコヤで寸法を測ることはほとんどないので、目盛りの入っていないものでもかまわない。スコヤは簡単に直角を求めることができるので、用意しておくと便利な道具である。

また、直角でなく任意の角度を設定することができて、屋根の勾配などの確認にも便利な自由スコヤもある。

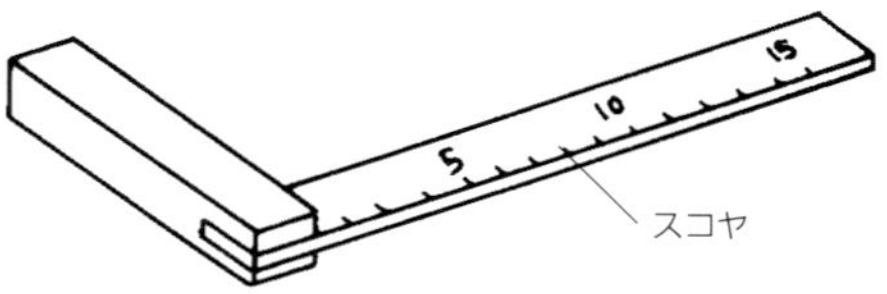

10→指金

スコヤと同じ用途で、大工道具としてもよく使われる。スコヤに比べて大きいので、大きな材料の直角取りに適している。模型を組み立てるときの、垂直や各部分の直角の確認にも使われる。

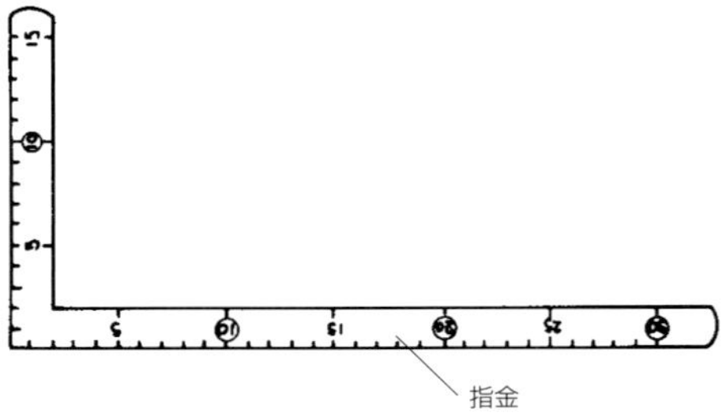

11→ニッパー

銅線やピアノ線などの金属材料や細いプラ棒を切断するときに使われる。線材などを挟んで、押し切る仕組みになっている。

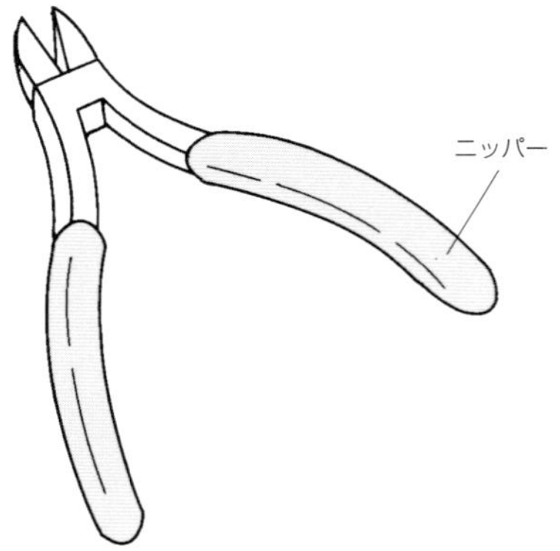

12→ラジオペンチ

細かな部分の作業をするとき、また金属材料を曲げたりするときに適している。普通のペンチに比べて、先端が細長くなっていて、先端や中ほどのくわえ部分に

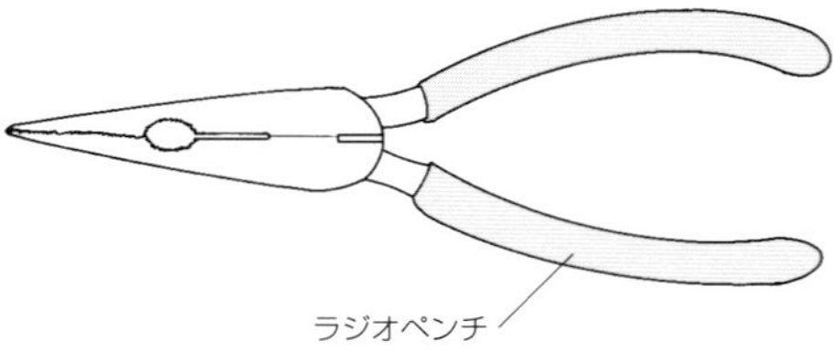

ギザがついているので、確実につかむことができる。またマイクロプライヤーという、先曲がりでピンセットなみの精度があり、先端にギザがないので材料を傷つけない道具もある。

13→錐

樹木を立てるために模型台に穴をあけるような、比較的大きめの穴を正確な径であけるときに使われる。四つ目錐が一般的であるが、三つ目錐や千枚通しなどで代用してもかまわない。木材のほかにプラ板やアクリル板にも使うことができる。

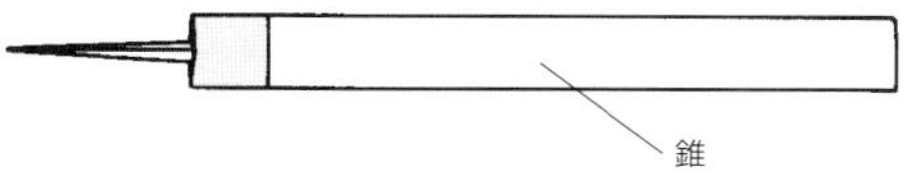

14→ピンセット

手の入らない細かなところの作業、細かい部材の取り付けなどに使われ、細かい作業の多い模型製作ではぜひともそろえたい道具である。先端が尖っているもの、平らなもの、曲がっているものなどさまざまなタイプがあるが、下図にあるような先端が折れ曲がったものが使いやすい。先が平らなものは、シート状のものをつかむのに適している。材料をつまんだときに、両方のかみ合わせがよく、弾力性のあるものがよい。

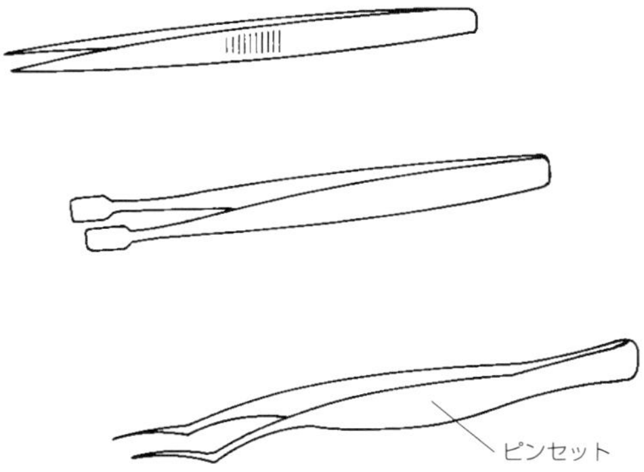

15→クリップ、虫ピン

クリップは板やパネルを接着したときに、接着剤が乾燥するまでのあいだ、部材どうしが動かないように固定しておくのに使われる。
虫ピンは、部材を仮止めするときに使われる。虫ピンよりも細くて長いものをシルクピンという。

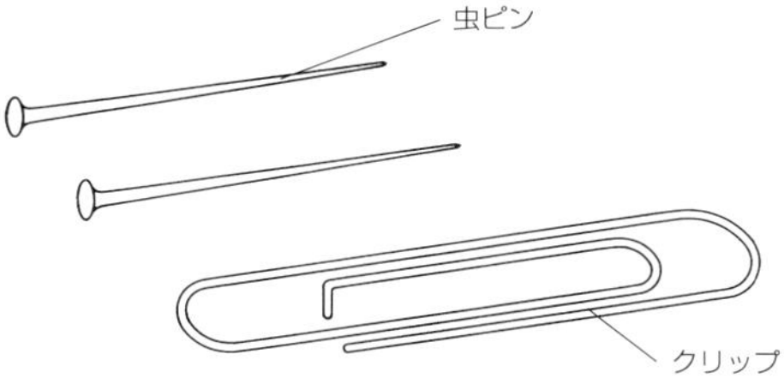

16→C クランプ

板やパネルを挟んで、しっかりと接着固定するときに使われる。大きさは75×40mm、50×25mmのほか、極小の10×10mmもある。

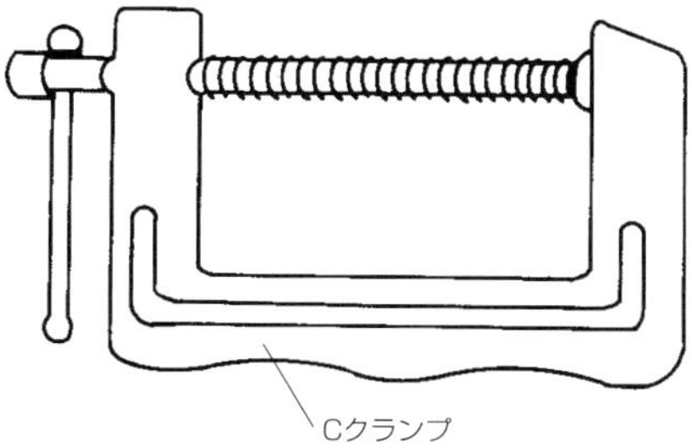

17→半田ゴテ

模型製作では、金属どうしの接着には半田付けが最も手軽で有効である。半田付けは、接着面が汚れていると接着力が落ちるので、汚れをよく拭き取ること。

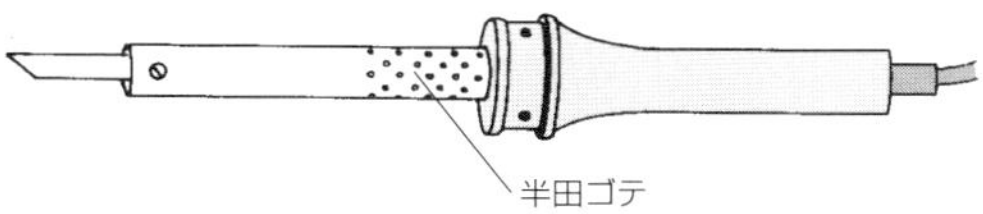

18→筆

ボリューム模型を着色するときなどに使われる。着色には中の平筆か小の平筆が適し、広い面を塗るときは平刷毛がよい。筆は使用したら、すぐに水洗いをしてよく乾燥しておかないと、次の使用時には使えなくなってしまう。

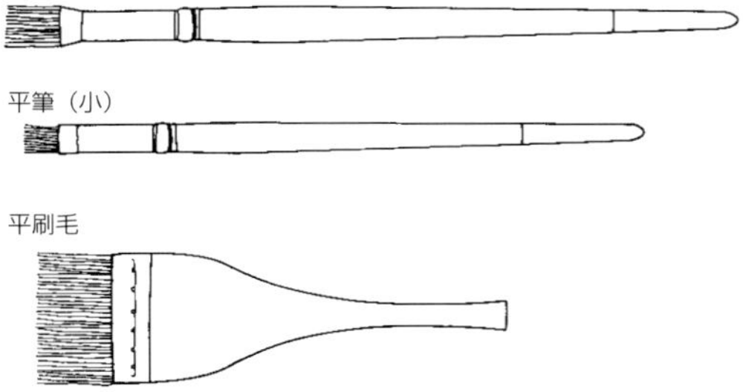

19→ふるい

芝生や植栽などに使うグランドフォームやパウダーの粒子の大きさをそろえるために使われる。網はステンレス製で、網目の大きさは1mmくらいのものがよい。

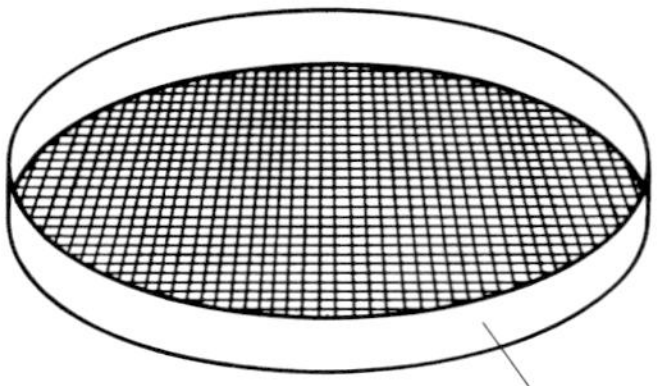

20→三角定規、勾配定規

三角定規は材料のボードや紙に、模型用図面を直接描くときに使われる。厚いボードなどに模型用図面を描くときは、平行定規を使うことができないので、三角定規を2個用意して、一方の三角定規をしっかりと固定して、もう片方をずらしながら水平や垂直の平行線を引いていくようにする。また薄い紙に模型用図面を描くときは、製図と同じように平行定規を使うこともできる。勾配定規は、ヒートカッターで斜めに切るときに、アームの角度を測るガイドとして使うこともある。勾配定規の大きさは150mmと300mmがあるが、150mmの小型の勾配定規のほうがよく使われる。

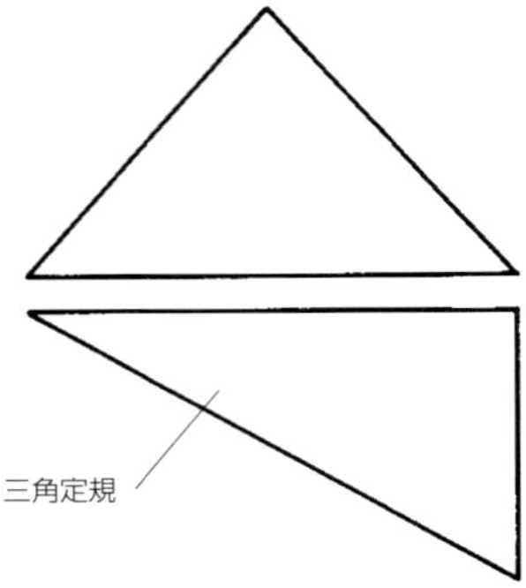

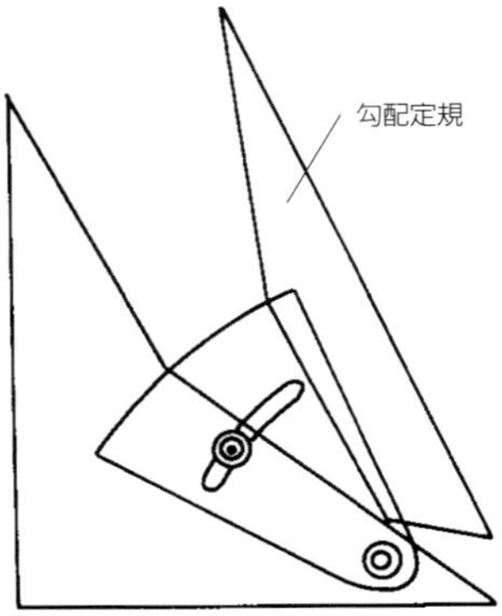

21→三角スケール

三角スケールは、製図と同じように模型製作では欠かせないものである。150mmの小型の三角スケールと300mmの三角スケールの2種類を用意するとよい。

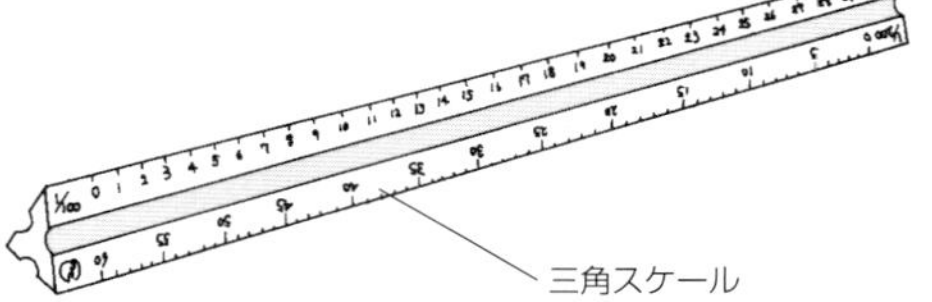

第**2**章

模型製作の基本テクニック

この章では、模型をつくるうえで必要な基本的なテクニックを紹介する。模型製作の基本となる「測る」「切る」「接ぐ」「張る」「塗る」「吹き付ける」といった作業のポイントを、イラストを多用してわかりやすく解説した。そのほかにも、模型表現のうえでは欠かすことができない窓やドアのつくり方、あるいは外装、内装、屋根など仕上げの表現方法について、さらには勾配屋根、階段の踊り場や曲面壁といった手間がかかる部材の製作テクニックを紹介している。

1　身につけておきたい基本のテクニック

1　基本テクニック「測る」

はじめに図面をもとにして、壁や床などの模型の各部材をつくるわけであるが、その方法としては、トレーシングペーパー(トレペ)などに模型用図面を描いてそれをコピーしたものを、スチレンボードなどに張ってからカッターで切る場合と、スチレンボードなどに直接模型用図面を描いてから切る場合の2通りがある。いずれの方法を使ってもよいが、一般には前者のほうが便利であるためよく使われる。模型用図面とは模型製作のための工作図であり、平面図や立面図をそのまま、もしくは少し直すことで使える場合もあるが、平面が矩形でない建物の場合には立面図と模型用図面としての立面図が異なることもある。

スチレンボードなどに直接、模型用図面を描く場合、鉛筆は2H以上の硬い鉛筆を使うとボードや紙を汚さずに、正確な線を描くことができる。

①測る道具には、ステンレス定規、三角定規、三角スケール、スコヤなどがある。ステンレス定規は模型製作では、測る道具としてまたは切断用の定規として、最もよく使われるもので、15cmと30cmのものを用意するとよい。できれば長い材料を切るときに60cmのものがあると便利である。

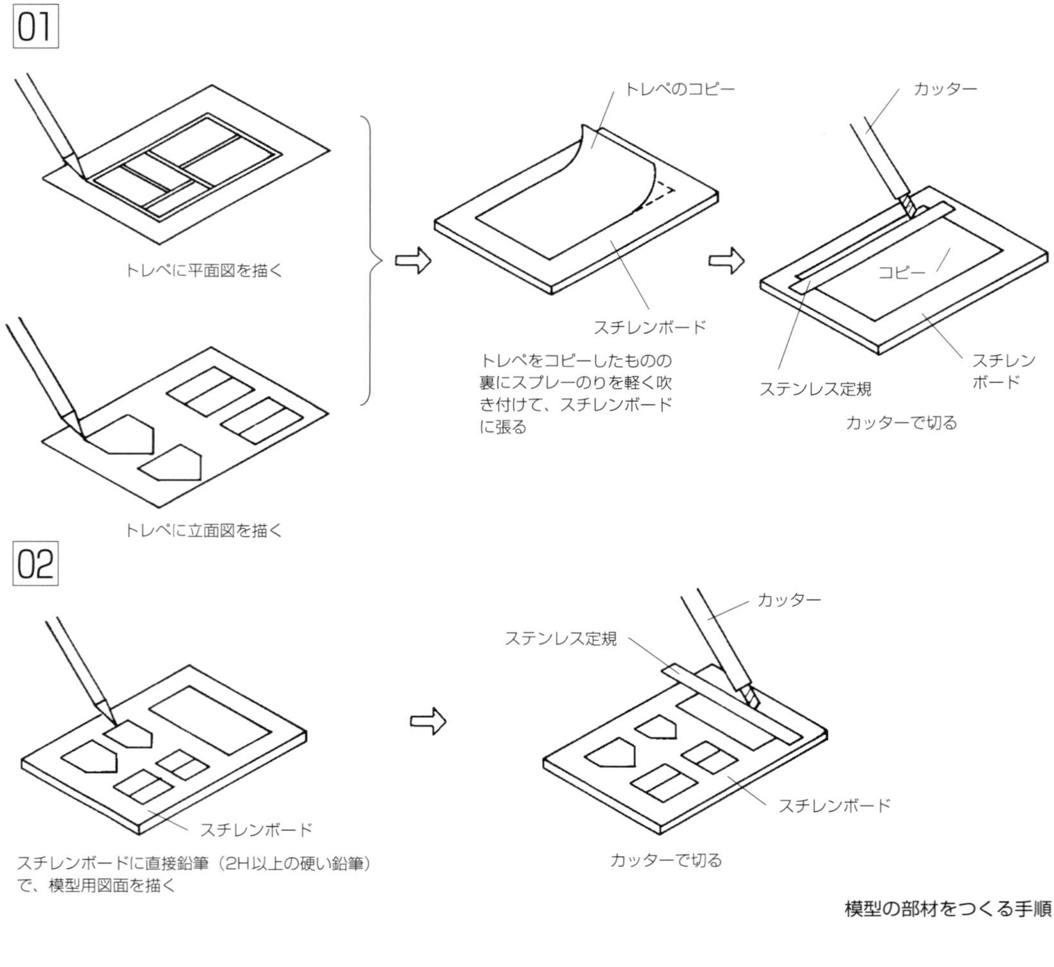

模型の部材をつくる手順

②スコヤで常に直角を確認する。

直角や垂直の確認には、スコヤや三角定規が使われる。部材を切るときや部材の組み立てのときには、常に直角や垂直を確認しながらつくると、歪みや変形がなくなる。

スコヤは、右図「スコヤでボードを切る手順」のように用いる。まずボードの一辺にスコヤの妻部をあて、スコヤの長辺部を使ってカッターでボードを切り、基準の辺mをつくる。この基準の辺mをもとにして、ステンレス定規で求める寸法aをとり、そこに印dをつける。その印dのところにまたスコヤをあてて切り取ると正確な直角をもつボードをつくることができる。

また三角定規とステンレス定規を両面テープで接着して、スコヤの代わりに使うこともある。

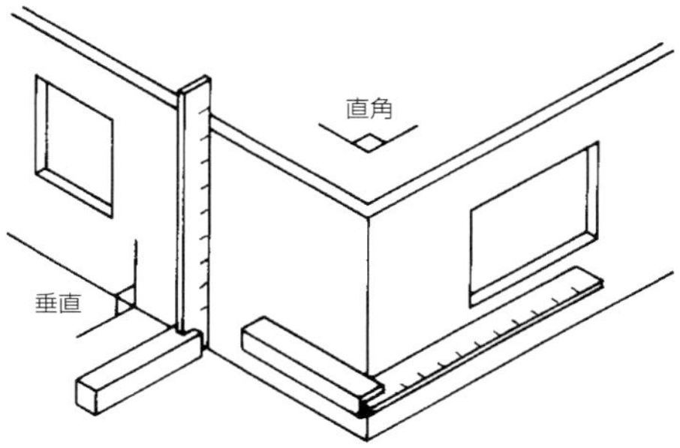

スコヤによる直角や垂直の確認

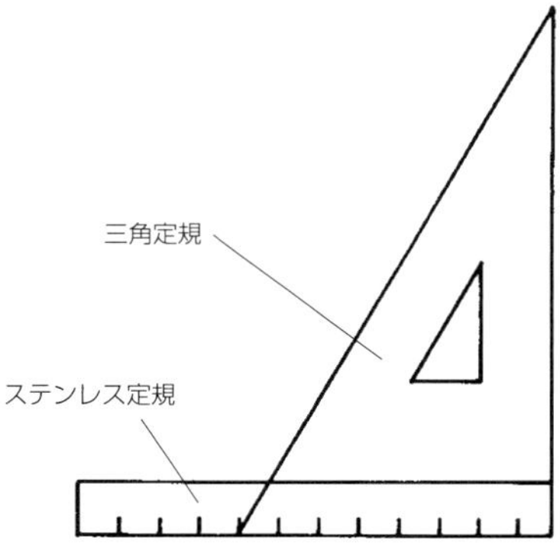

両面テープでステンレス定規を三角定規に取り付ける

三角定規とステンレス定規の組み合わせによるスコヤの代用

01 ボードの１辺ℓにスコヤの妻部をあて、スコヤの長辺部を使ってカッターで切り、ℓと直角となる基準の辺mをつくる。ℓとnは互いに平行

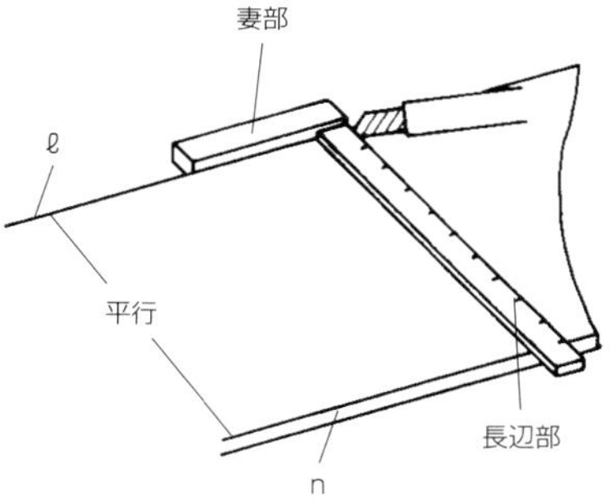

02 基準の辺mからステンレス定規で求める寸法aを取り、印dをつける

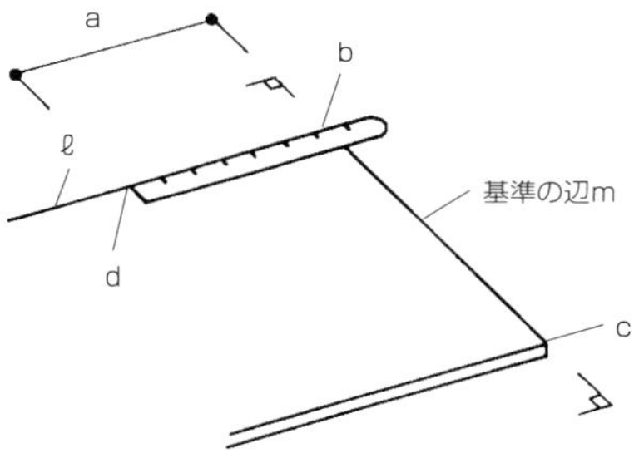

03 dにスコヤをあて、カッターで切り取る

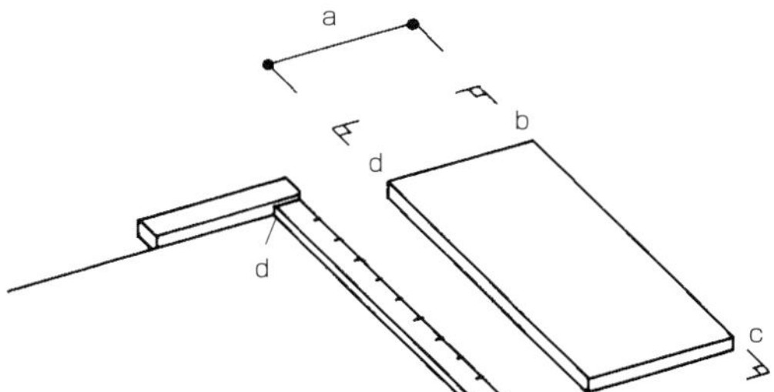

スコヤでボードを切る手順

2　基本テクニック「切る」

模型製作では、正確に部材を切らないと、組み立てのときに隙間ができたり、歪んだりする。正確に、きれいに部材を切ることは、模型製作の基本である。部材を切る基本には、次の①～⑧などがある。

①スチレンボードなどの材料にステンレス定規をしっかりあてて動かないようにし、カッターの刃が垂直になるように上から確認しながら行う。

②切るときは一気に切り取ろうとしないで、丁寧に2～3回に分けて切り取るようにする。

③少しでも切れ味が悪くなったら、すぐに刃先を折って常にシャープに切れる状態にしておく。そのためにも、替え刃を十分に用意しておくとよい。刃をまめに折らないで長く使っていると、切断面の発泡スチロールの部分がシャープに切れずにボロボロになるので注意する。

④切るときは、定規を模型の部材として必要なボードの側におくようにする。もし手元がずれてカッターの刃が定規から離れて切り損じても、その必要となる部材自体には傷がつかないからである。

⑤7mmくらいの厚いスチレンボードを切る場合、慣れてくれば薄いボードを切るのと同じ要領で垂直に切れるようになるが、慣れないうちは下図「厚いスチレンボードを垂直に切る方法」のようにスタイロフォームにステンレス定規を両面テープで張り付けて切るといった方法もある。

⑥材料を切るときは自分の位置は変えずに、材料のほうを動かして切っていく。

⑦ケガに気をつける。カッターをしっかりと定規にあてて切らないと、場合によってカッターが定規のエッジからはずれて、定規を押さえる手(通常は左手)の指を切ることがあるので注意する。

⑧はじめに壁、床などの主要な部材を切り取り、ほかの主要でない部分はその後で切り出す。さらに細かい付属的な部分は現場合わせにしたほうがよい。

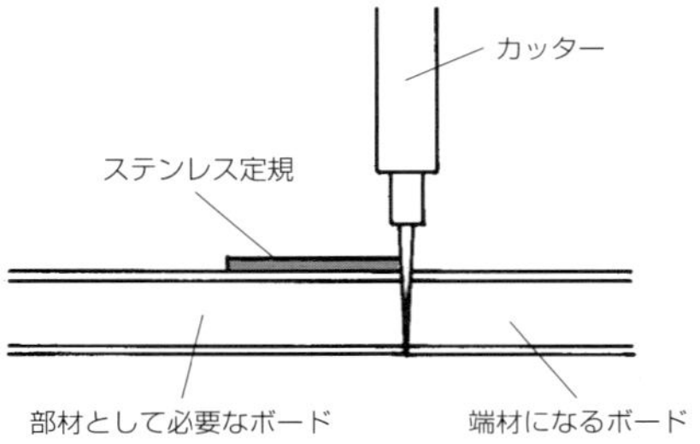

カッターで切るときに定規をおく位置

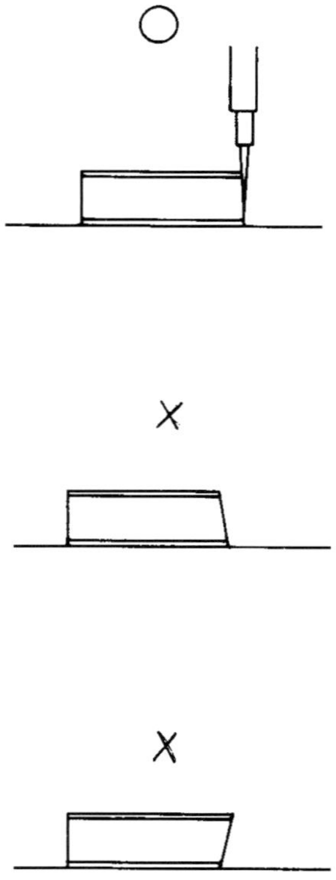

カッターで垂直に切ったときのボードの断面

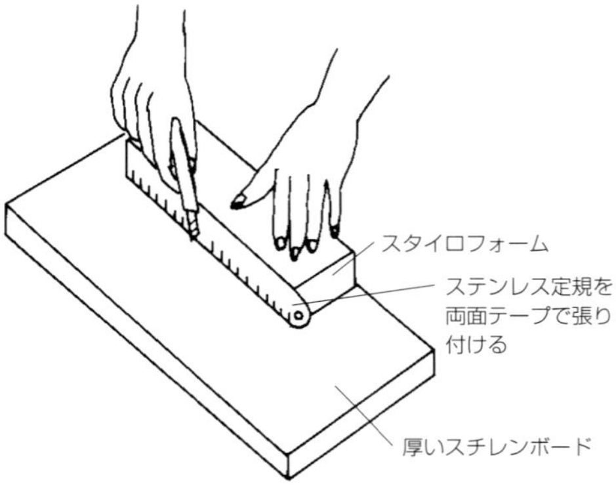

厚いスチレンボードを垂直に切る方法

1→カッターを持つ

カッターの持ち方には2通りある。一つは親指と人差し指でしっかり持ち、カッターの柄の端部を手の平にあてて切る方法で、立ち作業で広い面材を切る場合によく使われる。もう一つは、鉛筆と同じ持ち方で、中指の上にカッターを軽くのせ、親指と人差し指でカッターを持って切る方法で、細かい作業に向いている。

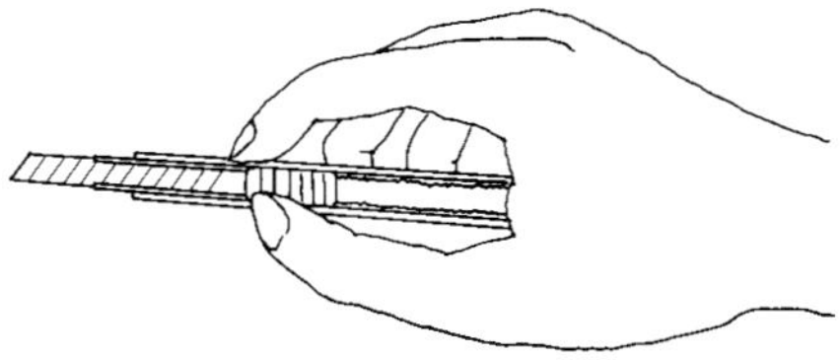

カッターの後ろの部分を手の平にあてる持ち方

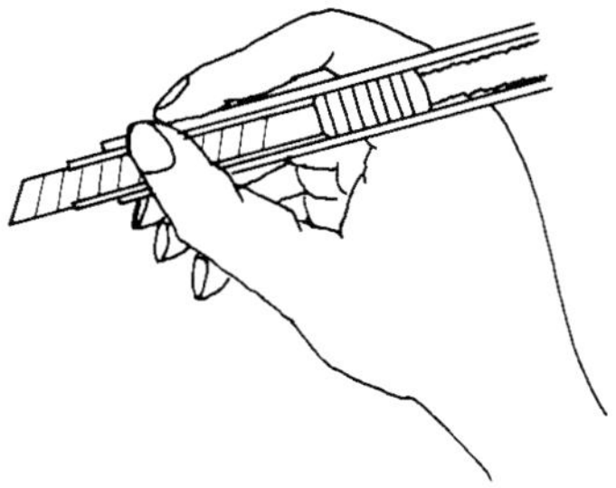

鉛筆と同じ持ち方

2→カッターで切る

①カッターで面材を切る

カッターは、模型として見せたいほうの面を表にして刃を入れる。たとえば、外観模型なら外壁の外側の面から刃を入れるようにする。カッターで大きい面材を切る場合、立ち作業だと体全体で定規をしっかりと押さえることができ、また目の位置が高くなり真上から見ることによって、カッターの刃先の位置や刃が材料に対して垂直にあたっているかなどを把握できるので、切り損じることが少なくなる。

②カッターで線材を切る

四角い線材を切る場合は、1面のみから一気に切るのではなく、4面のそれぞれの面から少しずつ切る。また丸い線材を切る場合は、線材を転がしながら少しずつ切る。いずれの線材も、一気に力を入れて切り取ろとすると切断面がきれいな垂直面にならないので注意すること。

③カッターでボードや紙を切るときの寸法の押さえ方

下図「カッターで切るときに寸法を押さえる手順」のように、ボードなどの一辺にステンレス定規で求める寸法aを取り、カッターナイフや鉛筆で印bをつける。もう一方の辺にも同じように印cをつける。一辺につけた印bともう一辺につけた印cにステンレス定規をあてて、カッターでボードなどを切り取る。

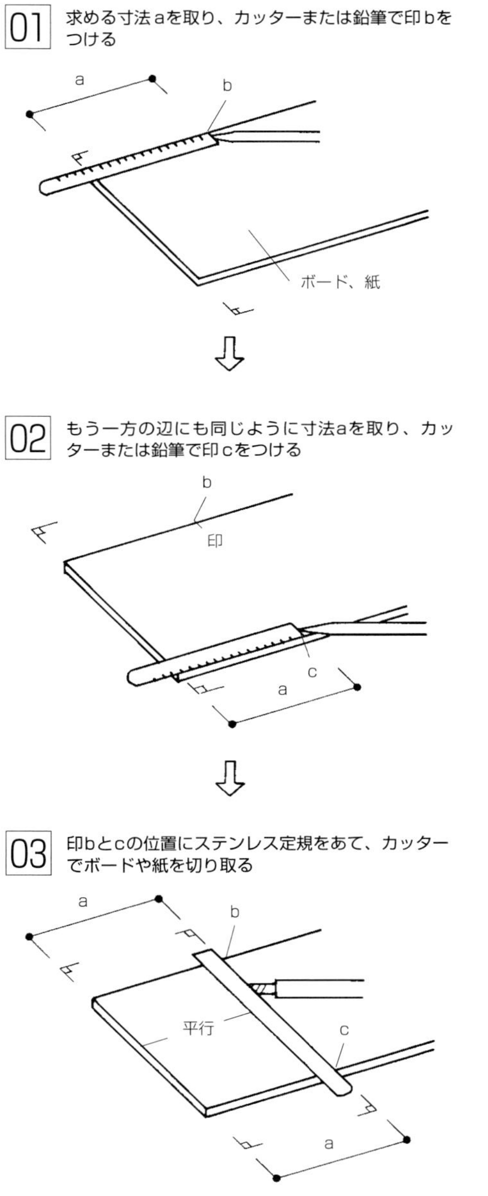
01
求める寸法aを取り、カッターまたは鉛筆で印bをつける
a
b
ボード、紙
02
もう一方の辺にも同じように寸法aを取り、カッターまたは鉛筆で印cをつける
b
印
c
a
03
印bとcの位置にステンレス定規をあて、カッターでボードや紙を切り取る
a
b
平行
c
a

カッターで切るときに寸法を押さえる手順

3→カッターで切る練習をする

建築の模型をつくる前に、スチレンボードをカッターで切る練習をする。

①等間隔に切る

10×10cmのスチレンボードに10mm間隔に線を引き、その線に合わせてきれいに切り取る。各部材が正確に切り取られているか、重ね合わせて検討する。

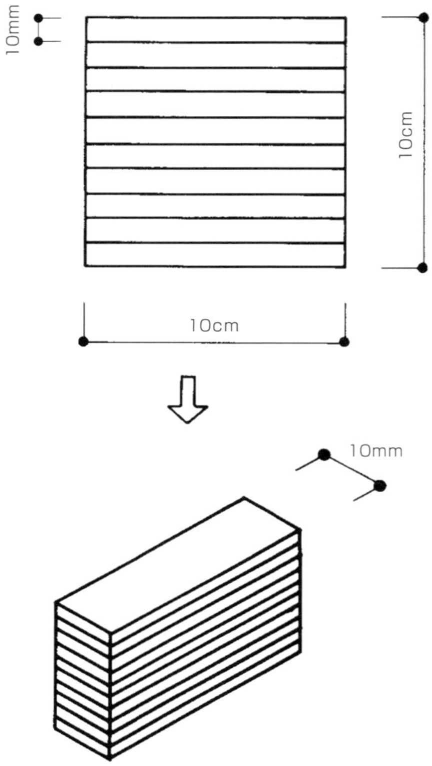

重ね合わせて正確に10mmの幅になっているか検討する

10mm間隔の直線に合わせて切る方法

②穴をあける

窓をつくるときは、一般にボードなどに穴をあけてつくる。その穴のつくり方は、材料のほうを回しながら、窓のコーナーから窓の辺の中心に向かって、刃を入れるようにする。このときに、カッターの刃が材料に対して垂直になっていないと、窓の辺の中心部分で切断面が合わなくなる。カッターの刃は、必ず見せたいほうの面(普通は外壁の外側)の窓のコーナーから入れはじめる。

右図「矩形の穴をあける方法」のようにいくつかの小さい穴を切り取り、大きい穴に組み合わせて入れてみて、ぴったりと入るか検討することで正確な穴を切ることができたかがわかる。

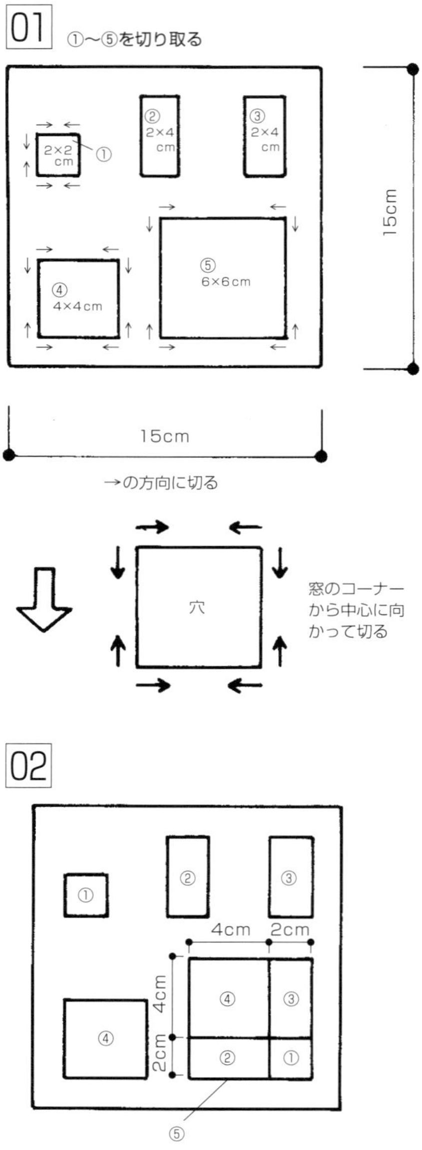

この⑤の穴(6×6cm)のなかに①②③④のボードを入れて、ぴったりと入るか検討する

矩形の穴をあける方法

③直角に切り、正方形をつくる

11×11cmのスチレンボードに10mm間隔に正方形を描き、その線に合わせてきれいに切り取る。各正方形が正確に切り取られているかを確認するために、各正方形をばらばらに切り離し、適宜辺を変えて再度11cmの正方形になるように組み合わせてみて、全体がきれいな正方形に納まっているかを検討する。

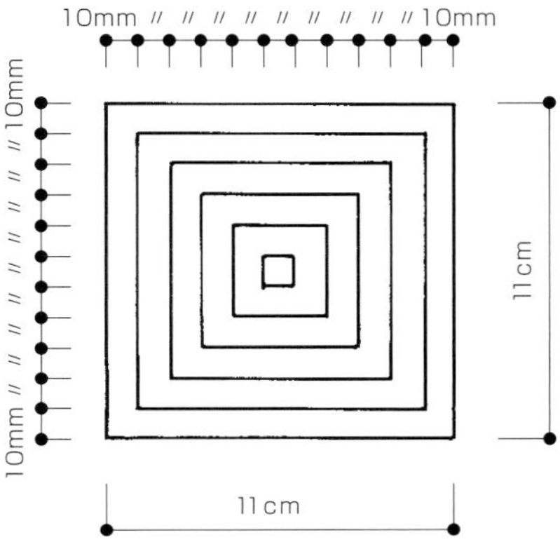

10mm間隔で切り取り、一度各部分をばらばらに切り離し、適宜辺を変えて、もとの11×11cmの正方形になるように組み合わせて、きれいな正方形になるかを検討する

10mm間隔の正方形を描いた線に合わせて切る方法

④切断面に角度をつけて切る

図のようにまず計算で30°、45°(留め)、60°などの角度になるようにbの寸法を求める。そこに印をつけてから定規をあてて、カッターで斜めに切る。切断面に角度をつけて切るのは難しい作業だが、練習をすることで慣れてくる。とくに45°(留め)はよく使うので練習してみること。

01 計算によって寸法を求めて、鉛筆で印をつける

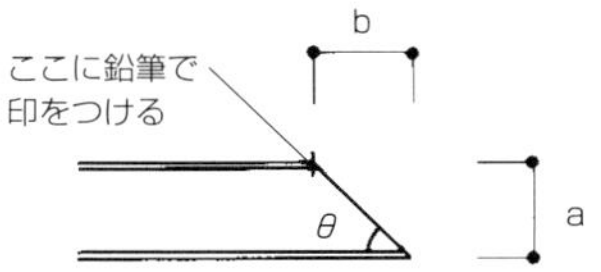

計算でbの数値を求める

$\theta=45°$ の場合　$b=a$

$\theta=60°$ の場合　$b=\frac{a}{\sqrt{3}}$

$\theta=30°$ の場合　$b=a\times\sqrt{3}$

厚さ5mmの場合

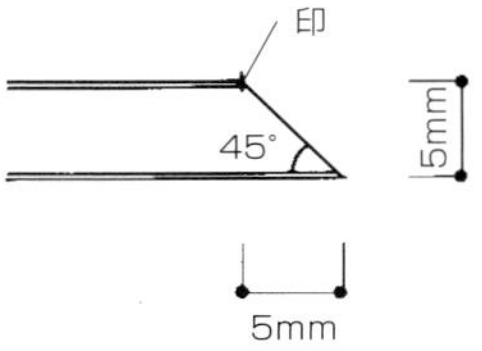

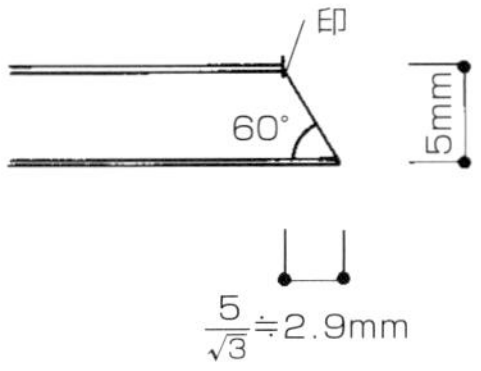

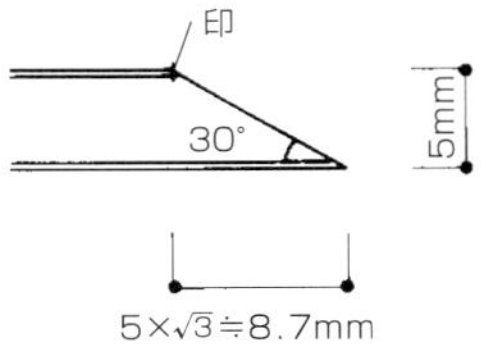

02 ステンレス定規を印をつけたところにあて、カッターで斜めに切る

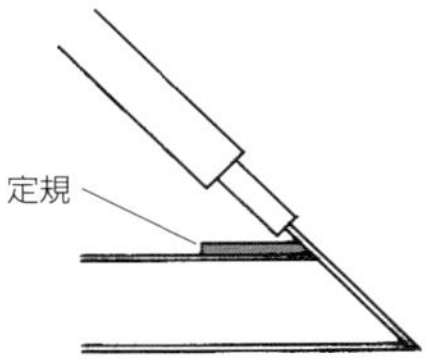

カッターで切断面に角度をつけて切る方法

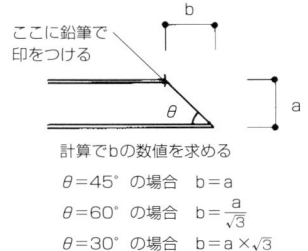

4→ヒートカッターで切る

①ヒートカッターについて

スタディ模型またはプレゼンテーション模型では、スタイロフォームを切り出して、そのまま塊で表現する方法や表面に紙などを張るときの芯として使う方法がある。このスタイロフォームを加熱したニクロム線で、簡単にいろいろな形に切り出していく道具がヒートカッターである。

ヒートカッターは、使い慣れてくるといろいろな形や複雑な形も自由に切り出せ、短時間で作業することができるかなり便利な道具である。

②ヒートカッターを使う前に用意するもの

用意するものとしては、ヒートカッターと予備のニクロム線、スタイロフォーム、15cmまたは30cmのスチール定規、スコヤ、15cmの勾配定規などである。

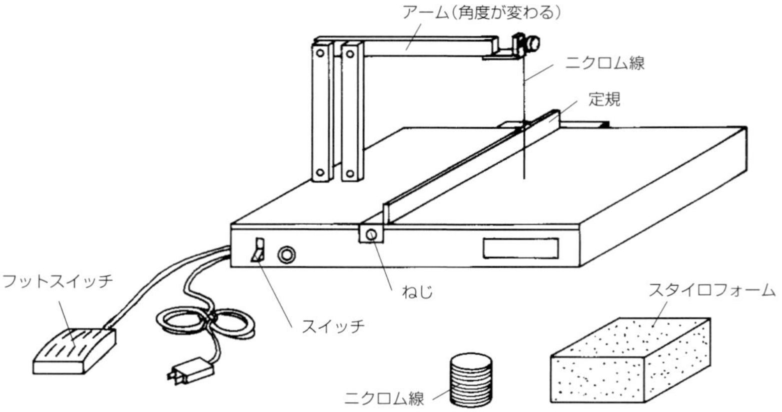

ヒートカッターの各部品の名称

01 スコヤでニクロム線の直角を確認する

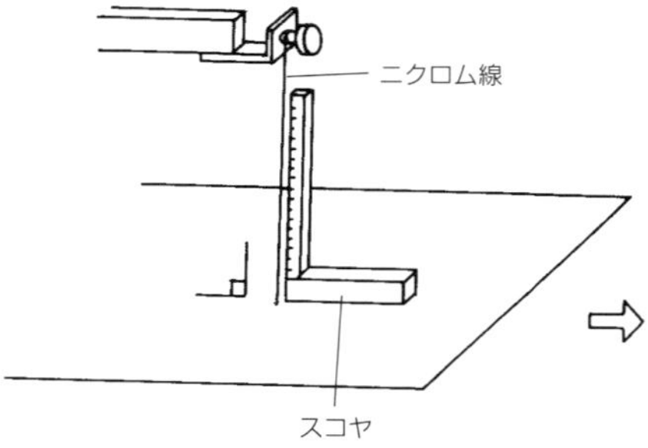

02 ヒートカッターの定規を左右に動かしニクロム線までの距離(スタイロフォームを切る寸法a)を測る

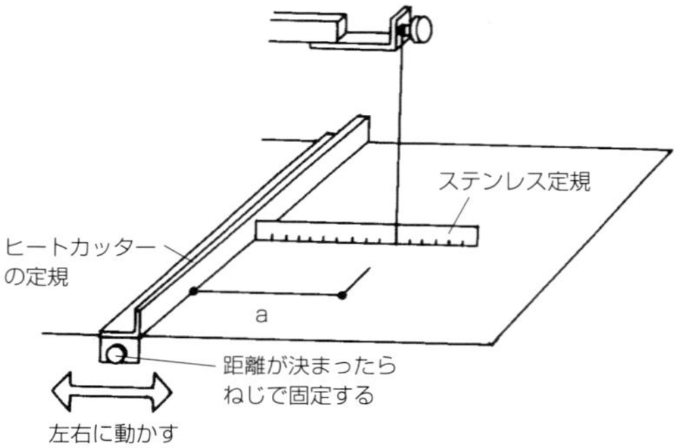

03 スタイロフォームを前に動かしながら切る

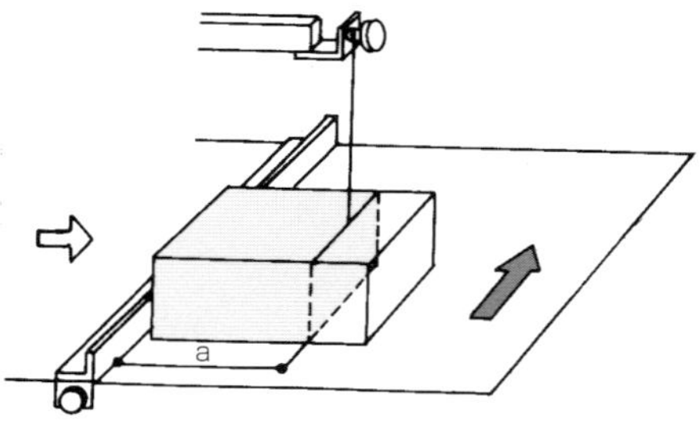

04 求める寸法や形のスタイロフォームをつくる

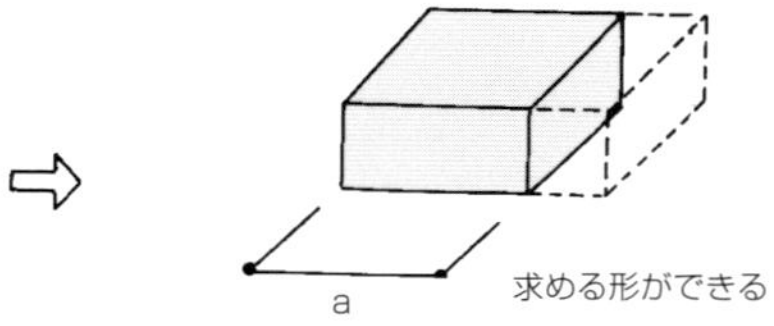

ヒートカッターでスタイロフォームを切る手順

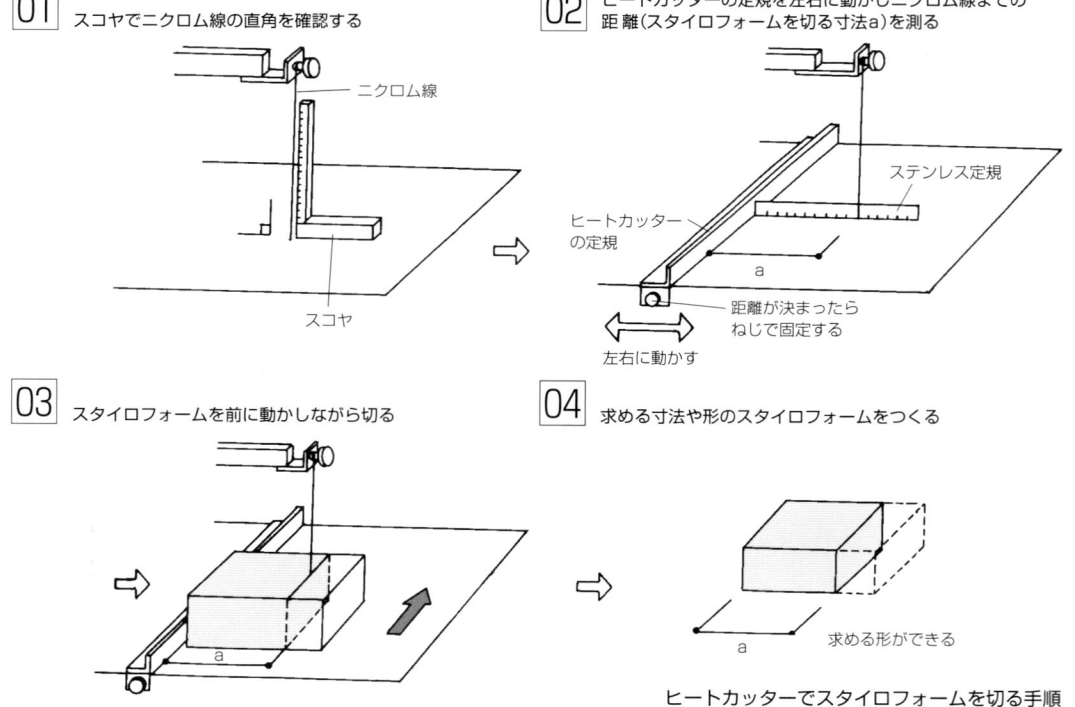

③ヒートカッターでスタイロフォームを切る前の注意

切る前の準備としては、ニクロム線を適度な強さで張ることが大切である。また作業の前だけでなく、作業中もこの張り具合を常に確認しながら、作業を行うようにする。次に勾配定規やスコヤを用い、ニクロム線を直角にセットする。このチェックも作業の前だけでなく、作業中にも何度か確認しながら行うとよい。

④ヒートカッターで切るときの手順

机上式のヒートカッターは両手が自由に使えるようにフットスイッチになっている。はじめに、これを踏んでニクロム線を加熱してから、スタイロフォームをヒートカッターの定規にあてる。

切る前に、スタイロフォームが正確な直角になっている面がない場合は、これから形づくる立体の基準となる面をつくる。この基準面をもとにして、求める形をつくるわけである。次に、ステンレス定規をヒートカッターの定規の面に直角にあて、ヒートカッターの定規を横に動かしてニクロム線までの距離を測ってからヒートカッターの定規を固定する。

切るときは、スタイロフォームをゆっくりと一定の速度で動かすことが大切である。切っている途中で、スタイロフォームを止めるとその部分が焼けすぎて不均一になるので、切り離すまで一定の速度を保つようにする。押し出す速度が速すぎるとニクロム線が切れやすくなり、遅すぎると切断面がきれいな仕上がり面にならない。ニクロム線が熱をもっているかどうかは外見では判断できないので、スイッチが入っている状態なのに入っていないと思い込んで、ニクロム線に触ってやけどしないように気をつけること。

⑤ヒートカッターによる練習

(1)等間隔に切る

一定の大きさのスタイロフォームを厚さ10mm間隔に切る。慣れてきたら、5mm、3mm、1mmと薄く切ってみる。厚さが正確に切ってあるかどうかは、三角スケールで測ったり、あるいは薄いスタイロフォームを何枚か重ね合わせて、ほかの同じ厚さのスタイロフォームと比べることで検討できる。たとえば1mm厚に切ったスタイロフォームを5枚重ね合わせて、5mm厚に切ったスタイロフォームと同じ厚さになっているかを検討する。ヒートカッターは慣れてくると、1mmくらいの小さい寸法まで正確に切ることができる。

(2)角度をつけて切る

ヒートカッターのアームを一定の角度に傾けて、スタイロフォームを切る。

10×10×10cmの立方体を下図「ヒートカッターで角度をつけて切る方法」のように30°、45°、60°などの角度をつけて切る。

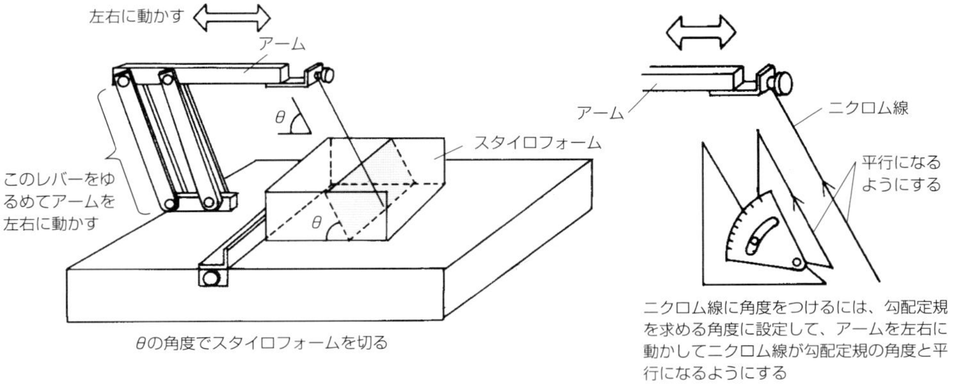

ニクロム線に角度をつけるには、勾配定規を求める角度に設定して、アームを左右に動かしてニクロム線が勾配定規の角度と平行になるようにする

ヒートカッターで角度をつけて切る方法

(3)立方体をつくり、さらに四角錐をつくる

まず一辺が10cmの立方体をつくる。次にこれをもとにして、底辺が10×10cm、高さが10cmの四角錐をつくる。下図「ヒートカッターで立方体から四角錐をつくる手順」のような順序で、ニクロム線に角度をつけてスタイロフォームを切っていくことでつくることができる。

10×10×10cmの立方体

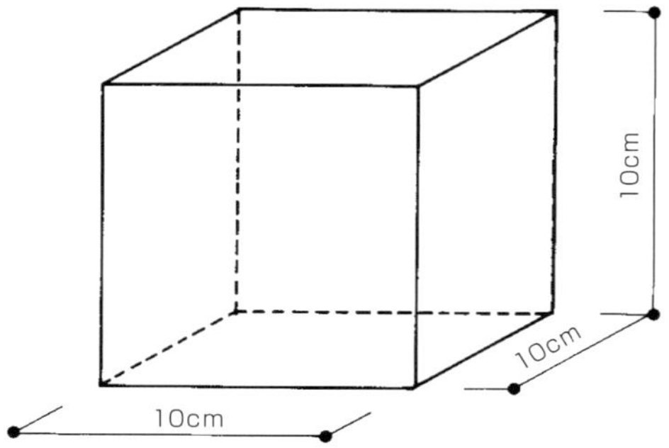

底辺10×10cm、高さ10cmの四角錐

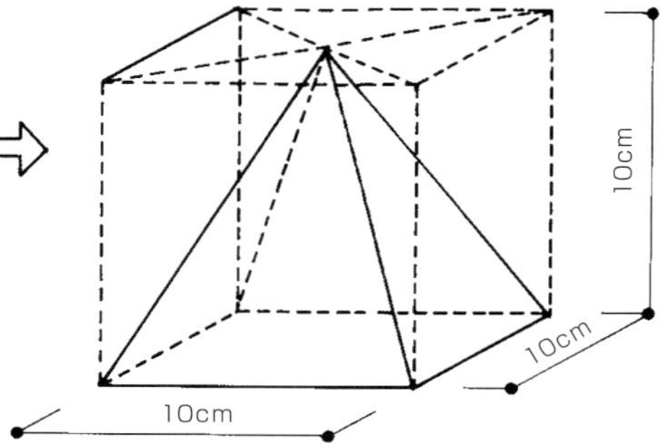

ヒートカッターで底辺10×10cm、高さ10cmの四角錐をつくる

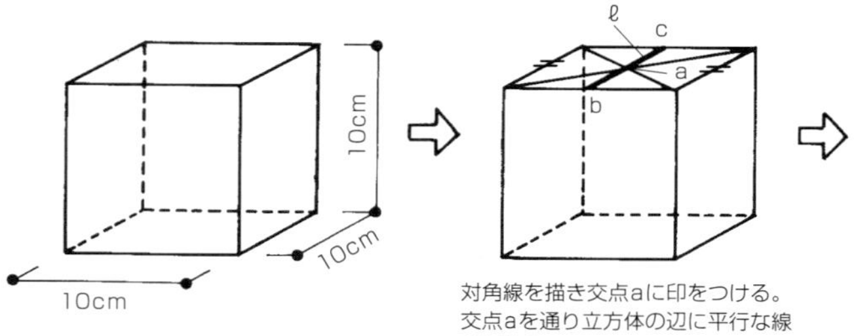

対角線を描き交点aに印をつける。交点aを通り立方体の辺に平行な線ℓを描く

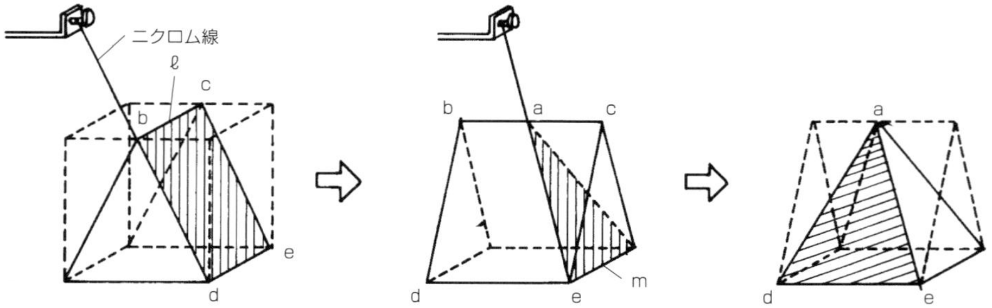

bとdを通るようにアームの角度を設定して、線ℓに沿ってスタイロフォームを切る

aとeを通るようにアームの角度を設定して、線mに沿ってスタイロフォームを切る

反対側も同じように切り、四角錐をつくる

ヒートカッターで立方体から四角錐をつくる手順

(4)スタイロフォームを組み合わせて複雑な形の模型をつくる

建築模型の複雑な形をスタイロフォームでつくるには、下図「スタイロフォームを組み合わせて複雑な形の模型をつくる手順」のように大まかに次の(i)〜(iii)の三つの方法がある。

(i)全体の建物の形が入る大きな立体をつくり、そこから不要な部分を切り取っていく方法

(ii)各階ごとのブロックをつくり、それを積み重ねていく方法

(iii)建物の中心となる大まかで単純な立体をつくり、それにそのほかのブロックを付け加えていく方法

スタイロフォームに仕上げをしない場合、なるべく立体と付け加えたブロックとの境目が目立たないように組み合わせる。継ぎ足した線が目立つようなら、やすり掛けをして平らにする。ただし、スタイロフォームの表面に紙などを張る場合はその必要はない。スタイロフォームどうしの接着にはスチのりを使う。

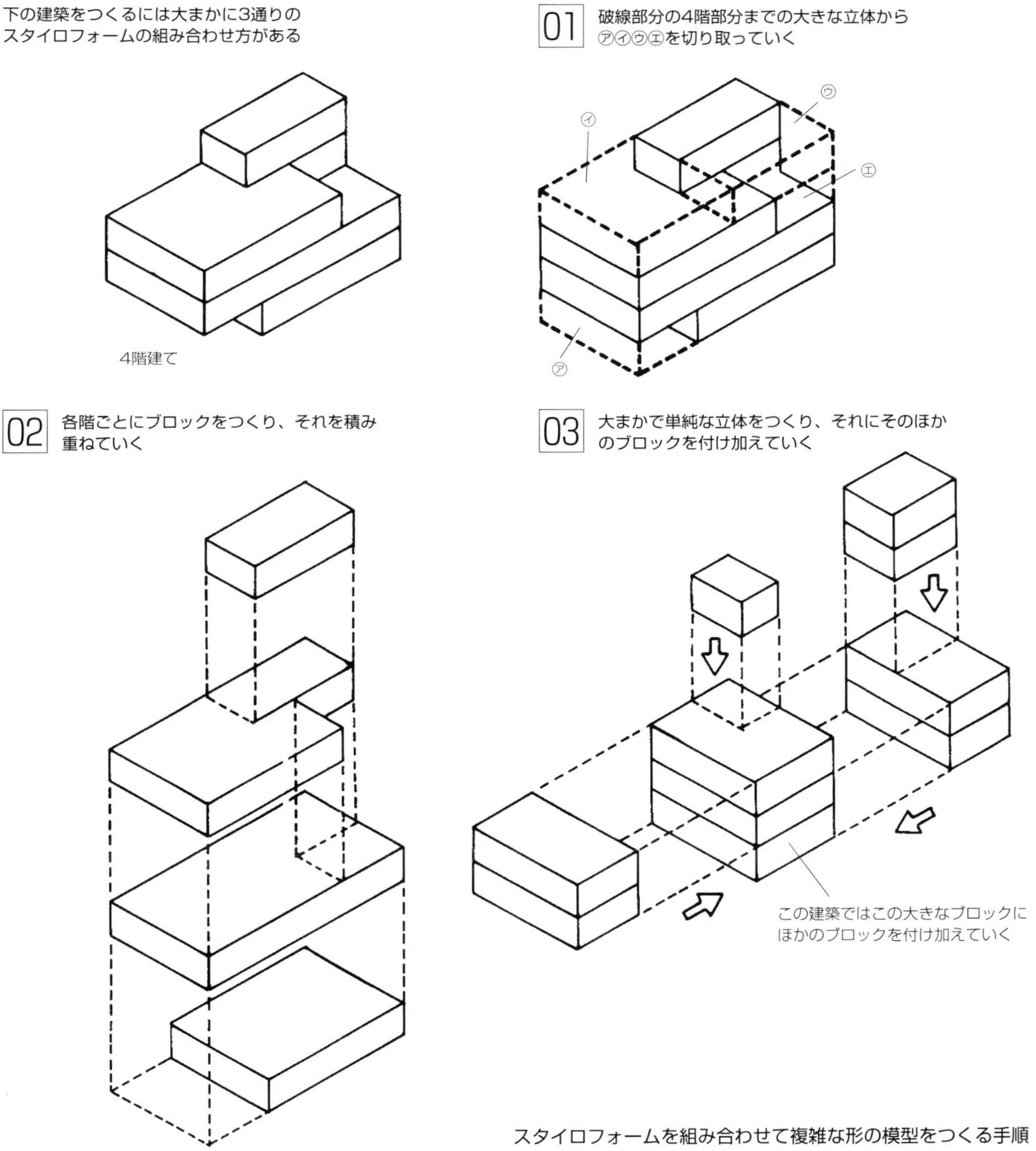

下の建築をつくるには大まかに3通りのスタイロフォームの組み合わせ方がある

破線部分の4階部分までの大きな立体から㋐㋑㋒㋓を切り取っていく

スタイロフォームを組み合わせて複雑な形の模型をつくる手順

(5)屋根をつくる

35頁の角度をつけて切る方法を用いることで勾配屋根の形をつくることができる。スタイロフォームをヒートカッターで切って勾配屋根をつくるのはスチレンボードを組み合わせて勾配屋根をつくるよりは簡単にできるので、いろいろな勾配や形の屋根をつくって屋根の形や外観の検討をすることができる。このため、ヒートカッターはスタディ模型をつくるのに非常に便利な道具である。

下図は、スタイロフォームにより切妻、寄棟、および切妻と寄棟が組み合わされた屋根をつくる方法である。

01 切妻のつくり方

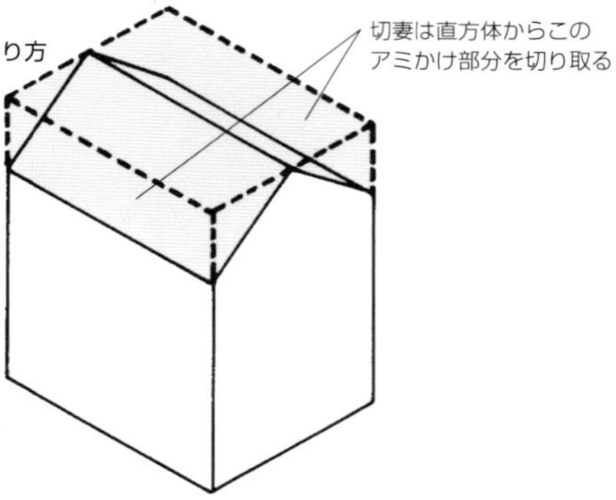
切妻は直方体からこの
アミかけ部分を切り取る

切妻の屋根伏図

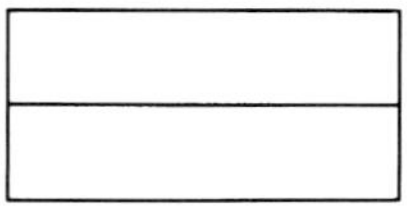

02 寄棟のつくり方

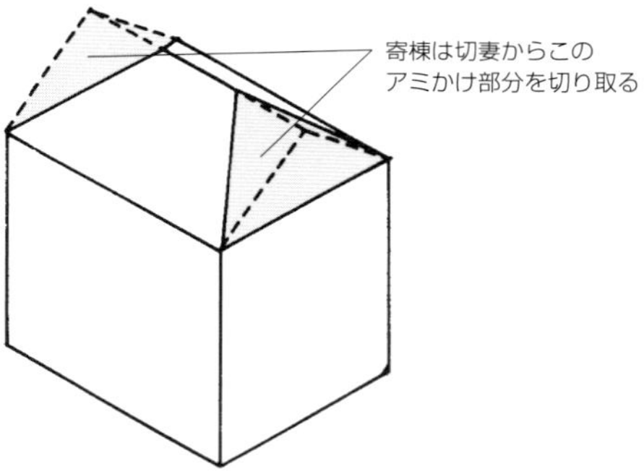
寄棟は切妻からこの
アミかけ部分を切り取る

寄棟の屋根伏図

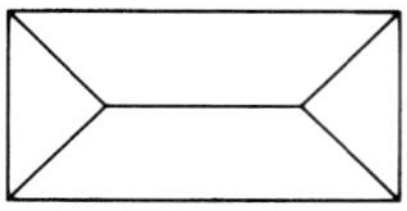

03 切妻と寄棟の屋根のつくり方

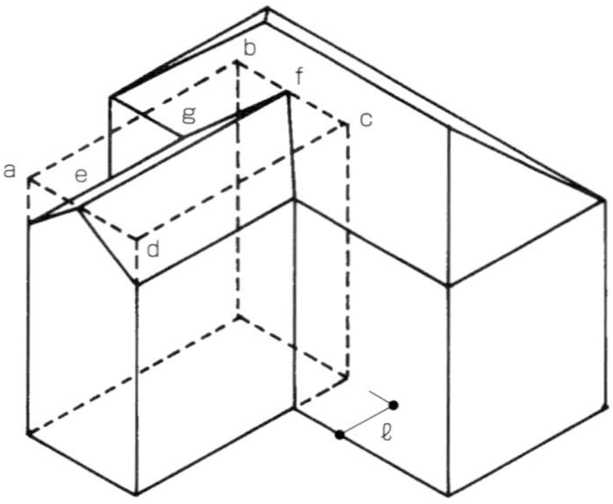
a
b
c
d
e
f
g
ℓ

切妻と寄棟の屋根伏図

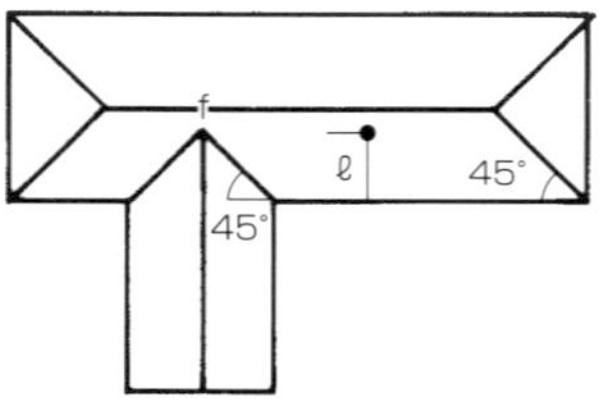
f
ℓ
45°
45°

04 切妻の屋根ブロック部分のつくり方

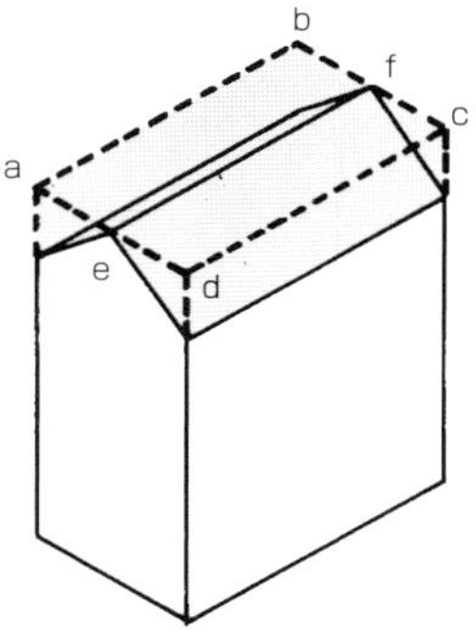

①直方体を切妻に切り取る

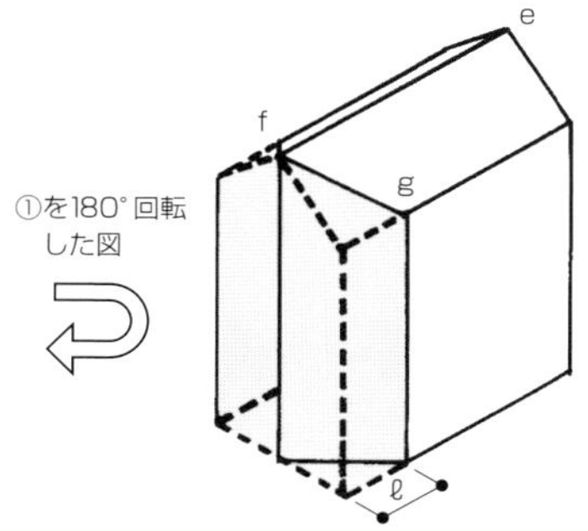

②切妻を45°に切り取る

スタイロフォームでいろいろな屋根をつくる方法

3　基本テクニック「接ぐ」

スチレンボードのコーナー処理には、突付け(小口を見せる方法)、紙一枚残し(小口を見せない方法)、留め(小口を見せない方法)がある。突付けはボードの小口を見せて接ぐ方法である。紙一枚残しはボードの厚さ分の表面の紙を残してそこにもう一方のボードを接ぐ方法、留めは小口を45°に切り取った面を張り合わせて接ぐ方法である。

1→突付けで接ぐ

突付けは作業が簡単であるが、小口が見えるのが難点である。しかし、ボードの上に仕上げ用の紙を張ることで、小口を隠すことができる。

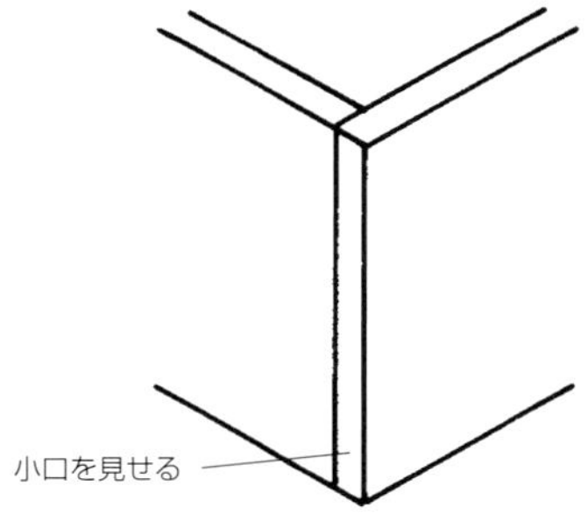

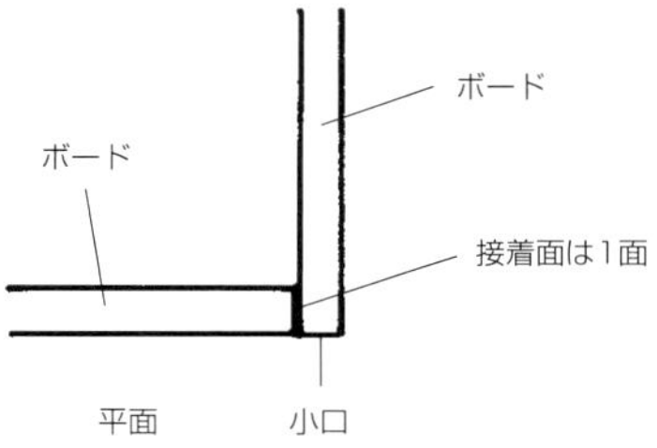

突付けで小口を見せる仕上げ方

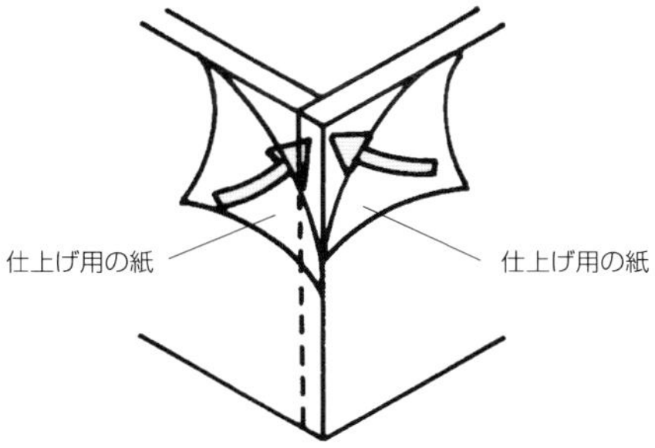

ただし突付けした後、ボードの上にケント紙などの仕上げ用の紙を張ることで小口を隠すことができる

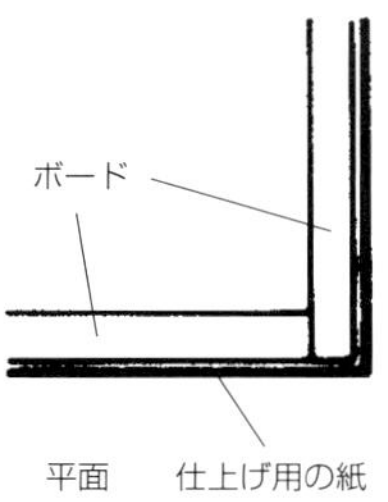

ケント紙などで小口を隠す仕上げ方

2→紙一枚残しで接ぐ

一般に外壁の出隅部分は簡単な突付けより紙一枚残しで、片方のボードの小口部分を隠す方法が多く使われる。この方法だと小口が見えず、きれいなコーナー処理の模型になるので、プレゼンテーション模型によく使われる。

はじめにスチレンボードの紙1枚分の厚さのところに定規をあて、スチレンボードに垂直にカッターの刃を入れる。次に横からカッターで水平に切れ目を入れて、紙1枚分を残して芯の発泡スチロールの部分を切り取る。このときにきれいに切り取れないで残った発泡スチロールの部分は、カッターの先できれいに削り落とすようにする。この削り落とすときもあらかじめカッターの刃を垂直や水平にきれいに入れておくことが大切である。接着にはスチのりを使い、紙一枚残しでは接着面が2面になるので、接着力が強くなる。

01 ボードの厚さaと同じ幅の線を引いて、下の紙を残して切り取る

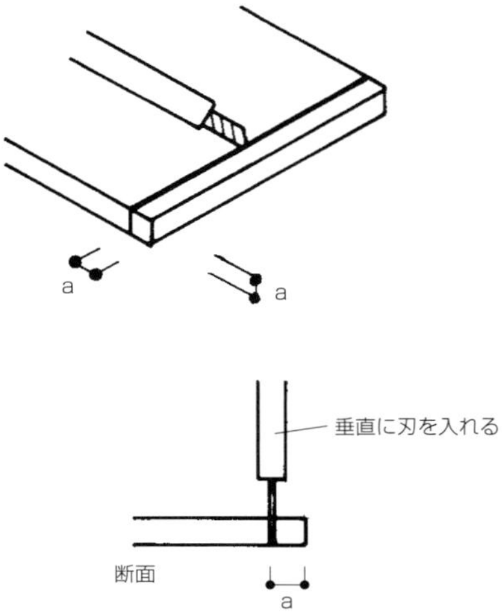

02 水平に刃を入れる

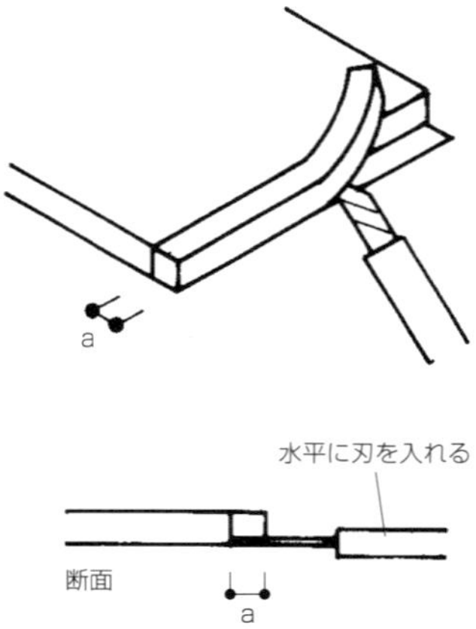

03 紙1枚を残す

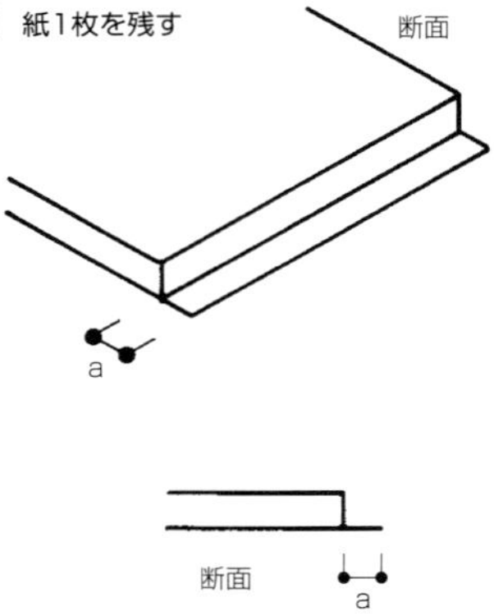

04 紙一枚残し部分にボードを取り付ける

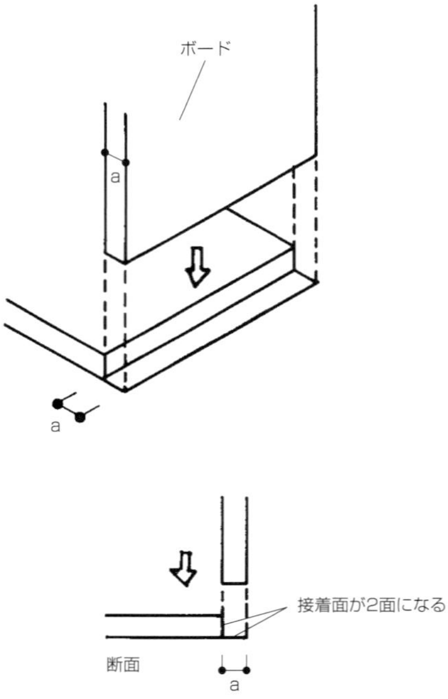

紙一枚残しで小口を見せない仕上げ方

3→留めで接ぐ

小口を45°に切り取った面を張り合わせて接ぐ方法である。

まずボードと同じ厚み分の位置にカッターで表面の紙だけに切れ目を入れてから、表面の紙をはぐ。次に切れ目の位置に定規をあて、カッターの刃がボードの角と表面の紙の切れ目の位置を結ぶように45°に刃を入れる。小口がうまく45°に切れないときは、紙ヤスリなどで45°の角度になるように微調整する。留めだと接着面は1面になる。

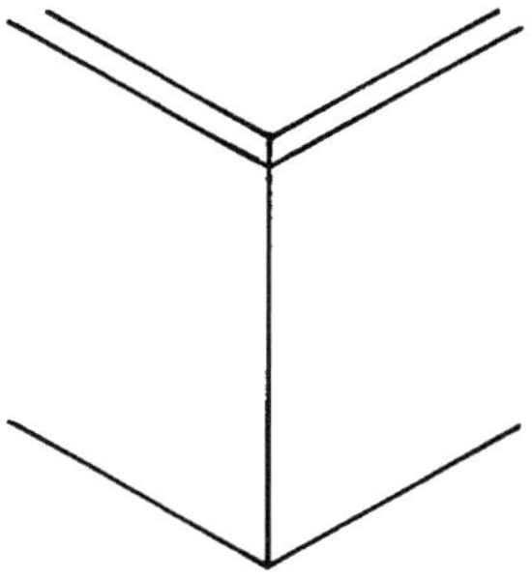

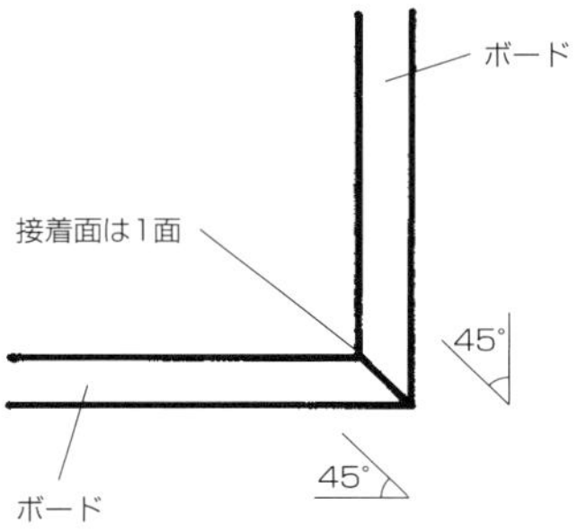

留めで小口を見せない仕上げ方

01 ボードと同じ厚み分の位置にカッターで表面の紙だけに切れ目を入れてから、紙をはぐ

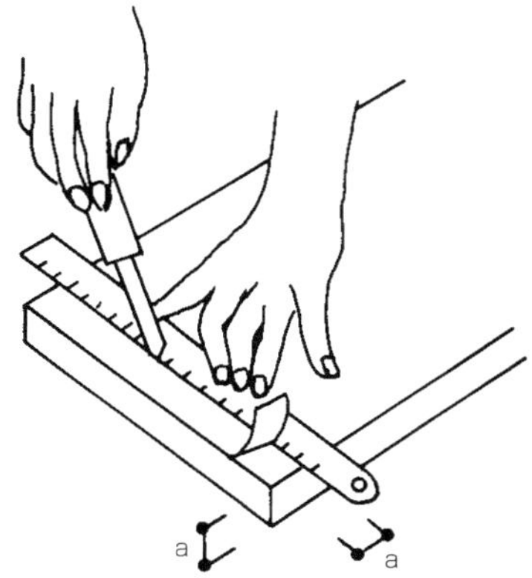

02 スチレンボードの小口を45°に切る

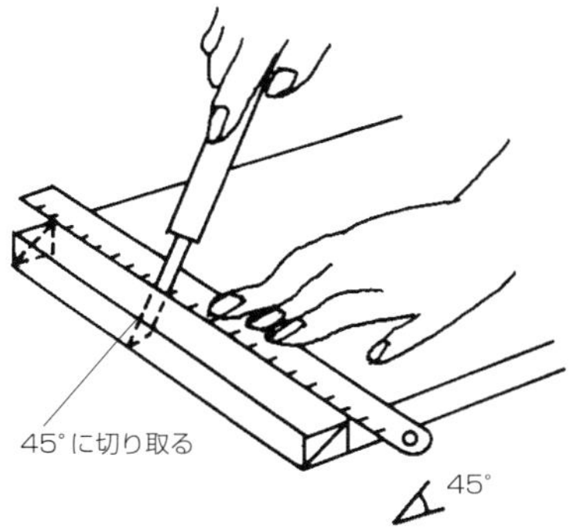

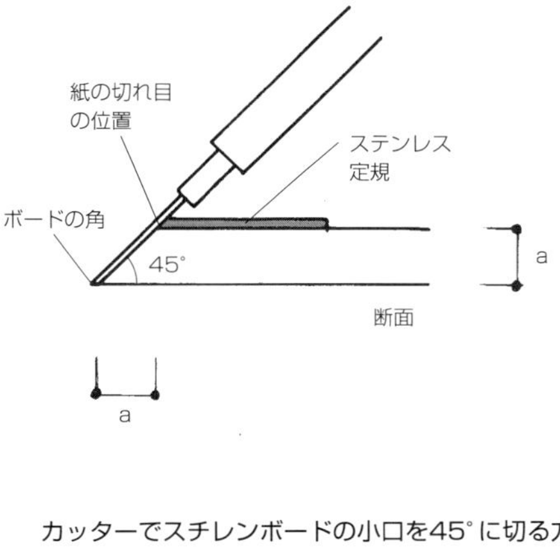

カッターでスチレンボードの小口を45°に切る方法

4　基本テクニック「張る」

接着剤は、付けすぎるとかえって接着力を落としてしまい、はみ出すことで仕上がりが汚くなる。はみ出たときはスチのりなら接着剤溶融液を使い、木工用ボンドなら水を使って拭き取る。

1→スチのりで張る

スチのりは直接容器から接着面に付けるのではなく、一度紙などにスチのりを出してから、ようじやスチレンボードの切れ端などを使って接着面に付ける。

2→スプレーのりで張る

スチレンボードなどに模型用図面を張り付けてカッターで切り取るときは、弱粘着性のスプレーのりを使うと便利である。切り取ったスチレンボードに張ってある模型用図面をはがした後には、ほんの少しスプレーのりが残っているので、接着剤溶融液を染み込ませたティッシュペーパーで拭き取る。

01 紙にスチのりを出し、スチレンボードの切れ端などで付ける

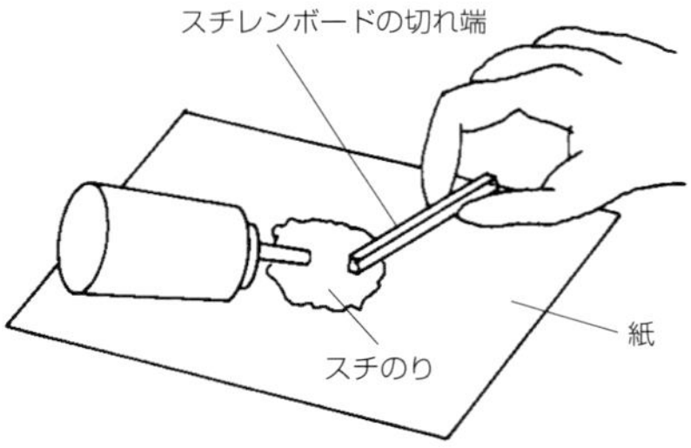

02 接着面からはみ出さないように伸ばす

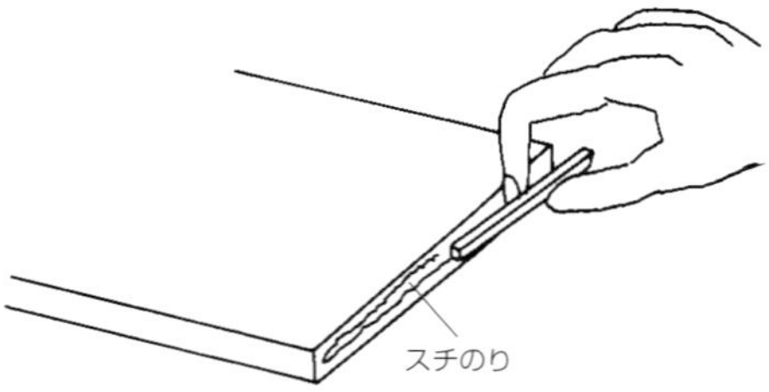

スチのりの付け方

01 模型用図面などが描いてある紙の裏面にスプレーする

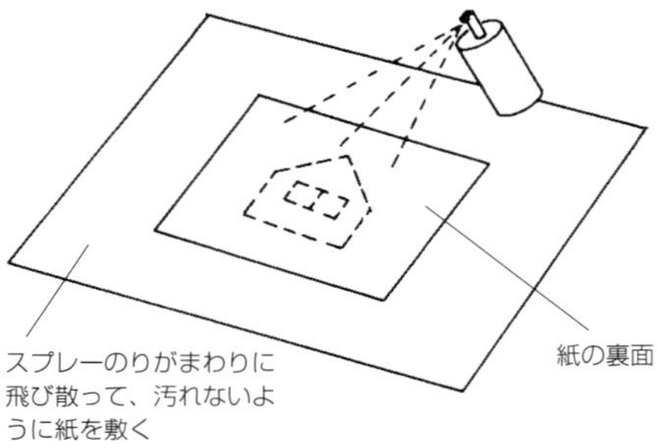

02 スチレンボードなどに紙を表にして張りカッターでボードも一緒に切り取る

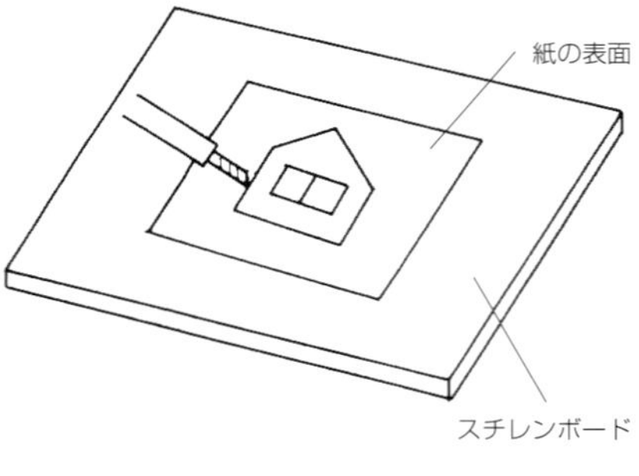

03 紙をはがす

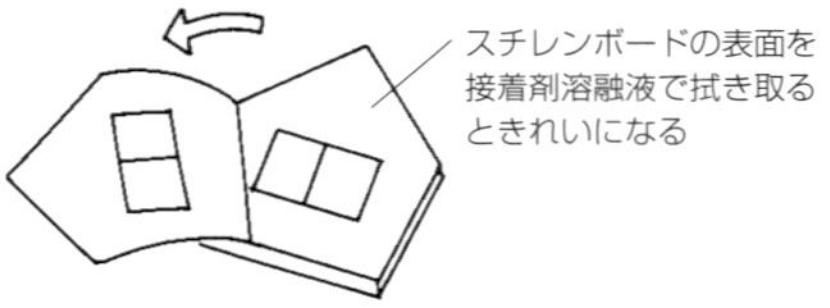

スプレーのりの使い方

3→両面テープで張る

両面テープは接着の作業のなかでよく使われる道具であり、仮止めにも用いられる。便利な使い方としては、下図「両面テープの使い方」のようにスチレンボードの細かい部材を多くつくるときに、ボードの裏面全体にあらかじめ両面テープを張っておき、必要な大きさにボードを切り取って、その部材を使用するときに両面テープの紙をはがして張るという方法がある。この方法によると、一つ一つ細かい部材にスチのりを付けていくという手間が省ける。

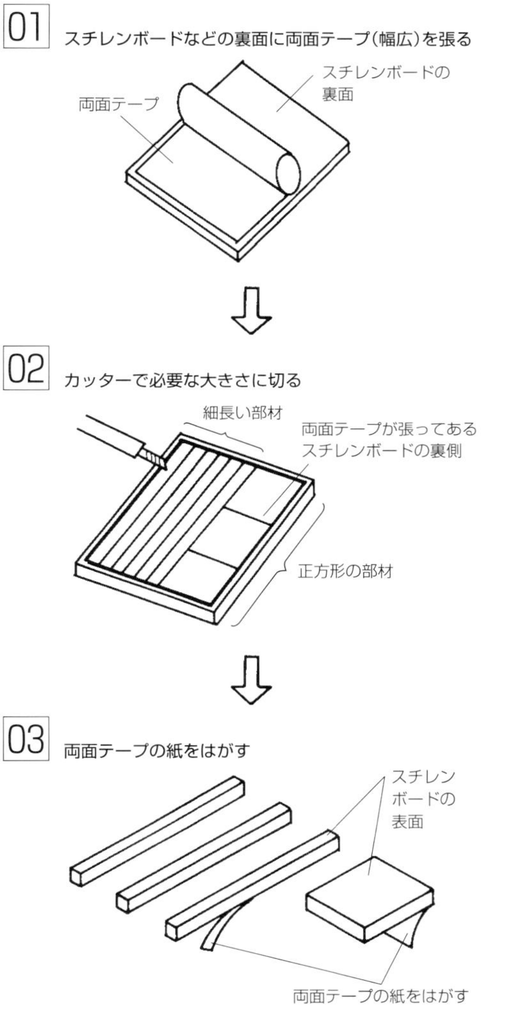
01
スチレンボードなどの裏面に両面テープ(幅広)を張る
スチレンボードの
裏面
両面テープ
02
カッターで必要な大きさに切る
細長い部材
両面テープが張ってある
スチレンボードの裏側
正方形の部材
03
両面テープの紙をはがす
スチレン
ボードの
表面
両面テープの紙をはがす

両面テープの表面の紙をはがすと接着面があらわれるので、スチのりを付ける手間が省ける。細かい部材を多く使うときに接着剤を付ける手間が省け便利である

両面テープの使い方

5　基本テクニック「塗る、吹き付ける」

1→スチレンボードにジェッソを塗る

ジェッソは下地材として使うことが多いが、仕上げ材としても使用できる。仕上げに使うときは、容器に入った液体のジェッソを刷毛で、スチレンボードなどに直接塗る。ジェッソは水性塗料であるが、乾くと耐水性になり、また石膏独特のたいへんよい質感になるので、ぜひ一度使ってほしい材料である。塗装の下地材として使うときは、表面を水でぬらして耐水性のサンドペーパーで磨くと表面の塗装がきれいに仕上がる。ジェッソの表面に凹凸のある場合は、あらかじめ小さな番号のやすりをかけた後、800〜1000番のような大きな番号の耐水サンドペーパーで磨いて仕上げる。また着色面も同様に、大きな番号のサンドペーパーで磨いてから、乾いた布で水分を拭き取れば光沢ある面となる。

スチレンボードなどに
直接、刷毛で塗る
GESSO

ジェッソの塗り方

2→スプレーのりを吹き付ける

スプレーのりを接着する材料に吹き付けるときは、周囲に飛び散って汚さないように、まわりに紙や新聞紙を敷いておく。あるいは大きめのダンボール箱などの一面を切り開いて、そのなかに材料をおいて吹き付けるようにする。

2　基本的な模型のつくり方

1　ケント紙で 木造住宅の模型をつくる

ケント紙による模型は比較的短時間で簡単にできるために、スタディ模型で屋根などの外観デザインの検討用として、また初心者がスチレンボードで模型をつくる前のトレーニング用としてもつくられる。ケント紙の模型は、ケント紙自体が薄いので組み立てたときに弱々しく見えるため、プレゼンテーション模型としてはあまり使われない。ケント紙による模型では、ケント紙はなるべく厚手のものを選ぶようにすること。外観を検討するためのスタディ模型でケント紙を使う場合は、一般に壁厚を考えずにすむので、その分短時間で簡単につくることができるが、組み立てのときにのり代部分が必要になるので忘れないようにする。

ここでつくる模型は0.5mmの厚手のケント紙を使った、単純な形の木造平屋建て住宅の外観模型である。つくり方のプロセスは以下の通りである。

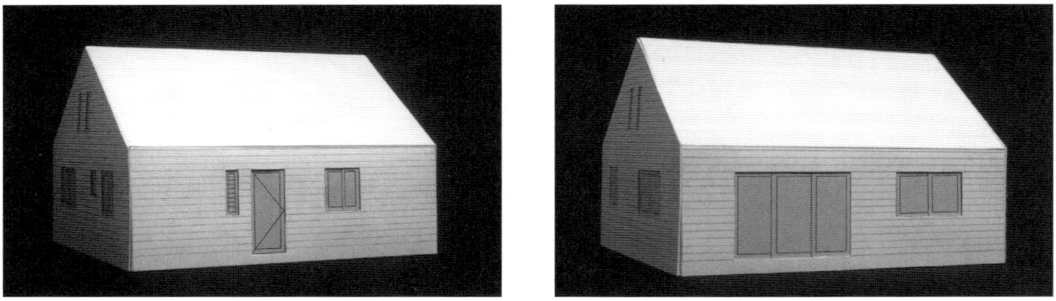

厚手のケント紙でつくった木造平屋建て住宅の模型(1/150)

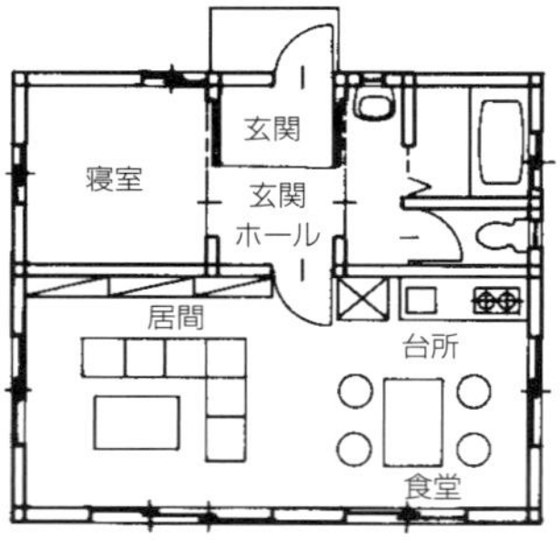

1階平面図　1/200

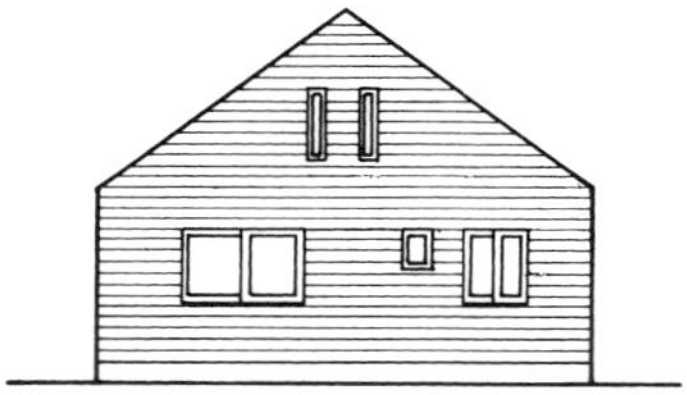

東立面図　1/200

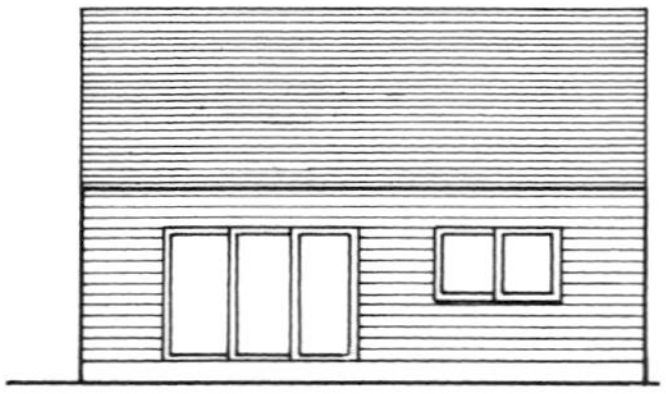

南立面図　1/200

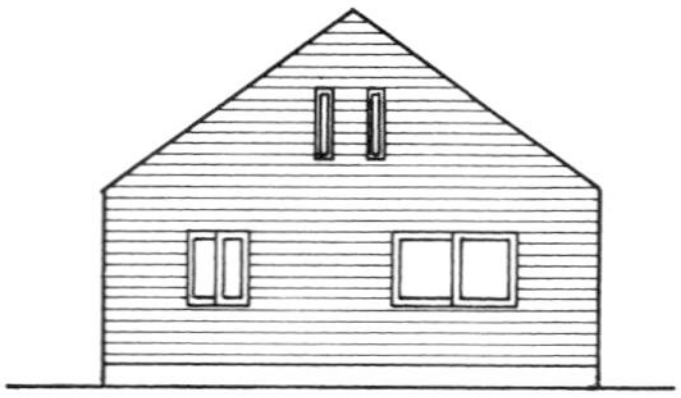

西立面図　1/200

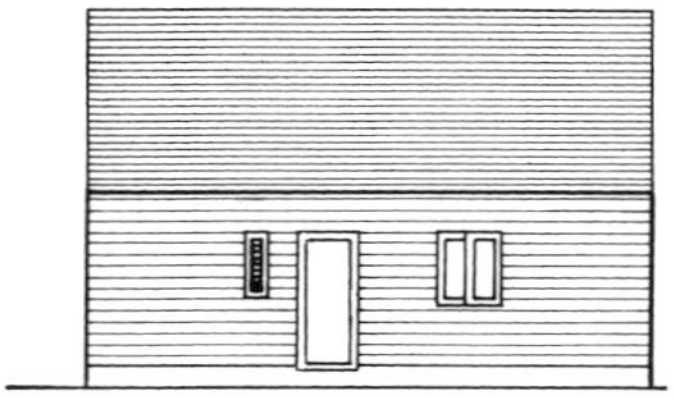

北立面図　1/200

木造平屋建て住宅図面

①平面図と立面図をもとにして模型工作用の図面(ここでは模型用図面という。以下同)をトレペに描く。ただし建物の形が単純で、平面図と立面図をそのまま模型用図面として用いることができる場合は、模型用図面を描く必要はない。模型用図面には、窓のほかに外壁や屋根の横線のパターンやのり代部分も描く。
②模型用図面をコピーし、コピーの裏にスプレーのりを均一に吹き付ける。それを0.5mmのケント紙の上に張り、各図面を輪郭線に沿ってカッターで切り、床、外壁、屋根の各部材をつくる。またこの模型用図面のコピーをケント紙に張って切り取る方法ではなく、模型用図面を0.5mmのケント紙に直接鉛筆で描いて切り取る方法で部材をつくってもかまわない。
③外壁の部材にある窓部分にカッターできれいに穴をあける。
④ベージュのケント紙で窓をつくる。ベージュのケント紙にすべての窓の形を描き、③で切り取った窓の穴の大きさより上下左右とも1～2mmくらい大きくして切り取る。この窓を1～2mm大きくした部分が外壁の部材にケント紙の窓を取り付けるときの、窓ののり代部分になる。
⑤各外壁の部材にあけられた窓に、ベージュのケント紙の窓を室内側から張る。スチのりは1～2mmくらい大きくした部分に付ける。付けすぎて窓ののり代部分からはみ出さないようにする。
⑥床、外壁、屋根の各部材を組み立てる。組み立てにはスコヤを使って、垂直や各部材どうしの直角を確認しながら行う。各部材ののり代部分は室内側に折り込むことで、外部から見えないようにする。

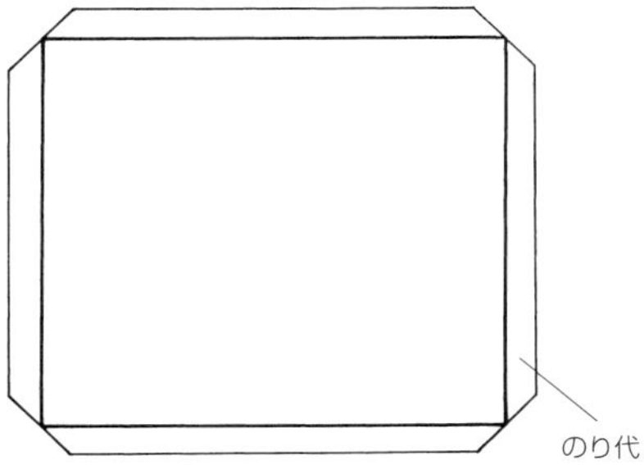

床　1/200

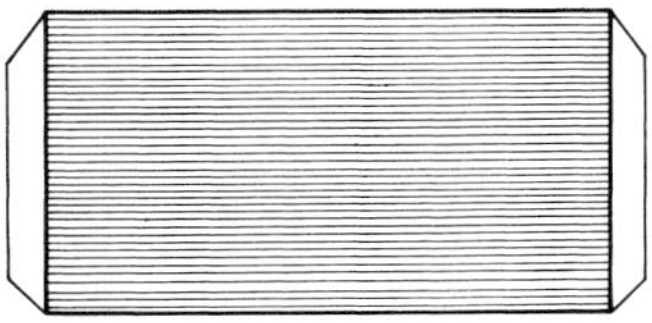

屋根　1/200

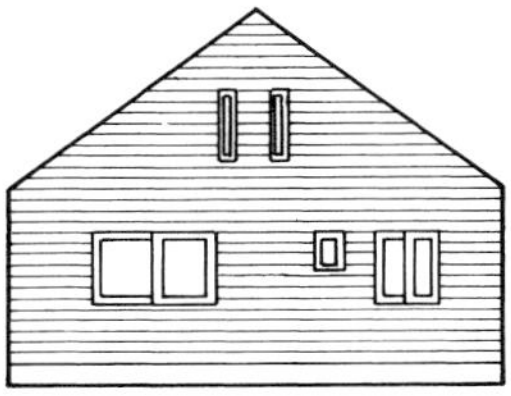

東壁面　1/200

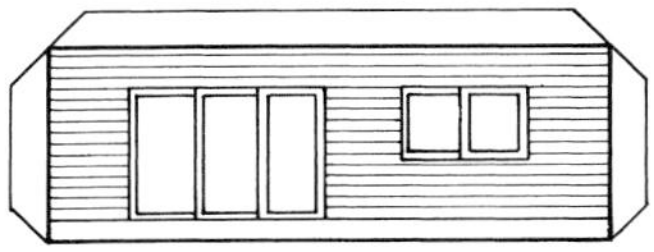

南壁面　1/200

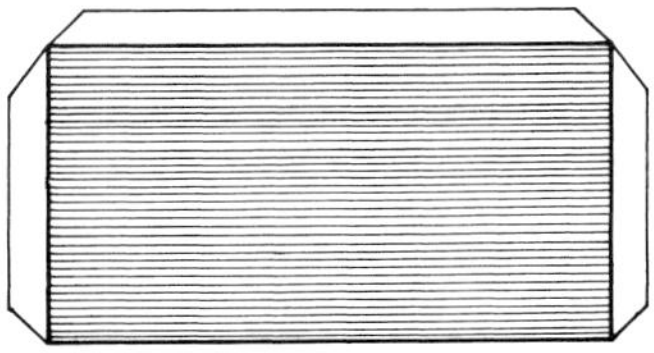

屋根　1/200

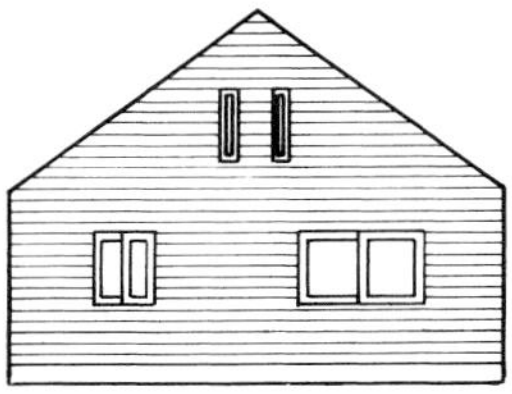

西壁面　1/200

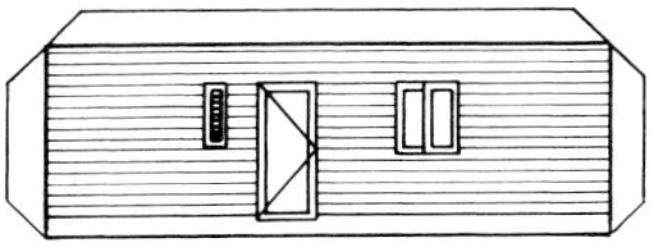

北壁面　1/200

模型用図面

2　スチレンボードでRC造住宅の模型をつくる

スチレンボードは加工性がよく、スチのりによる接着·組み立ても容易で、安価なので、建築模型では最もよく使われる材料である。スチレンボードによる模型ではケント紙の模型と異なり、材料の厚みを考えてつくらなければならず、またコーナー処理の問題もある。外壁の厚さが200mmとして、1/100模型であるから200mm÷100＝2mmとなり、模型の外壁は厚さ2mmのスチレンボードを使う。床高は300mmとして300÷100＝3mmとなり厚さ3mmのスチレンボードを使う。

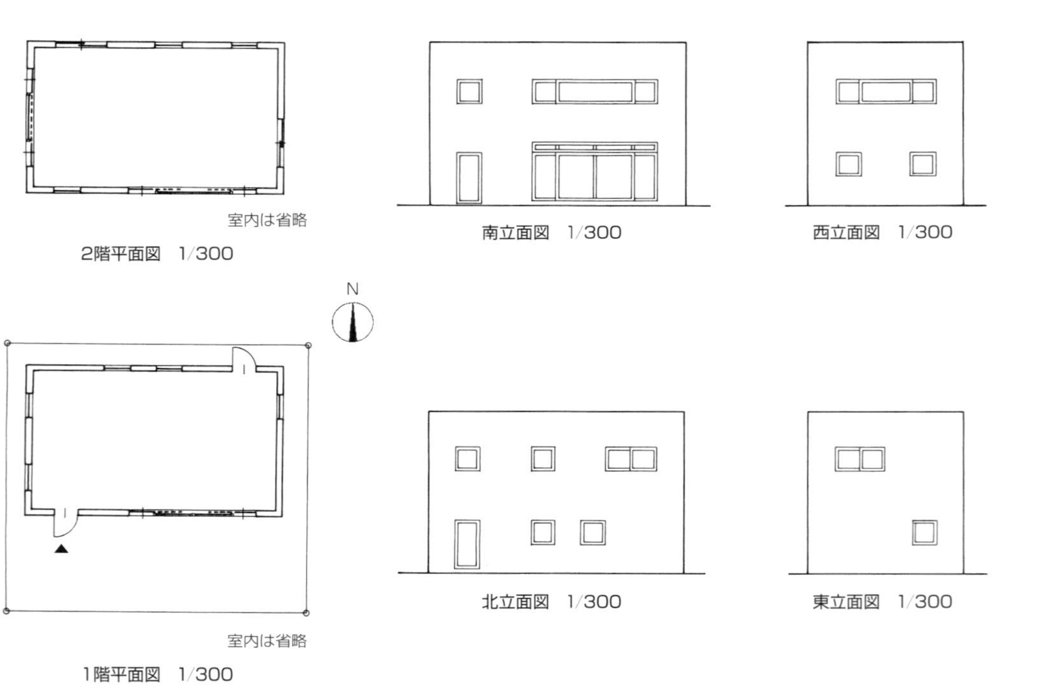

RC造2階建て住宅図面

スチレンボードでつくったRC造2階建て住宅の模型（1/100）

スチレンボードでつくったRC造2階建て住宅の模型（1/100）
外装レンガ張り仕上げ

次に、厚さ2mmと3mmのスチレンボードを使ったRC造2階建て住宅の外観模型のつくり方を示す。

①平面図と立面図をコピーして、裏にスプレーのりを均一に吹き付け、厚さ2mmと3mmのスチレンボードに張る。この建物は単純な形をしているので、模型用図面を描く必要はない。

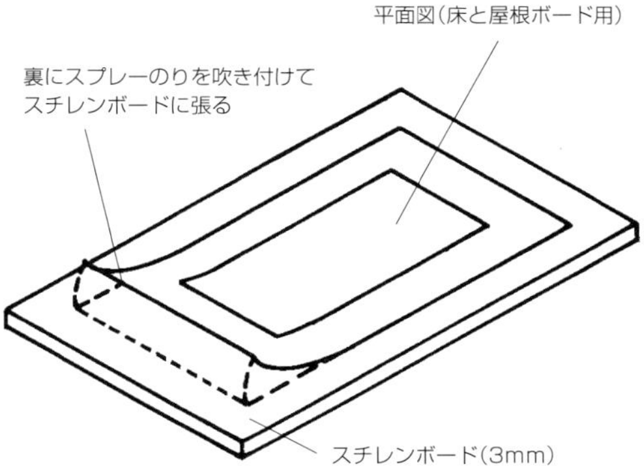

1階床ボード、屋根ボード用として同じものを2枚つくる

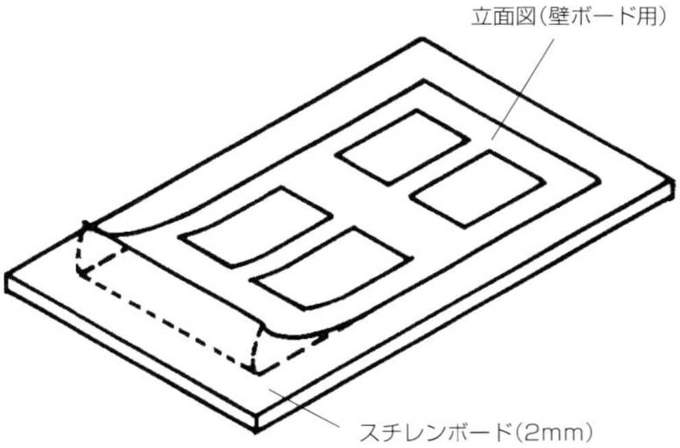

平面図と立面図をスチレンボードに張る

②厚さ3mmの1階床のスチレンボードを外壁の内側の線に沿ってカッターで切り、1階床の部材をつくる。厚さ3mmのスチレンボードの上に、この1階床の部材を重ね、それをガイドにして屋根の部材を切る。2階床のボードは外観模型で見えない部分なのでつくらなくてよい。

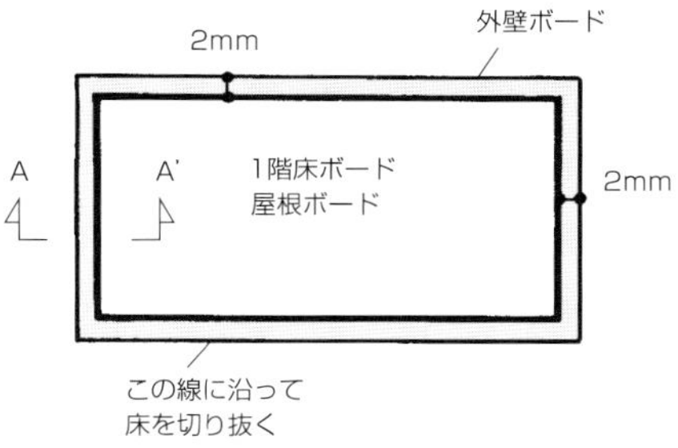

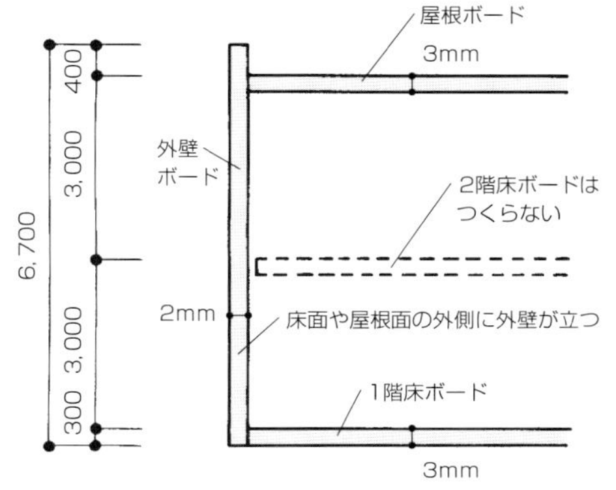

A–A' 断面

1階床ボード、屋根ボード、外壁ボードを切る

③厚さ2mmの外壁のスチレンボードを南立面図と北立面図の輪郭線に沿ってカッターで切り、南と北の外壁の部材をつくる。また東と西の外壁の部材も同様につくるが、コーナー処理は紙一枚残しで行うため両端2mmは紙を残して発泡スチロール部分を削り取る。

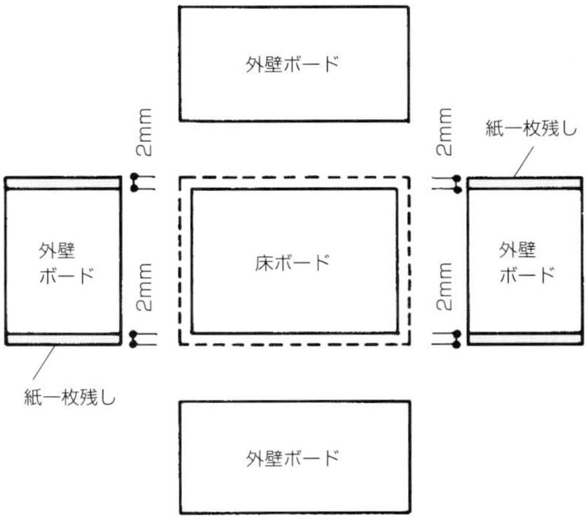

・南と北の外壁ボードは床ボードと同じ長さ
・東と西の外壁ボードはコーナー処理を紙一枚残しで行う

外壁ボードのコーナーを処理する

④外壁の部材にある窓部分にカッターできれいに穴をあける。

⑤透明な塩ビ板で窓をつくる。透明な塩ビ板を窓の穴の大きさより上下左右とも1～2mmくらい大きくして切り取る。塩ビ板の屋外側にグレーの幅1mmのラインテープを図面の窓の形や大きさと同じになるように丁寧に張る。ラインテープは慣れないと手で真っすぐに張ることが難しいので、うまくいかない場合はピンセットなどの道具を使って、引っ張り気味にして張るようにする。

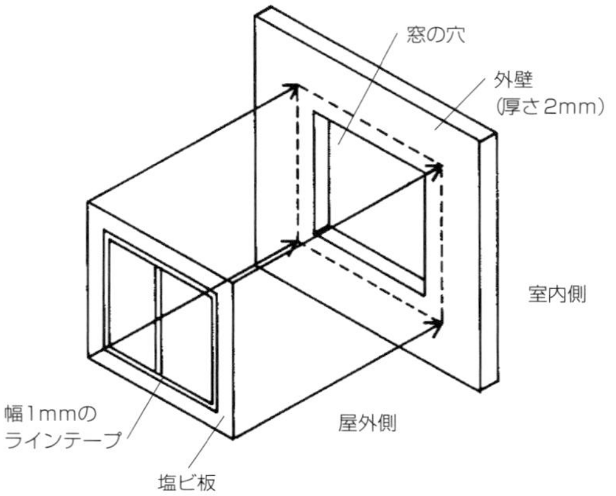

ラインテープを塩ビ板に張るときは、外壁にあけた窓の穴の大きさに合わせて張るようにする。ただしラインテープを張った塩ビ板を外壁のボードに接着するときは、室内側から接着する

ラインテープを塩ビ板に張る

⑥各外壁の部材にある窓用の穴に、塩ビ板の窓を室内側から張る。スチのりは周囲の1～2mmくらい大きくした部分に付ける。付けすぎて窓ののり代部分からはみ出さないようにする。

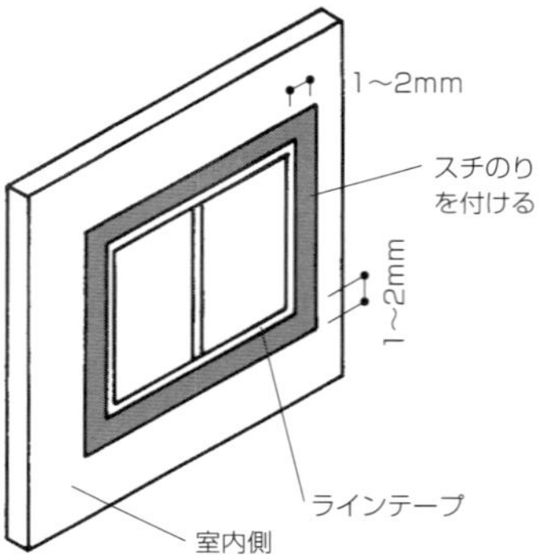

塩ビ板を外壁のボードに接着する

⑦床、外壁、屋根の各ボードを組み立てる。組み立てにはスコヤを使って、垂直や各ボードどうしの直角を確認しながら行う。接着する前に、ドラフティングテープや虫ピンで仮止めして、ボードどうしの垂直や直角、コーナーがきれいに納まっているかなどを確認する。仮組みが終わったら接着に入るが、接着はスチのりを使い、まず1階床のボードに隣り合った外壁2面のボードを接着する。東と西の外壁のボード、または南と北の外壁のボードなど向かい合うボードから接着するのは避ける。次に屋根のボードを接着し、最後に残りの外壁2面を接着して組み立てる。

01 1階の床ボードに隣り合った外壁2面のボードを接着する。スコヤで垂直や直角を確認する

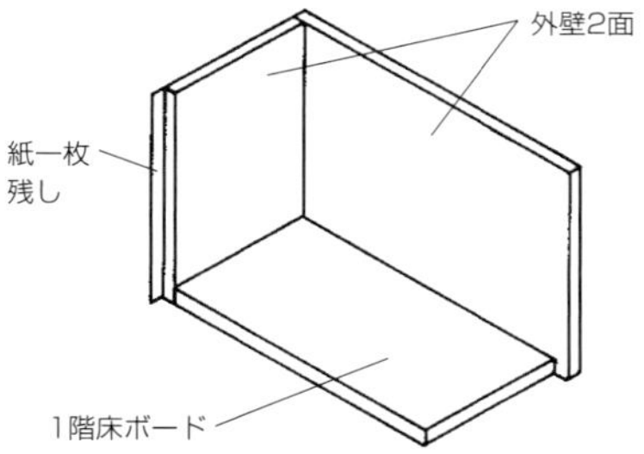

02 屋根ボードを接着する

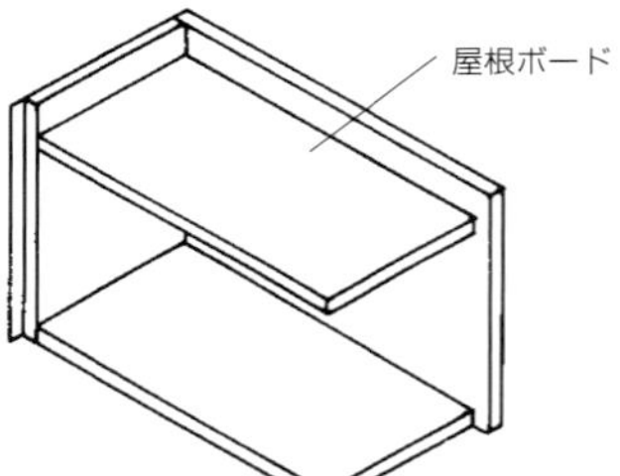

03 残りの外壁2面のボードを接着する

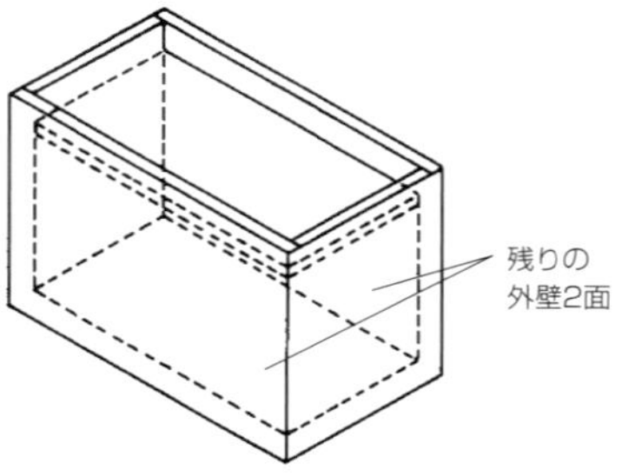

床、外壁、屋根の各ボードを組み立てる

3　ゴールデンボードで RC造住宅の模型をつくる

ゴールデンボードはスチレンボードと同様に、建物の外壁、屋根などによく使われるボードである。ゴールデンボードは厚いケント紙を張り合わせているので、厚さ1mmでもしっかりと丈夫な模型がつくれる。また厚さ1mmなので壁厚を意識せずにつくることができる。さらに切り口がケント紙の表面と同様の白なので小口処理をしなくてもよいなど模型材料としての長所が数多くある。なによりも、できあがった模型全体の印象が、スチレンボードの模型より丈夫で締まった感じになるのがよい。ただ、硬くて丈夫な分、やわらかいスチレンボードに比べて加工性は劣るのが欠点である。

またスチレンボードによる模型のなかで部分的に使うこともある。壁、屋根、床などをスチレンボードでつくり、窓枠の小口、鼻隠し、破風、笠木、雨戸の小口などのいわゆる木造住宅の小口部分に厚さ1mmのゴールデンボード(またはケントボードでもよい)を張るという使い方である。こうすると、模型がメリハリのきいた引き締まったものになる。ゴールデンボードの接着剤はスチのりまたは木工用ボンドを使う。

次頁の写真は46頁で紹介したRC造住宅模型にバルコニーやトップライトなどを加えて、スチレンボードの代わりにゴールデンボードを使用してつくった模型である。

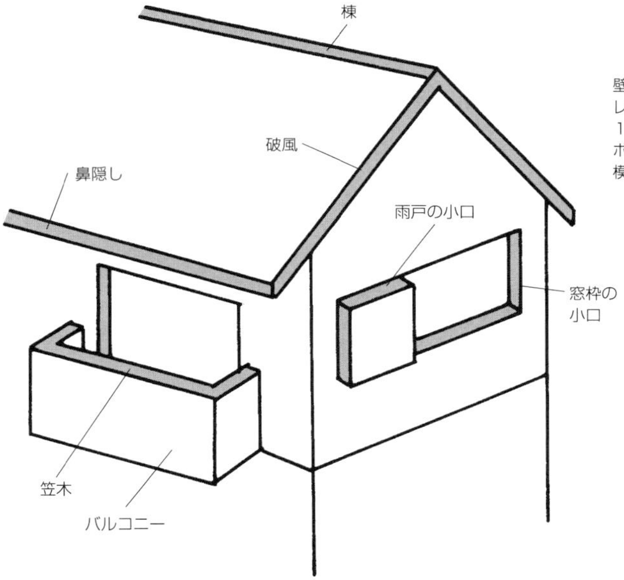

壁、屋根、床などの主要な部分をスチレンボードでつくった模型に厚さ1mmのゴールデンボードやケントボードを張る(左図のアミかけ部分)と模型が引き締まったものになる

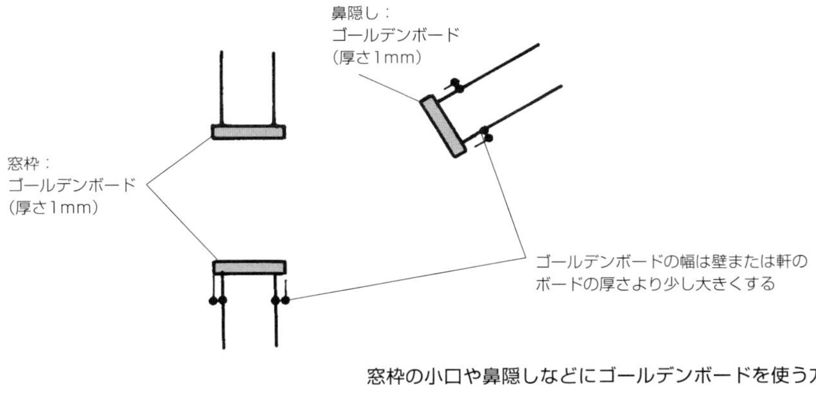

窓枠の小口や鼻隠しなどにゴールデンボードを使う方法

ゴールデンボードでつくったRC造2階建て住宅の模型(1/100)

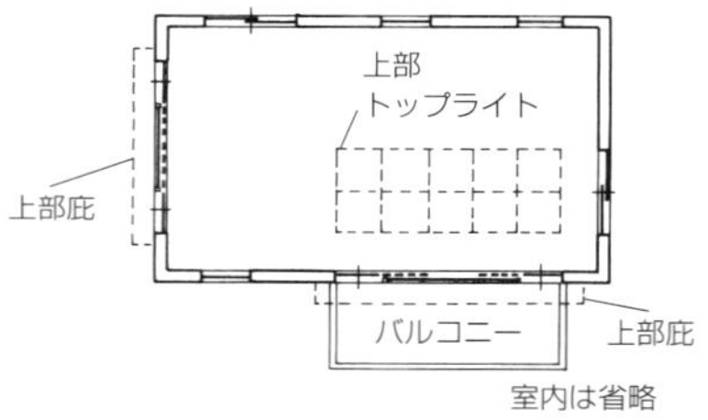

2階平面図　1/300

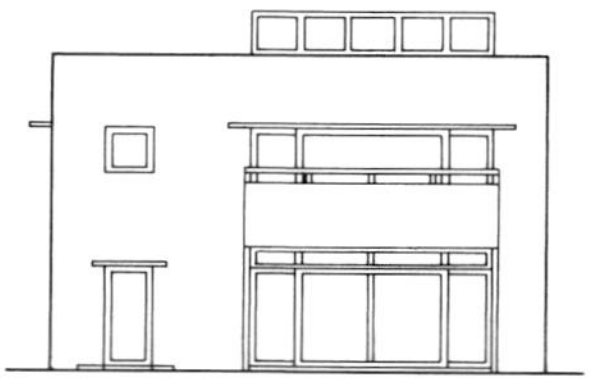

南立面図　1/300

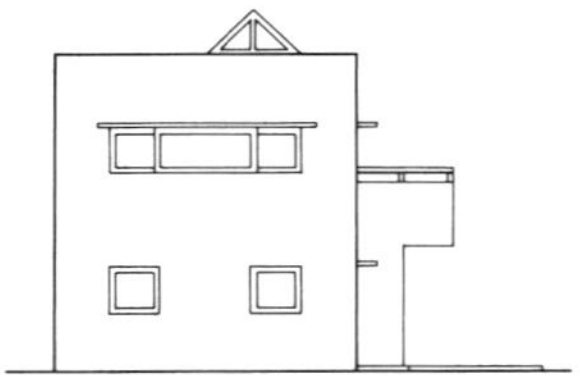

西立面図　1/300

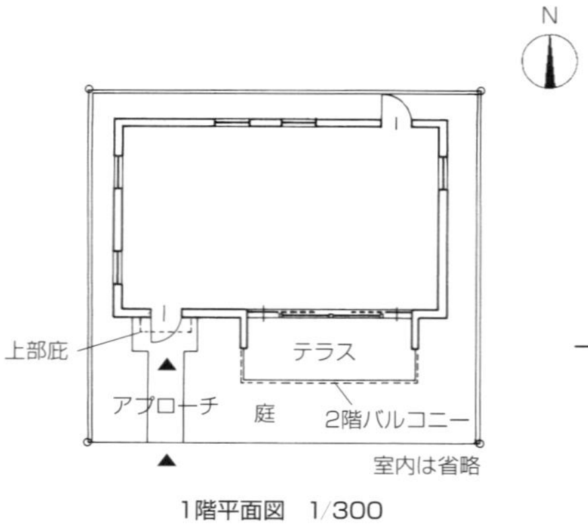

1階平面図　1/300

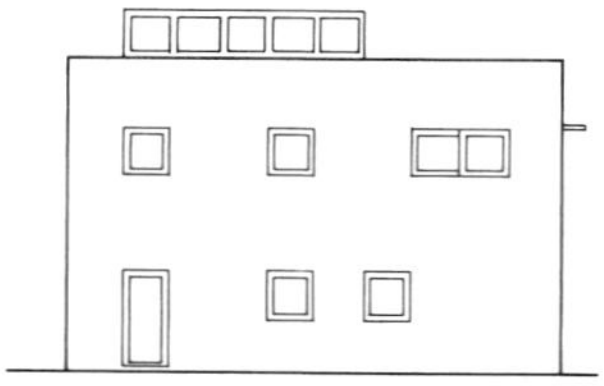

北立面図　1/300

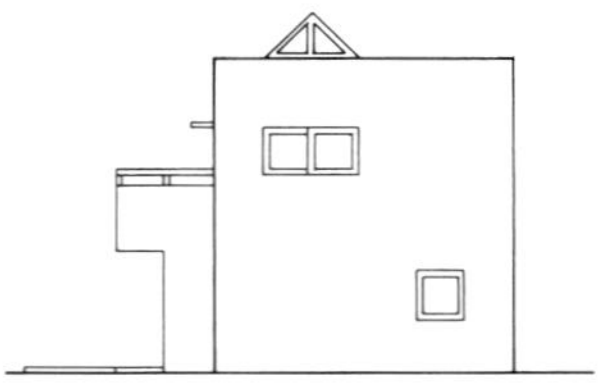

東立面図　1/300

RC造2階建て住宅

4　バルサで模型をつくる

バルサはやわらかい材料なので、カッターで簡単に切ることができ、加工が容易である。バルサはスチレンボードやゴールデンボードのような紙質系の材料と異なり木の材質感が出るので、紙質系の材料でできた模型とは全体の印象がかなり異なって見える。製作時間はスチレンボードの模型よりかかる。接着剤は木工用ボンドを使う。

模型用に市販されているバルサは幅の細い面材で、スチレンボードなどのように大きいサイズのものがない。そのため広い外壁面などをつくるときは、継ぎ足しの必要がある。その継ぎ目に、木目や色などの違いが出やすい欠点があり、バルサどうしの色合わせ、木目の有無、方向について接着する前によく検討しなければならない。切断では木目による影響を受けないように、カッターをしっかりとカッター用定規に沿わせる。また薄めのバルサをスチレンボードに張って、厚手で木の材質感のある加工性のよい材料として使うこともある。

写真はバルサによるオフィスビルと寮の模型であり、バルサ特有の材質感のよさを生かしている。

バルサでつくったオフィスビルの模型

バルサでつくった寮の模型

3　模型の各部位のつくり方と表現方法

1　窓のつくり方

窓の表現方法には、大きく分けると二つある。外壁部材の窓の部分を切り取って窓の穴をあける場合と切り取らずにあけない場合である。外壁部材に窓の穴をあけた場合は、そのあけた窓部分の処理が問題になる。穴をあけない場合は、鉛筆などで窓を描くか、紙やトーン類を張って表現する。

また1/500や1/1000などの街区模型やブロック模型などでは、細部を省略してマッスとしての建築を表現するために、窓をつくらないこともある。

模型の目的、仕上がりのレベル、製作時間などにかかわるため、どのような窓の表現にするかは模型製作の重要な部分である。

1→塩ビ板を張る

塩ビ板は窓ガラスの表現に最もよく使われる材料である。色も豊富で、透明の度合いによって透明、半透明、不透明のものがあり、室内を見せるか見せないかなどによって、どの種類の塩ビ板を使うかを選択する。

①室内を見せる場合

透明や半透明の塩ビ板を張る。

②室内を見せない場合

不透明な塩ビ板を張るのが、一般的な方法である。または手間がかかるが、透明や半透明の塩ビ板の裏に色紙、カラートーンなどの不透明なものを張って二重にする方法がある。このようにすることで、室内を見せないようにでき、外部から見たときに塩ビ板によりガラスの質感を出せる。また色彩が豊富にある色紙などを張ることによって、いろいろな色のガラスを表現することができる。

2→ラインテープを張る

窓枠、方立、横桟などを表現するためには、一般にラインテープを張る。

細いラインテープを真っすぐに張る作業は慣れないと意外に難しく、指だけではうまくいかない場合が多い。その場合、下図「ラインテープの張り方」のように、ピンセットなどの先の尖った道具で一方の端を押さえ、もう一方の端をニッパーで軽くつまむか、またはカッターの刃の上に軽くのせるかして、いくらか引っ張り気味にしてラインテープを張ると真っすぐに張ることができる。慣れてくれば、指で真っすぐにきれいに張ることができるようになる。

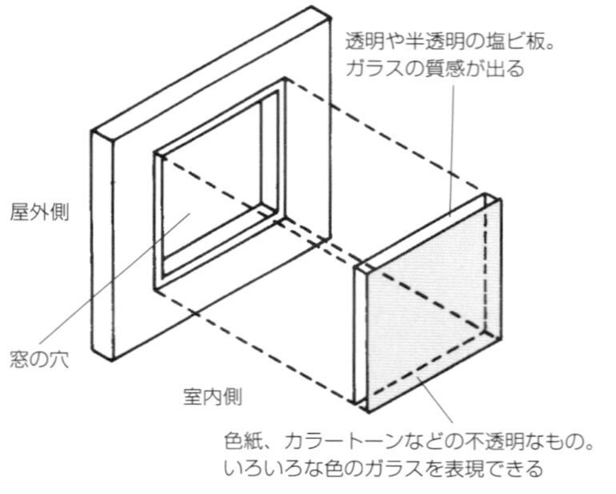

塩ビ板の裏への色紙の張り方

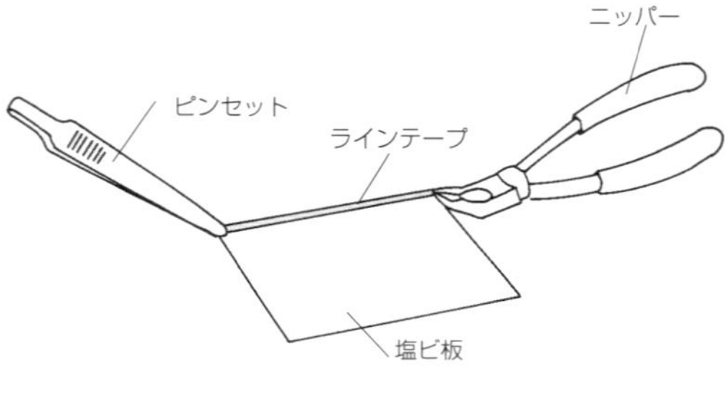

片方はピンセットでラインテープを押さえ、もう一方はニッパーやカッターの刃にのせて軽く引っ張るようにして塩ビ板に張る

ラインテープの張り方

3→窓をつくる

①外壁部材に窓の穴をあける場合

外壁部材に窓の穴をあける場合は、模型用立面図をスチレンボードなどに直接鉛筆で描いて、カッターで窓の部分を切り抜くか、あるいは模型用立面図をトレペにロットリングなどで描いてコピーしたものやCADでプリントアウトしたものをスチレンボードなどに張り、窓の部分を切り抜く。窓のつくり方には次の(1)〜(3)の方法がある。

(1)外壁部材に単に穴をあけただけの窓

スタディ模型によく使われる。

(2)外壁部材に穴をあけ、そこに室内側から塩ビ板などを張った窓

これはプレゼンテーション模型で、最も代表的な窓の表現方法である。外観模型で塩ビ板を張る場合は、外壁の室内側から張るようにする。塩ビ板は窓の穴より1〜2mmくらい大きめに切り取り、その部分にスチのりを付け外壁のボードに張る。第3章1節で紹介する住宅模型の窓は、この方法でつくられている。また少しテクニックが必要になるが、外壁にあけた穴の小口部分に塩ビ板をはめ込むようにして窓をつくる方法もある。

(3)外壁用部材に穴をあけてその小口に額縁を張り、室内側に塩ビ板などを張った窓

精巧な窓のつくり方として、額縁として厚さ1mmのゴールデンボード、アイボリー色のケント紙、ひのき材を張る方法がある。この場合、外壁に厚さ3mmのスチレンボードを用いるとすると、額縁のサイズは厚さ1mm×幅3mmとなるが、屋外側に1mmくらい出すと窓部分がきれいに見えるので、厚さ1mm×幅4mmの額縁となる。この方法はかなり手間がかかるが、締まった印象のグレードの高い模型になる。額縁は一度窓の穴にはめ込み、寸法の調整を行って仮止めしてから接着すると手戻りがなくなる。

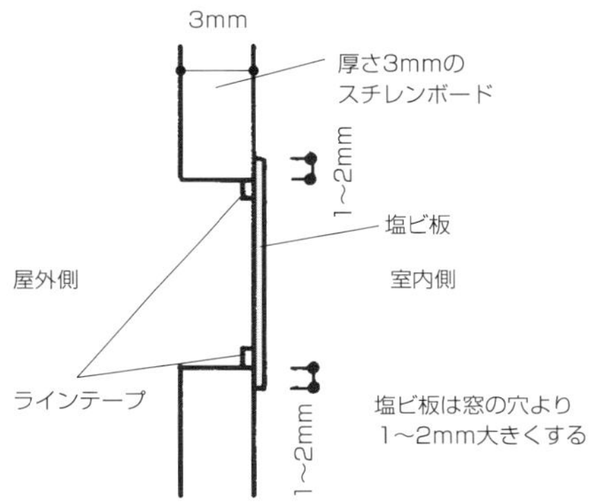

塩ビ板を室内側に張る方法

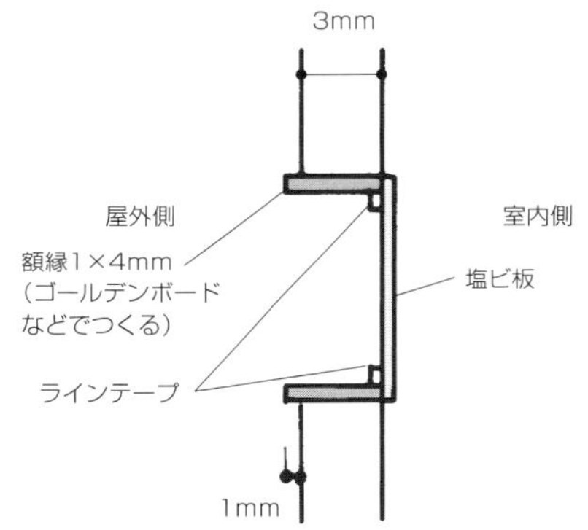

窓の小口に額縁を張る方法

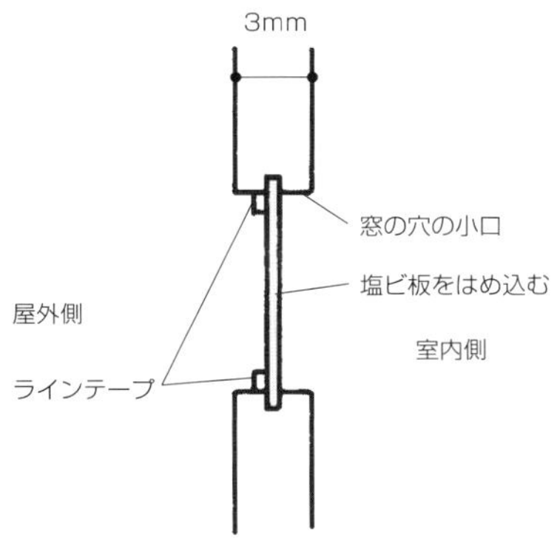

塩ビ板を外壁のボードにはめ込む方法

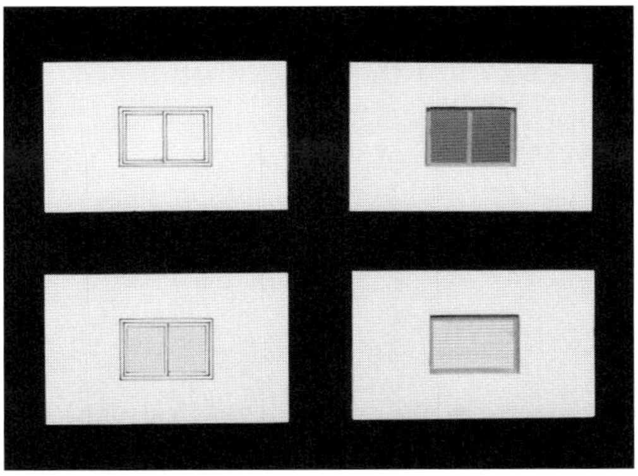

いろいろな窓の表現

②外壁用部材に窓の穴をあけない場合

外壁用部材に窓の穴をあけない方法は、室内を見せない外観模型によく使う。窓のつくり方には、次の(1)～(3)の方法がある。

(1)外壁用のスチレンボードなどに直接、鉛筆やロットリングなどで模型用立面図を描き窓を表現する。

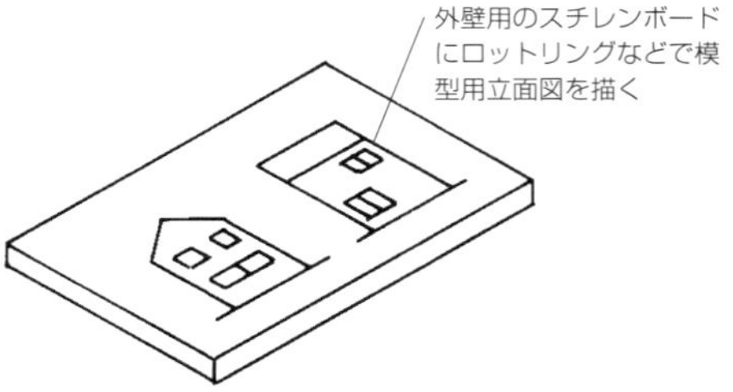

外壁用ボードに模型用立面図を描く

(2)トレペにロットリングなどで描いてコピーした、もしくはCADでプリントアウトした模型用立面図を、芯となるスタイロフォームやスチレンボードなどに張る。この方法は、短時間で比較的要領よくつくれるので、スタディ模型や簡単なプレゼンテーション模型の製作に用いられる。

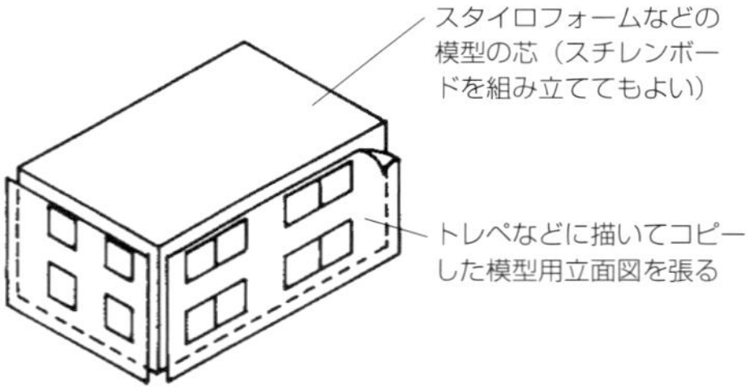

模型の芯に立面図のコピーを張る

(3)外壁用部材に張る色紙などにあらかじめロットリングや鉛筆で窓を描き、その色紙を芯となるスタイロフォームなどに張る。ただ、色紙などに単に窓を描いたものを張っただけでは、窓部分がわかりにくいことがあるので、その場合は次に述べるような方法で窓表現を工夫してから張り付ける。この方法では色紙などの表面に張る材料の表現の善し悪しが、模型のグレードに大きくかかわってくる。第3章3節「外観模型」のRC造事務所の外観模型の窓はこの方法でつくられている。

(ⅰ)外壁に張る色紙などの窓の部分を切り取り、その色紙などの裏から別の色紙、塩ビ板、スクリーントーン、カラートーンなどを張り、それをスタイロフォームなどに張る。

(ⅱ)外壁に張る色紙などの窓の部分を切り取らずに、その色紙などの表に別の色紙、塩ビ板、スクリーントーン、カラートーンなどを張り、それをスタイロフォームなどに張る。

(ⅲ)あらかじめロットリングなどで描いてコピーした窓部分、またはCADでプリントアウトした窓部分のみをスチレンボードなどの芯に直接張る。スタディ模型や簡単な模型に使われる。

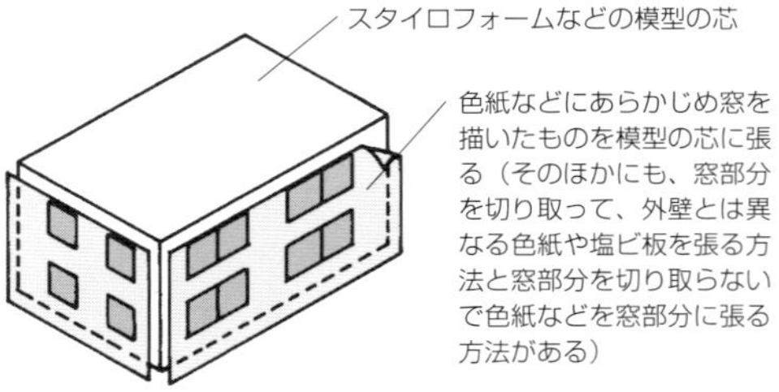

模型の芯に窓を描いた色紙を張る

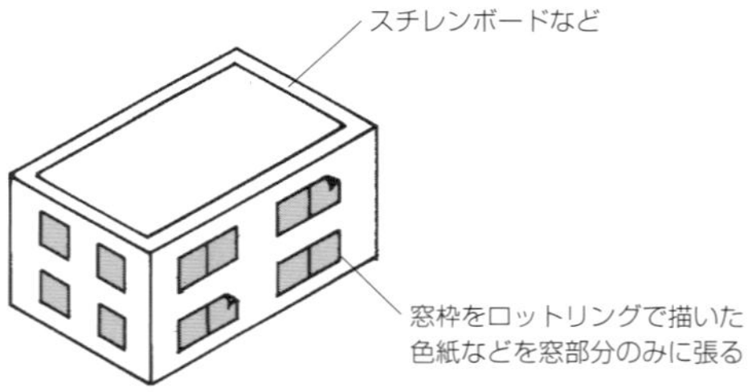

外壁用ボードの窓部分に窓枠を描いた色紙を張る

③窓などの表現にスタートレーパーを有効に使う

窓などの部分や立面図を表現するときに便利な材料として、スタートレーパーがある。スタートレーパーは、コピー用の透明フィルムにのりが付いており、そののりの部分を保護するために、裏に紙が張ってあるものである。普通紙の代わりにこれにコピーしてから切り取った部分の裏の紙をはがすと、フィルムの裏にのりが付いているので、ほかの材料に簡単に張ることができる長所がある。トレペに描いた窓や立面図をこのスタートレーパーにコピーしてから、透明フィルムを不透明なブルーやグレーなどのカッティングシートに張ると窓や立面図が描かれた透明フィルムを通してカッティングシートの色彩が透けて見える。それをスチレンボードなどに張り窓を表現するという方法がある。

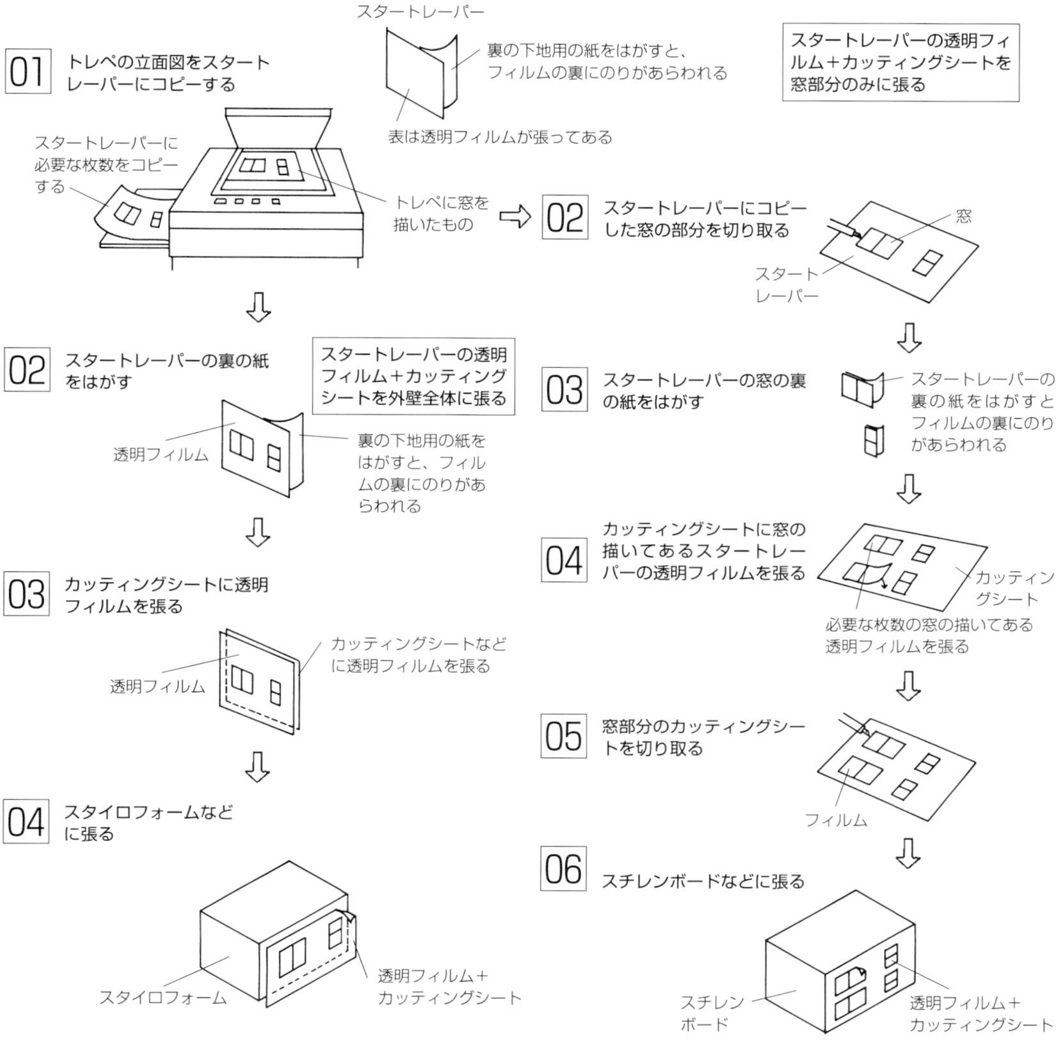

スタートレーパー
裏の下地用の紙をはがすと、フィルムの裏にのりがあらわれる
表は透明フィルムが張ってある
スタートレーパーの透明フィルム＋カッティングシートを窓部分のみに張る
01 トレペの立面図をスタートレーパーにコピーする
スタートレーパーに必要な枚数をコピーする
トレペに窓を描いたもの
02 スタートレーパーの裏の紙をはがす
スタートレーパーの透明フィルム＋カッティングシートを外壁全体に張る
透明フィルム
裏の下地用の紙をはがすと、フィルムの裏にのりがあらわれる
03 カッティングシートに透明フィルムを張る
透明フィルム
カッティングシートなどに透明フィルムを張る
04 スタイロフォームなどに張る
スタイロフォーム
透明フィルム＋カッティングシート
02 スタートレーパーにコピーした窓の部分を切り取る
窓
スタートレーパー
03 スタートレーパーの窓の裏の紙をはがす
スタートレーパーの裏の紙をはがすとフィルムの裏にのりがあらわれる
04 カッティングシートに窓の描いてあるスタートレーパーの透明フィルムを張る
カッティングシート
必要な枚数の窓の描いてある透明フィルムを張る
05 窓部分のカッティングシートを切り取る
フィルム
06 スチレンボードなどに張る
スチレンボード
透明フィルム＋カッティングシート

スタートレーパーを有効に使う方法

4→特殊な窓をつくる

ガラスブロック、ジャロジー窓、面格子などの特殊な窓は、塩ビ板にカッターで切り込みを入れたり、塩ビ板の上にスクリーントーンやラインテープなどを張ってつくる。カッターを何回か塩ビ板に入れることで、線を太くすることもできる。また市販の樹脂系のパターンシートを直接使うこともある。

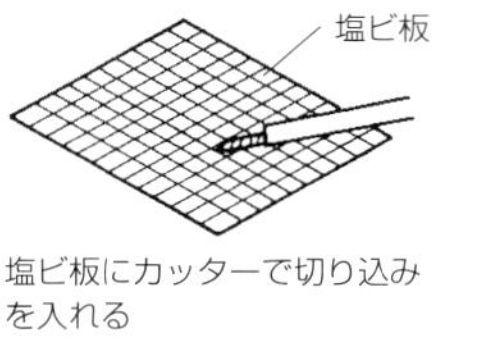

塩ビ板
塩ビ板にカッターで切り込みを入れる

ガラスブロック開口部のつくり方

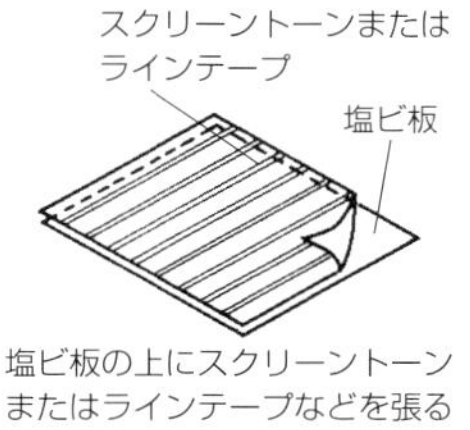

スクリーントーンまたはラインテープ
塩ビ板
塩ビ板の上にスクリーントーンまたはラインテープなどを張る

面格子開口部のつくり方

2＿＿ドアのつくり方

ドアのつくり方には、大きく分けると、ドア部分を切り抜く方法と切り抜かない方法がある。さらに具体的に次の①〜④の方法がある。

①ドア部分を切り抜いて穴をあける。これは室内のドアのつくり方としては、最も簡単な方法であり、部屋どうしのつながりもわかりやすい。

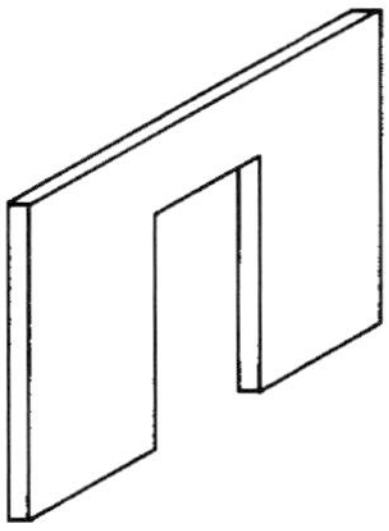

ドア部分を切り抜いて穴をあける

②壁がスチレンボードなどの場合、ドア部分を切り抜いてから、厚さ1mmのスチレンボードやゴールデンボードなどをはめ込む。ドアは少し開いた状態にするものと閉めた状態にするものとがある。閉めた状態にするものは、物入や押入のドアによく使われ、壁よりも少し奥に引っ込ませてはめ込むとドアまわりに凹凸感が出る。両方とも切り取ったスチレンボードやゴールデンボードに、ロットリングなどでドアのデザインを描くこともあり、とくに玄関ドアや勝手口のドアはそのようにすることが多い。

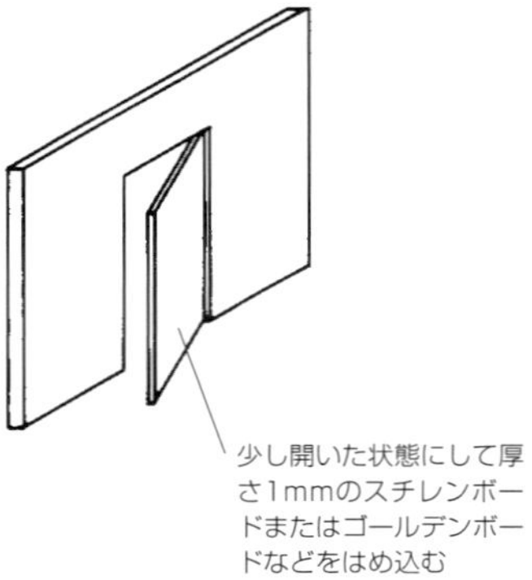
少し開いた状態にして厚
さ1mmのスチレンボー
ドまたはゴールデンボー
ドなどをはめ込む

ドア部分を切り抜いて薄手のボードをはめ込む―1

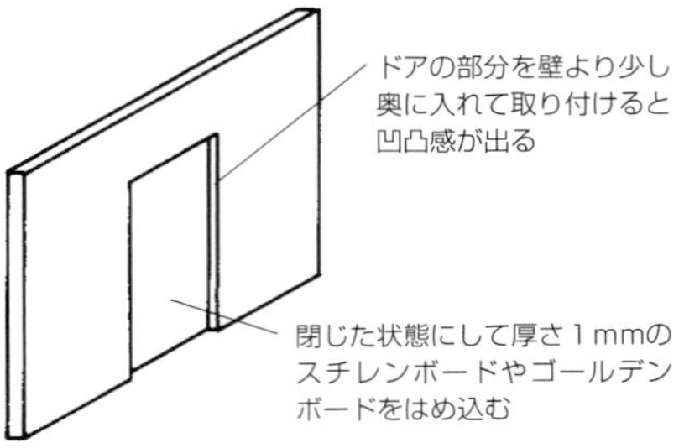
ドアの部分を壁より少し
奥に入れて取り付けると
凹凸感が出る
閉じた状態にして厚さ1mmの
スチレンボードやゴールデン
ボードをはめ込む

ドア部分を切り抜いて薄手のボードをはめ込む―2

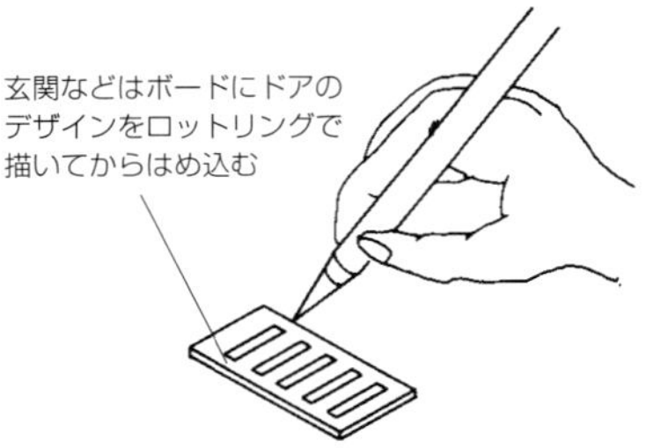
玄関などはボードにドアの
デザインをロットリングで
描いてからはめ込む

ドアの図を描いた部品をはめ込む

③ドア部分を切り抜かずに、ボードに直接ロットリングなどでドアのデザインを描く。玄関ドアや勝手口のドアなどは外壁のボードに直接描くことが多い。

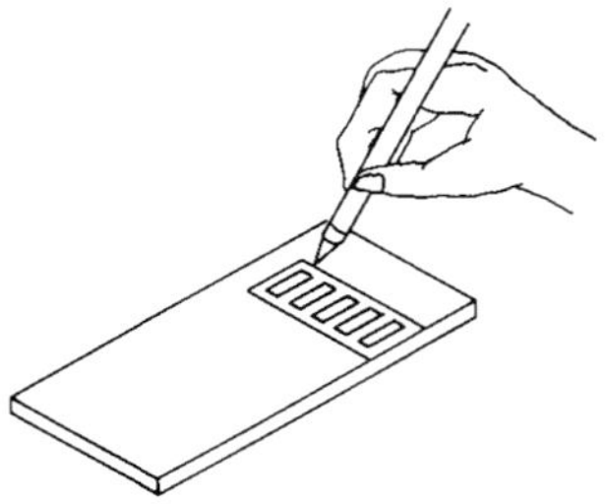

ドア部分を直接ロットリングで描く

④ドア部分を切り抜かずに、そこに色紙を張る。スチレンボードなど白色の壁の場合、薄いベージュ、アイボリー、グレー、ブラウンなどの色紙を張る。あらかじめ色紙に、ロットリングなどでドアのデザインを描いてから張ることもある。

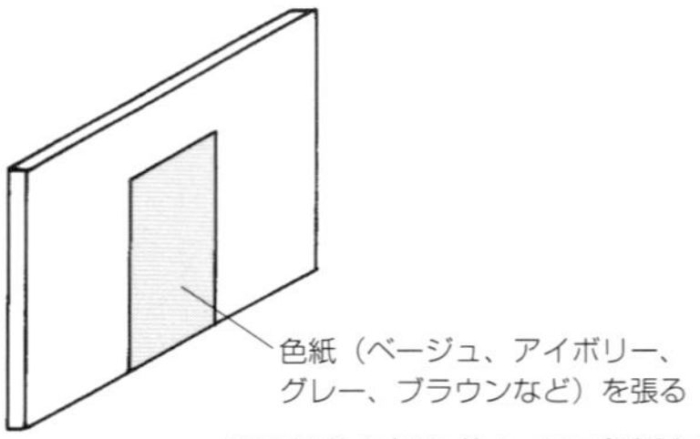
色紙（ベージュ、アイボリー、
グレー、ブラウンなど）を張る

ドア部分を切り抜かずに色紙を張る

3　建築仕上げの表現方法

模型の仕上げ表現は、購入した材料に対しての手の加え方の程度によって次の①〜⑤のように大きく分けられる。

①材料を購入して、それに手を加えずにそのまま使う。一般の模型でよく使われる方法で、スチレンボード、ゴールデンボード、バルサなどを直接模型に使うものである。手を加えずにそのままの材料を使うという考え方には、抽象的な表現としてあえて外壁仕上げの表現をしないという考え方と、スケールの大きい模型に見られるように外壁仕上げの表現を省略するという考え方がある。

②市販の色紙（カラーケント紙、ラシャ紙、キャンソン紙など）を購入して、それをスチレンボードなどに張る。色だけでなく、いろいろなテクスチャーの色紙があるので、実際の建物の仕上げに合ったものを直接またはサンプル帳を見ながら探す。

③市販の色紙を購入して、それに線、パターン、色を描いたり、スクリーントーンなどを張って手を加えたものをスチレンボードなどに張る。外壁の例として、次のようなものがある。

（1）コンクリート打放し表現—1

グレーの色紙に目地の線と木コンの穴を鉛筆、サインペン、ロットリングなどで描く。

（2）コンクリート打放し表現—2

マーカーの発色がよいPMパッドなどの紙にグレーのマーカーを塗った上に、目地の線と木コンの穴を鉛筆、サインペン、ロットリングなどで描く。ただし、マーカーを定規を使って均一に塗るには練習が必要である。

（3）レンガ、吹付け塗装の表現

色紙にそれらのパターンが描かれたスクリーントーンを直接張る。または直接色紙にスクリーントーンのパターンをコピーする。

スクリーントーンの張り方は、スチレンボードなどに台紙のままフィルムをあて、必要な大きさをおおまかに切り取ってからスチレンボードに張り、余分な部分を切り取る。スクリーントーンはあまり力を入れずに軽く切るようにする。

④立面図などに着彩したものをカラーコピーしたり、CAD出力したものをスチレンボードなどに張る。

⑤材料を自分で加工して、建築仕上げ用の二次製品をつくる。

例として、色紙の上に透明塩ビ板を張ったり、あるいはカッティングシートの上に窓などをコピーしたスタートレーパーの透明フィルムを張るなどのような2種類の違う材料を張り合わせる方法がある。

建築仕上げの表現方法	①外壁用部材のいろいろな材料を手を加えずにそのまま使う	スチレンボード、ゴールデンボード、バルサ、スティプルボード、波板、プラスチック段ボールなど
	②スチレンボードなどに市販の仕上げ材を張る	色紙、スクリーントーン、カラートーンなどを張る
	③市販の仕上げ材に手を加えてからスチレンボードなどに張る	鉛筆、サインペン、ロットリング、マーカーなどで描いたり、スクリーントーンなどを張る
	④カラーコピーしたもの、CAD出力したものをスチレンボードなどに張る	カラーコピー、CADでプリントアウトした模型用立面図などを張る
	⑤材料を自分で加工した二次製品を使う	透明塩ビ板＋色紙、 透明フィルム＋カッティングシートなど

4___外壁仕上げの表現方法

外壁仕上げの表現方法で大切なのは、外壁にどのような材料を選択するかということと、目地などをどのように表現するかということである。

1→目地を表現する

目地は、外壁仕上げに使う材料に次の三つのいずれかの手法を使って表現する。またあえて目地を省略して仕上げ材の色とテクスチャーで表現することもある。
①スチレンボードなどに、実際の建築と同じ目地パターンのスクリーントーンを張る。スクリーントーンは1/100のスケールのものが多いので、1/50のスケールの模型では2倍の拡大コピーをして使う。
②ロットリング、サインペン、シャーペンなどで、スチレンボードなどに直接目地を描く。
③スクリーントーンや自分で目地を描いたものを、外壁仕上げに使う紙に直接コピーする。このときは、手差し機能(普通紙以外の紙にコピーするための機能)によってコピーする。ただし厚手の紙はコピー機では、コピーできない場合が多いので注意する。

2→外壁の素材を表現する

外壁仕上げの素材別の表現方法には次のようなものがある。
①防火サイディング張り
防火サイディング張りなどのように目地のある外壁は、スチレンボードにシャーペンで目地の線を描くか、鉄筆やカッターの刃の背の部分などで、スチレンボードに傷をつける。
②板張り(横羽目張り、縦羽目張り)
厚さ1mmのひのき板を張って、鉄筆やカッターの刃の背の部分などで、傷をつける。
③ガルバリウム鋼板張り
ガルバリウム鋼板は金属材料なので、同じ金属素材を選ぶと似た質感が得られる。たとえば加工性のよいアルミ板に、カッターなどで傷をつける。または市販の樹脂系のパターンシートを使う。
④コンクリート打放し
コンクリート打放しの表現は、グレーのカラーケント紙やグレーのマーカーを塗ったケント紙を張る。また直接スチレンボードにグレーのマーカーを塗ってもよい。コンクリート打放しは目地や木コンの跡の表現が大切であるが、目地は定規を用いて鉄筆やカッターの刃の背の部分などで紙に傷をつけるか、ロットリングやシャーペンで描く。木コンの跡の表現は、シャーペンの先端でごく小さい円の跡をつけるか、ロットリングやシャーペンで小さい円を描くようにする。

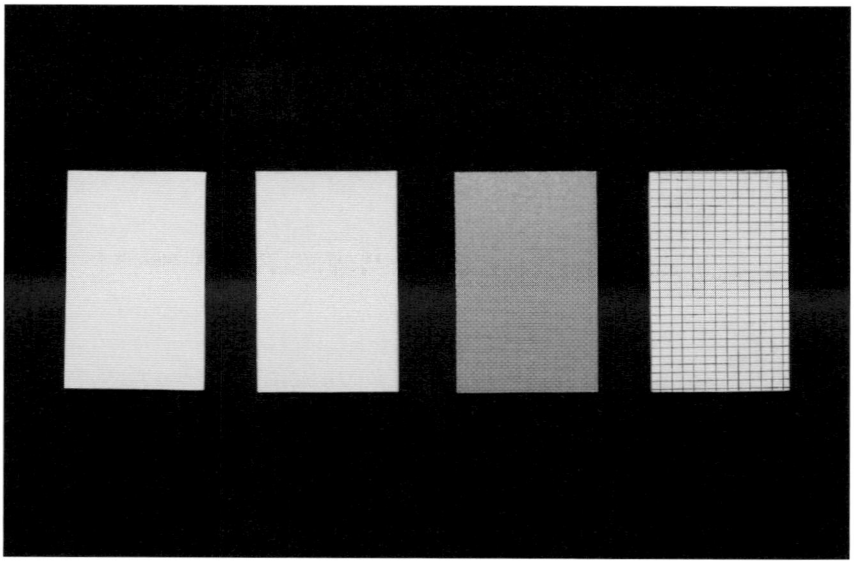

いろいろな外壁仕上げの表現。左から防火サイディング張り、モルタル吹付け、レンガ張り、コンクリートブロック積み

⑤モルタル吹付け
目の粗いラシャ紙が、モルタル吹付けの材質感の表現に適している。
⑥レンガ張り
茶系のカラーケント紙や茶系のマーカーを塗ったケント紙を張る。またスチレンボードに直接茶系のマーカーを塗ってもよい。目地の表現はそれらの紙にレンガパターンのスクリーントーンを張るとよい。ロットリングやシャーペンで目地を描く方法もあるが手間がかかる。
⑦タイル張り
カラーケント紙や塩ビ板が適している。目地の表現は、それらの紙にタイルパターンのスクリーントーンを張るかタイルの面が狭い場合は、ロットリングやシャーペンで描く。
⑧コンクリートブロック積み
グレーのカラーケント紙やグレーのラシャ紙、またはケント紙にグレーのマーカーを塗る。カラーケント紙やグレーのラシャ紙の紙質は、目の粗いもののほうがコンクリートブロックの表現には適している。目地の表現は、それらの紙にブロックパターンのスクリーントーンを張るかロットリングやシャーペンで描く。
⑨そのほか
市販の外壁材やいろいろな材料が描かれたシートなどが模型店においてある。着彩したものもあり、価格は高いが、手を加えることなくすぐに外壁材として使うことができる。リップルボードはいろいろな色のものが市販され、波板などの表現に適している。

5　屋根仕上げの表現方法

屋根仕上げの素材を表現する

屋根仕上げの素材別の表現方法には次のようなものがある。
①スレート葺き
黒、茶、シルバーなどのカラーケント紙を張るか、ケント紙にマーカーを塗ったものを張る。目地の表現は、それらの紙にスレートのパターンのスクリーントーンを張るかロットリングやシャーペンで描く。
②瓦葺き
瓦葺きは手で描くのが難しいので、瓦のパターンのスクリーントーンを使う。これをコピー機の手差し機能を使って、グレー、茶、赤などの瓦色の紙かこれらの色をマーカーで着彩した紙にコピーする。
③波板葺き
波板は市販のリップルボードを使うとよい。

いろいろな屋根仕上げの表現。左からスレート葺き、瓦葺き、縦波の波板、横波の波板

6　内装仕上げの表現方法

内装仕上げの素材を表現する

内装仕上げの素材別の表現方法には次のようなものがある。

①フローリング

スチレンボードにスプレーのりを吹き付けて、接着剤が乾燥したら（または両面テープをスチレンボード全面に張って）表面に、厚さ1mm×幅10〜30mmのひのき材を張り合わせていく。または厚さ1mm×幅80mmのバルサを適当な幅に切って、同様に張り合わせていってもよい。ひのき材またはバルサの表面をサンドペーパーできれいに磨いてから、サインペンやシャーペンあるいはカッターの刃の背の部分などで、定規を使って平行に細かく目地を入れる。

②じゅうたん、カーペット

じゅうたんやカーペットは、目が粗くやわらかいラシャ紙を使うことが多い。または布そのものを模型材料として使うこともある。

③石材

石材は、一般にラシャ紙やカラーケント紙などの色紙に目地などを描いて表現する。とくに光沢のある石を表現する場合は、下に目地を描いた色紙を敷いて、その上に透明な塩ビ板をのせるとよい。

④畳

畳の色は緑が基本となる。色紙などの上に畳のパターンのスクリーントーンを張る。

⑤ビニールクロス、塗装など

ラシャ紙やカラーケント紙などの色紙を使う。色はベージュやアイボリーなどが一般的であるが、部屋のイメージに合わせて色を選択する。また、スチレンボードそのものの白を使うこともある。布張りの場合は、布そのものを使うことも考えられる。砂壁などザラザラした仕上げには、ラシャ紙が適している。

⑥そのほか

内装仕上げのコンクリート打放し、コンクリートブロック積み、壁や天井の板張り、タイル張りなどは、58頁の外壁仕上げの表現方法と同じである。内壁や天井の板張りの表現はフローリングと同じである。

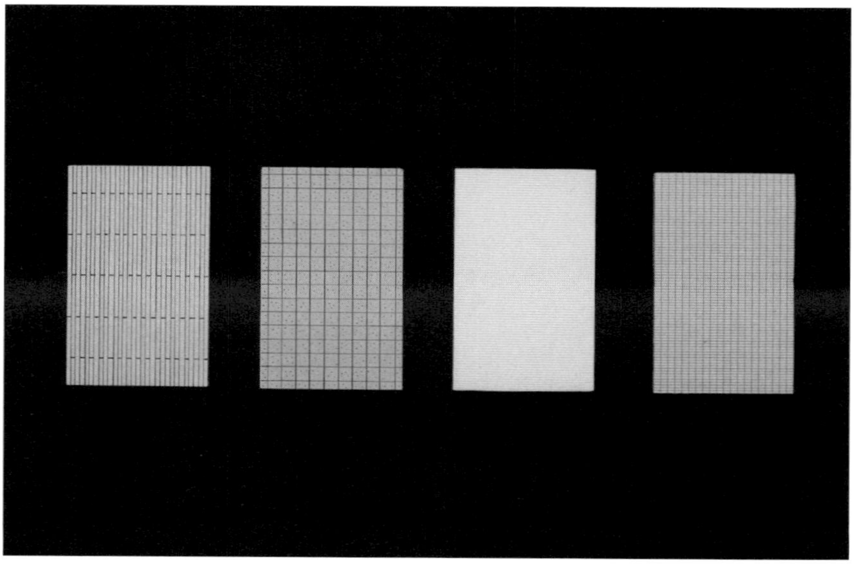

いろいろな内装仕上げの表現。左から床仕上げのフローリング、石材、内壁仕上げの塗装、タイル張り

7　勾配屋根のつくり方

模型は上から見ることが多いので、屋根をきれいにまた正確につくらないと、ほかの部分がよくても全体の印象が悪くなる。とくに、棟のラインは目立つので、棟を正確にきっちりとつくり、隙間がないようにする。棟の小口部分は屋根勾配により角度がついて合わさるので難しいため、丁寧に製作する。角度をつけて切る方法は33頁の基本テクニックを参照すること。

1→片流れ屋根と寄棟屋根の実長を出す

片流れ屋根と寄棟屋根の実長は、下図のように屋根伏図と立面図をもとにした作図によって出す。または屋根勾配をもとにした比例計算によっても求めることができる。

勾配屋根の屋根伏図による長さは水平投影上の長さであり、実際の長さは勾配のある分、長めになる。作図や計算によって正確な屋根の実長を求める方法のほかに、はじめに屋根伏図の長さより少し長めに切り出しておいて、実際の模型で寸法合わせをしたうえで、余分な長さを微調整しながら切り取るというやり方もある。

一般に模型では、製作上の誤差によって実際につくった長さが図面上の長さと一致しないこともあり、そういう場合は微調整しながらつくるのだが、勾配や傾斜など角度のあるものに関しては、はじめの段階で正確に押さえていないと、誤差による歪みや不一致が、部材を組み立てたときにかなりはっきりとあらわれるので注意が必要である。たとえば、寄棟屋根の棟の部分がぴったりと合わなくなって、納まりが悪くなるようなことがよく見られる。

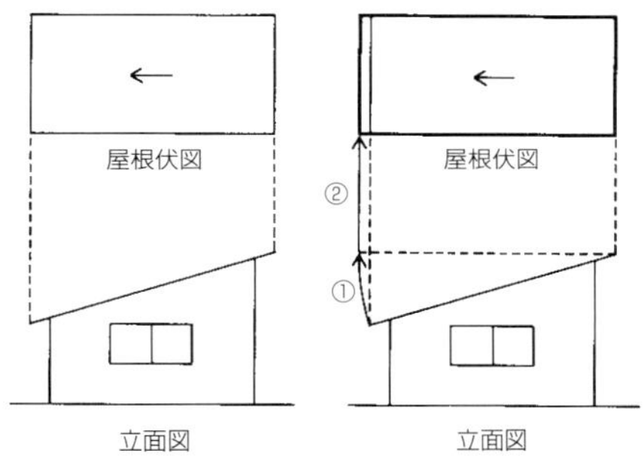

作図による片流れ屋根の実長の求め方

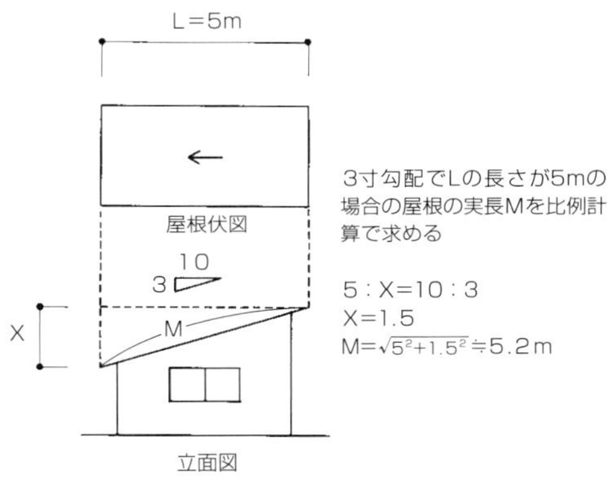

3寸勾配でLの長さが5mの場合の屋根の実長Mを比例計算で求める
5：X=10：3
X=1.5

$M=\sqrt{5^2+1.5^2}≒5.2m$

計算による片流れ屋根の実長の求め方

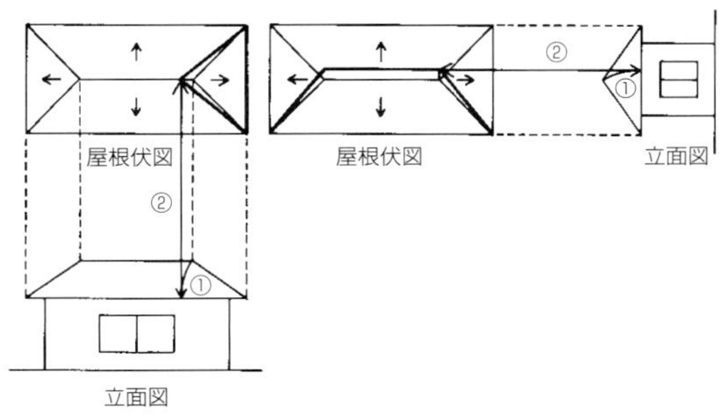

作図による寄棟屋根の実長の求め方

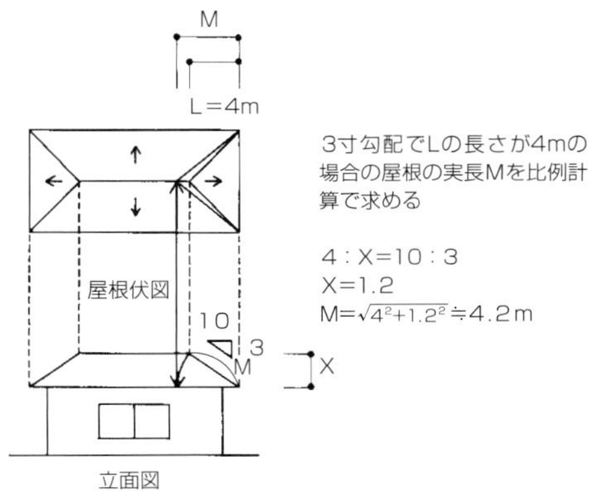

3寸勾配でLの長さが4mの場合の屋根の実長Mを比例計算で求める
4：X=10：3
X=1.2

$M=\sqrt{4^2+1.2^2}≒4.2m$

計算による寄棟屋根の実長の求め方

2→鼻隠し板、破風板をつくる

鼻隠しや破風部分は屋根のボードを切っただけで、小口処理をしない方法がある。それに対して、小口処理をする場合は、鼻隠し板や破風板として屋根に使うスチレンボードなどの小口にゴールデンボードやアイボリーのケント紙をスチのりまたは両面テープで張る方法がある。鼻隠し板や破風板の幅は、屋根に使うスチレンボードの厚み(一般には3mm)より少し大きい幅を使うようにする。軒先の納まりは、図のように2種類ある。また軒裏が斜めではなく水平な場合は、斜めの場合より少し大きめに鼻隠し板の寸法を取る。

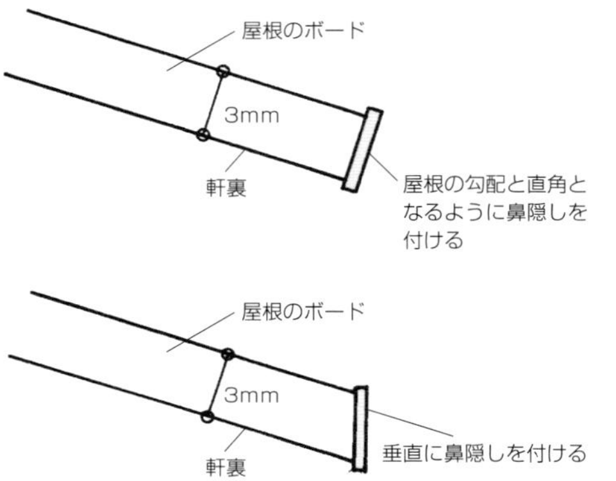

軒裏が斜めの場合の軒先納まり

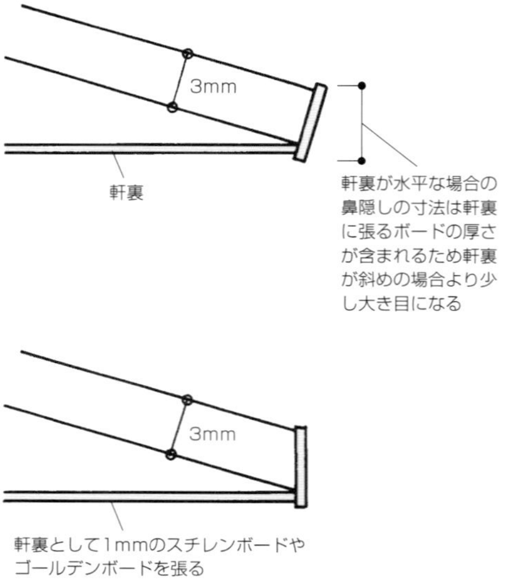

軒裏が水平の場合の軒先納まり

8　階段のつくり方

1→階段をつくる

階段のつくり方には、主に次の①〜⑤の方法がある。

①階段部分に階段の平面図を張るだけで、階段そのものはつくらない。最も簡単なもので、室内模型を簡略化してつくる場合などに使う。

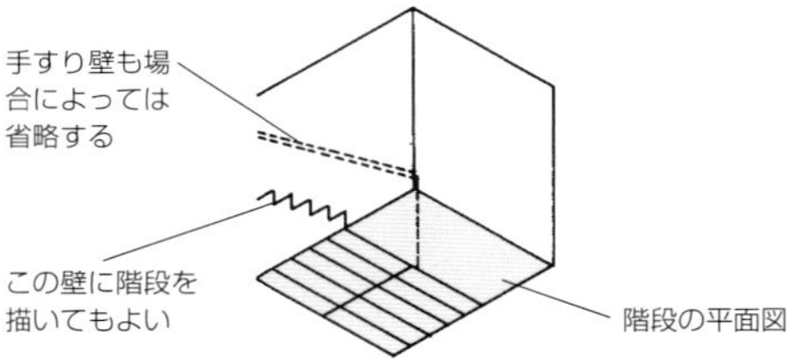

階段の平面図のみで模型はつくらない方法

②階段の段板をつくる代わりに、スロープにする。段板を1枚1枚つくるのは手間がかかるので簡略化する方法で、これもよく使う。

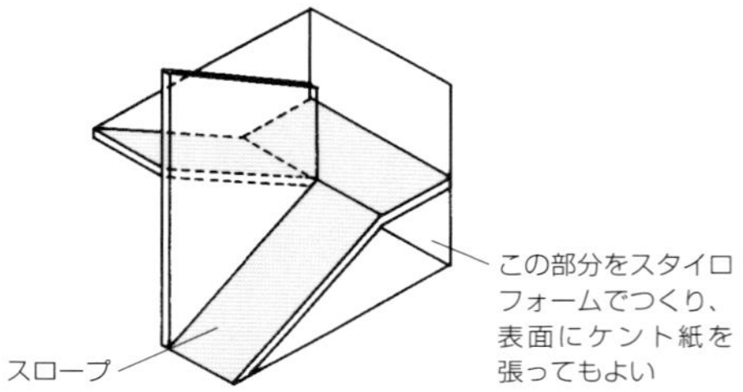

段板の代わりにスロープにする方法

③段板を1枚1枚つくり、リアルな模型の階段にする。つくり方は、段板を下から順に1枚ずつ重ね合わせる方法よりも、はじめに段板を3〜4枚ずつ重ねてブロッ

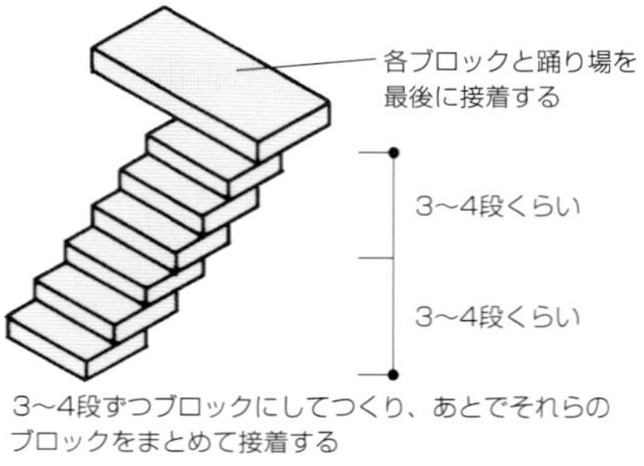

段板をつくる方法

クをつくり、いくつかのブロックと踊り場を最後に組み立てる方法がつくりやすい。

④厚紙またはケント紙を折り曲げてつくる。

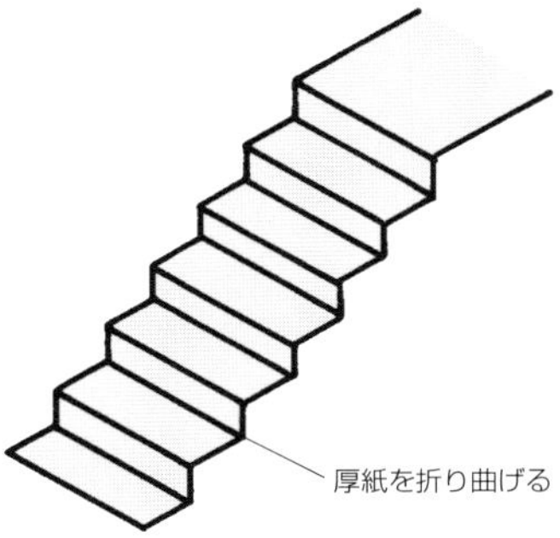
厚紙を折り曲げる

厚紙を折り曲げて階段をつくる方法

⑤ささら桁をつくり、それに段板や蹴込み板を付ける方法で、折れ曲がり階段などの比較的複雑な階段をつくるときに使う。第3章1節「プレゼンテーション模型」の木造住宅模型の階段はこの方法でつくられている。

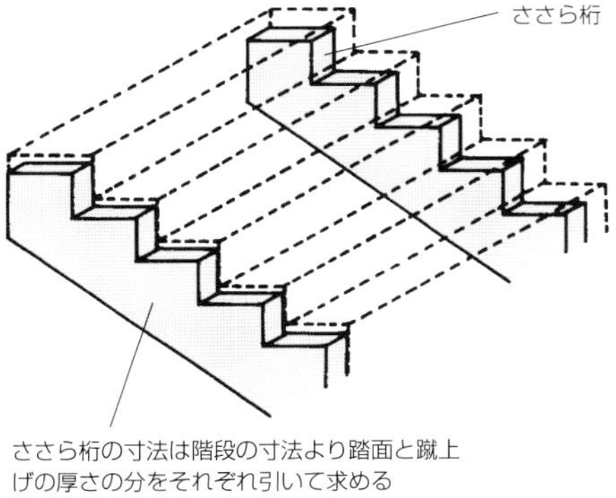
ささら桁
ささら桁の寸法は階段の寸法より踏面と蹴上げの厚さの分をそれぞれ引いて求める

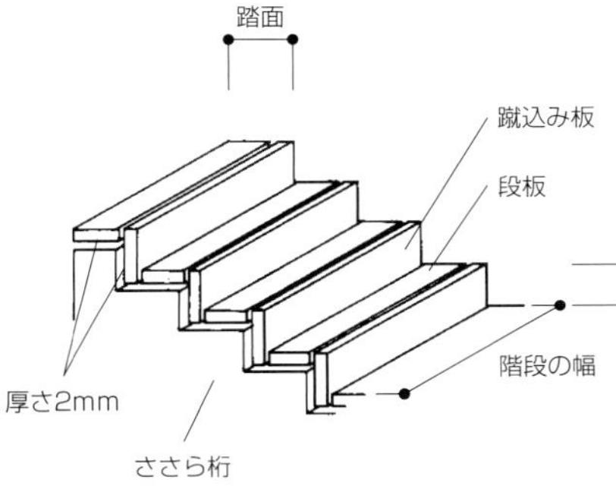
踏面
蹴込み板
段板
蹴上げ
階段の幅
厚さ2mm
ささら桁

ささら桁をつくる方法

2→段差のある踊り場をつくる

踊り場に段差がある場合は、はじめに踊り場の全体をつくり、その上に段差のある部分を重ねていくという方法でつくる。

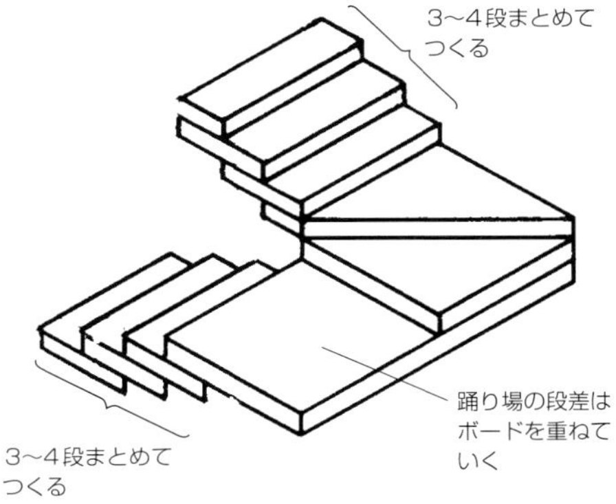
3〜4段まとめてつくる
踊り場の段差はボードを重ねていく
3〜4段まとめてつくる

最後に各ブロックと踊り場を接着する

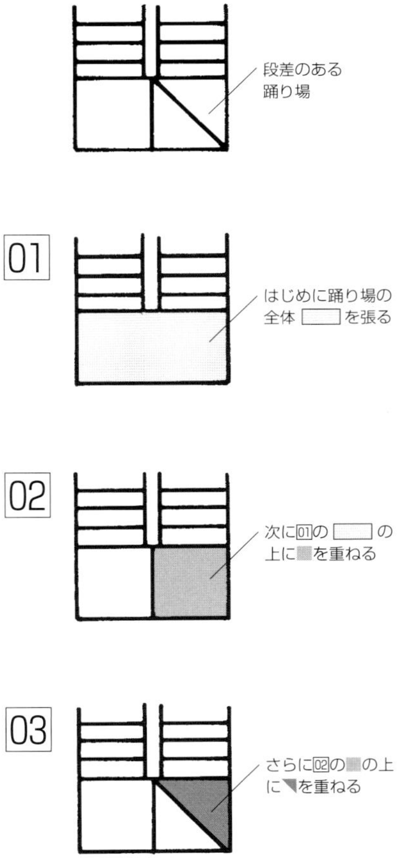
段差のある踊り場
01
はじめに踊り場の全体□を張る
02
次に01の□の上に■を重ねる
03
さらに02の■の上に◥を重ねる

段差のある踊り場をつくる手順

9　バルコニーの手すりのつくり方

手すりはその材料やデザインによって、いろいろなつくり方が考えられるが、一般的には次の①〜⑦のつくり方がある。手すり部分が壁と同じようになっているものには①や②の方法があり、縦格子などが並んで透けている手すりには③〜⑤の方法があり、そのほか⑥や⑦のような方法もある。

①手すりの壁の厚さを外壁の厚さより少し薄くし、厚さ1mmのスチレンボードやゴールデンボードを使う。

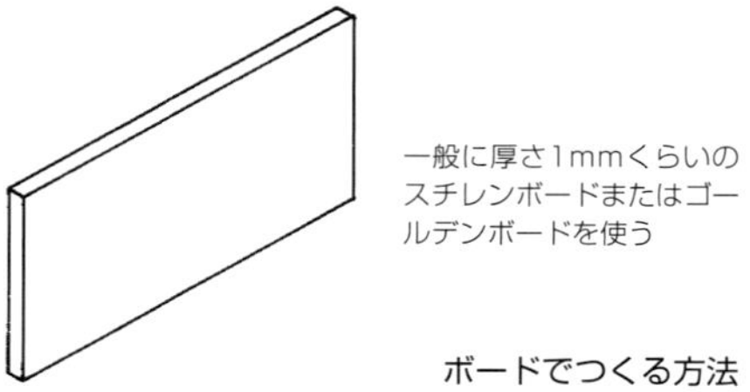
一般に厚さ1mmくらいのスチレンボードまたはゴールデンボードを使う

ボードでつくる方法

②腰壁の上に手すりが付いているものは、下図のようにスチレンボードにシャーペンなどで穴をあけそこにプラ棒を差し込む。第3章1節「プレゼンテーション模型」の木造住宅の手すりはこの方法でつくっている。

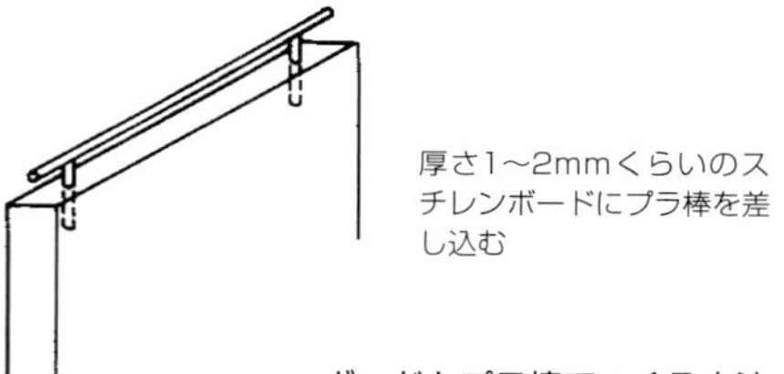
厚さ1〜2mmくらいのスチレンボードにプラ棒を差し込む

ボードとプラ棒でつくる方法

③プラ棒(角棒、丸棒、三角棒、パイプなど)でつくる。第3章4節「外構模型」のRC造2階建て住宅の手すりはこの方法でつくっている。プラ棒でつくる場合は手すりの色は白かシルバーが基本であるが接着にはプラスチック用接着剤を使う。プラ棒は1mm角ぐらいならカッターで簡単に切ることができる。

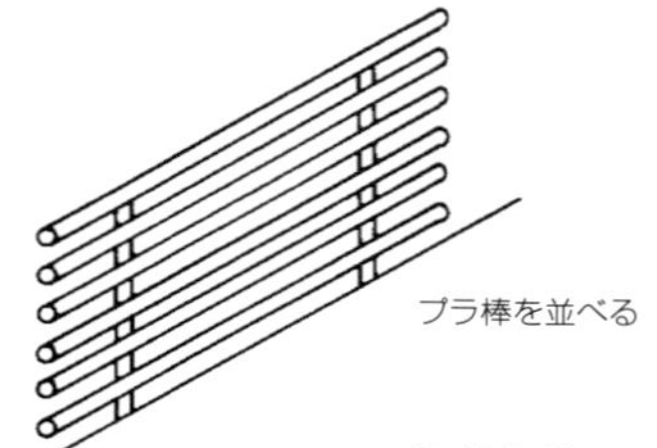
プラ棒を並べる

プラ棒を並べてつくる方法

④塩ビ板に縦線パターンのスクリーントーンを張る。

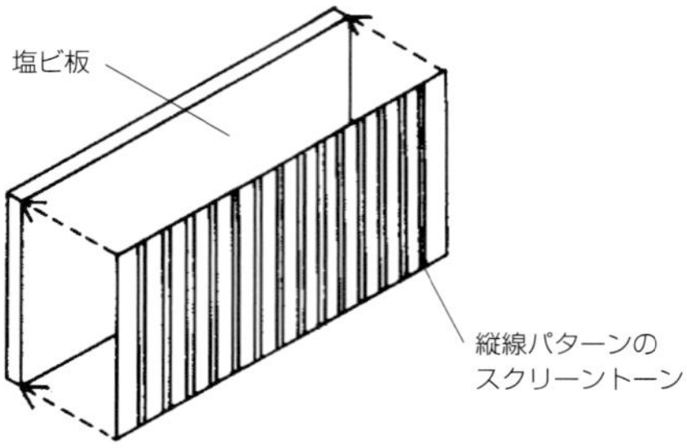
塩ビ板
縦線パターンのスクリーントーン

塩ビ板とスクリーントーンでつくる方法

⑤図面の上に透明な塩ビ板をおいて下図のようにV溝を彫り、そのV溝にリキテックスをすり込んでから、アルコールでV溝以外の部分の表面の汚れを落とす。

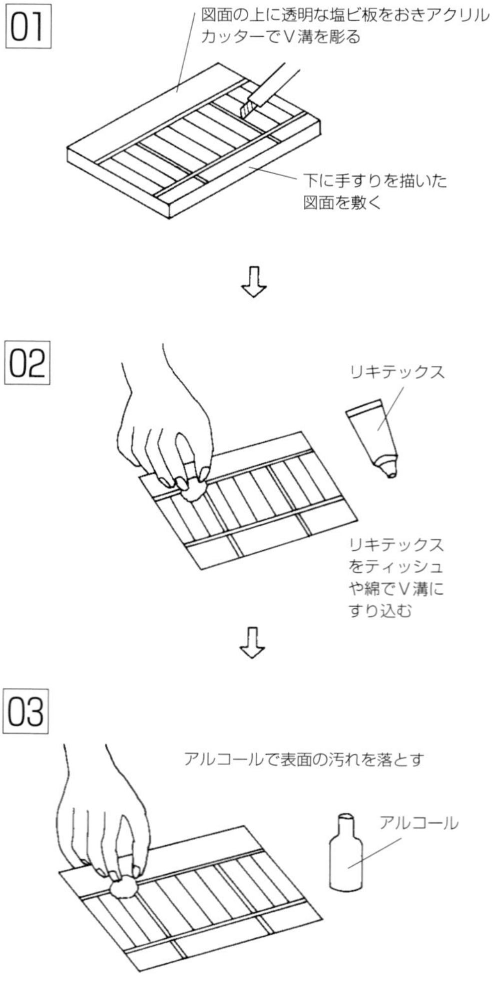
01
図面の上に透明な塩ビ板をおきアクリルカッターでV溝を彫る
下に手すりを描いた図面を敷く
02
リキテックス
リキテックスをティッシュや綿でV溝にすり込む
03
アルコールで表面の汚れを落とす
アルコール

塩ビ板にV溝を彫ってつくる方法

⑥ロットリングやCADで作製した手すりの図面を色紙(アイボリー、ベージュ、茶系など)に2枚コピーして、裏に両面テープを張り、裏どうしを張り合わせる。バルコニーの外側と内側がずれずに手すりがわかるようにする。

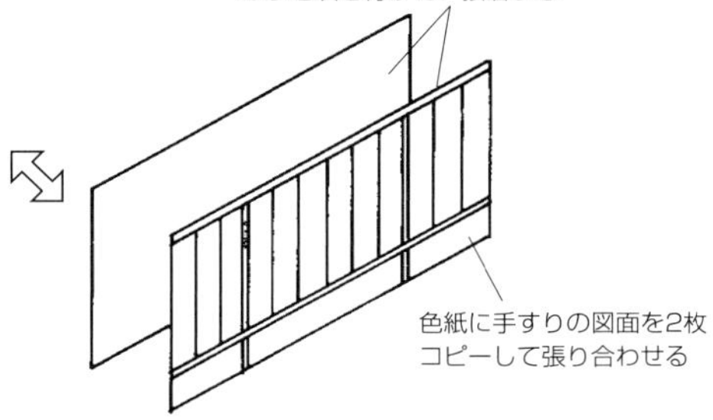

裏に両面テープを張るか、またはスプレーのりを吹き付けて、接着する
色紙に手すりの図面を2枚コピーして張り合わせる

図面をコピーした色紙を2枚張り合わせてつくる方法

⑦手すりの腰が型ガラスやスモークガラスの場合、プラ棒で手すりや支柱をつくり乳白半透明・シルバー・白の塩ビ板や白のプラ板を張ってつくる。第3章6節「インテリア模型」のコートハウスはこの方法でつくっている。

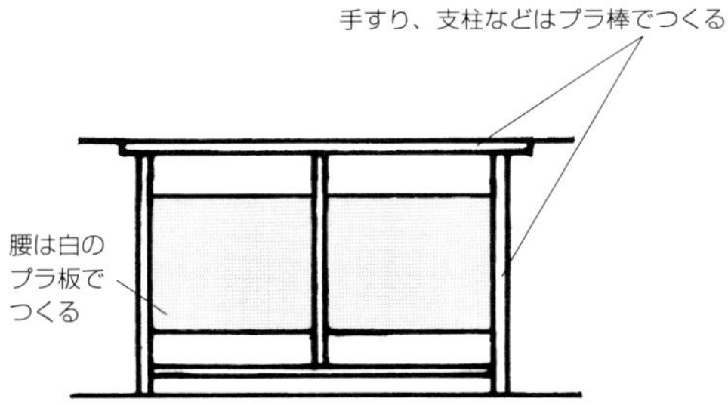

手すり、支柱などはプラ棒でつくる
腰は白のプラ板でつくる

プラ棒に白のプラ板を張ってつくる方法

10　スチレンボードによる曲面のつくり方

1→スチレンボードで曲面をつくる

スチレンボードで曲面をつくる場合は、スチレンボードの片面の紙をはがすと、簡単に曲げることができる。ただし、片面の紙をはがしただけでは、ゆるい曲面はつくれるが、大きく曲げることはできない。大きく曲げるには、片面の紙をはがしてから、芯のスチレン部分に細かい間隔でカッターナイフで軽く切り込みを入れるようにする。

筋を入れた面の仕上げをきれいにする場合は、その面にケント紙などの薄い紙を張る。スチレンボードは曲がり方に方向性があり、一方向にしか曲がらないので、曲がる方向を確認することが必要である。

01　スチレンボードの曲がる方向の確認

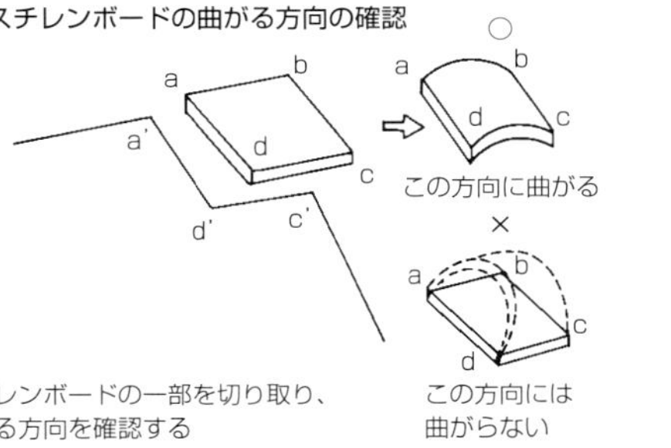

○
a
b
a'
d
c
d'
c'
a
b
d
c
この方向に曲がる
×
a
b
c
d
スチレンボードの一部を切り取り、曲がる方向を確認する
この方向には曲がらない

02　片面の紙をはがす

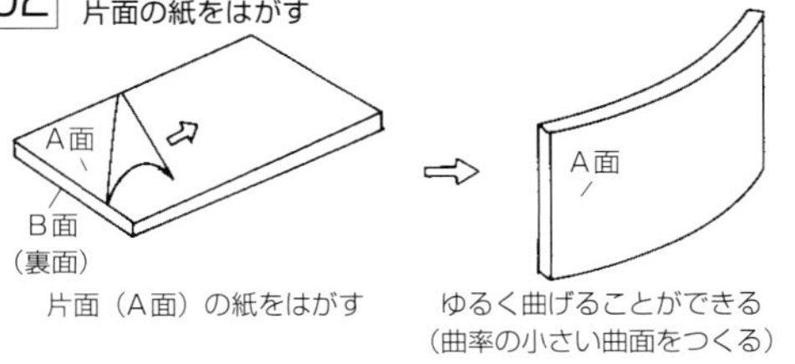

A面
B面
(裏面)
片面(A面)の紙をはがす
A面
ゆるく曲げることができる
(曲率の小さい曲面をつくる)

03　片面の紙をはがしカッターで軽く筋を入れる

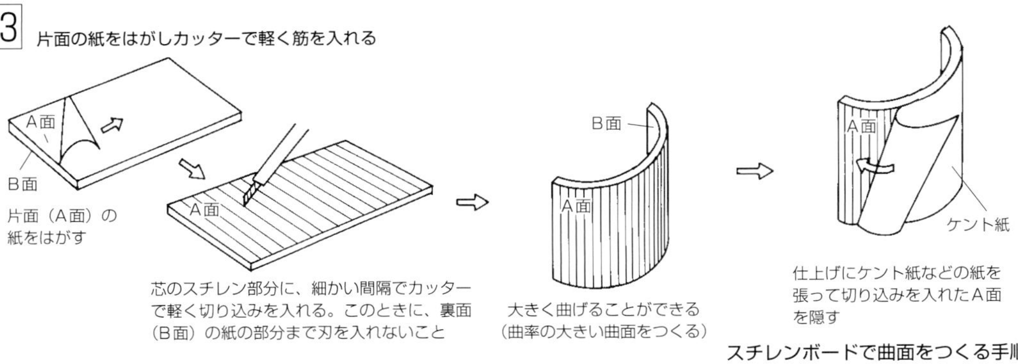

A面
B面
片面(A面)の紙をはがす
A面
芯のスチレン部分に、細かい間隔でカッターで軽く切り込みを入れる。このときに、裏面(B面)の紙の部分まで刃を入れないこと
B面
A面
大きく曲げることができる
(曲率の大きい曲面をつくる)
A面
ケント紙
仕上げにケント紙などの紙を張って切り込みを入れたA面を隠す

スチレンボードで曲面をつくる手順

2→スチレンボードでボールト屋根や曲面壁をつくる

ボールト屋根や曲面壁は、下図のようにスチレンボードをパイプや棒に巻いてつくることができる。このとき、紙をはがした面を内側にして、求める直径よりも少し小さい直径のパイプや棒に巻きつけるようにする。そうすると、パイプや棒を取りはずしたときに、少しスチレンボードが広がるので求める直径とちょうど同じになる。

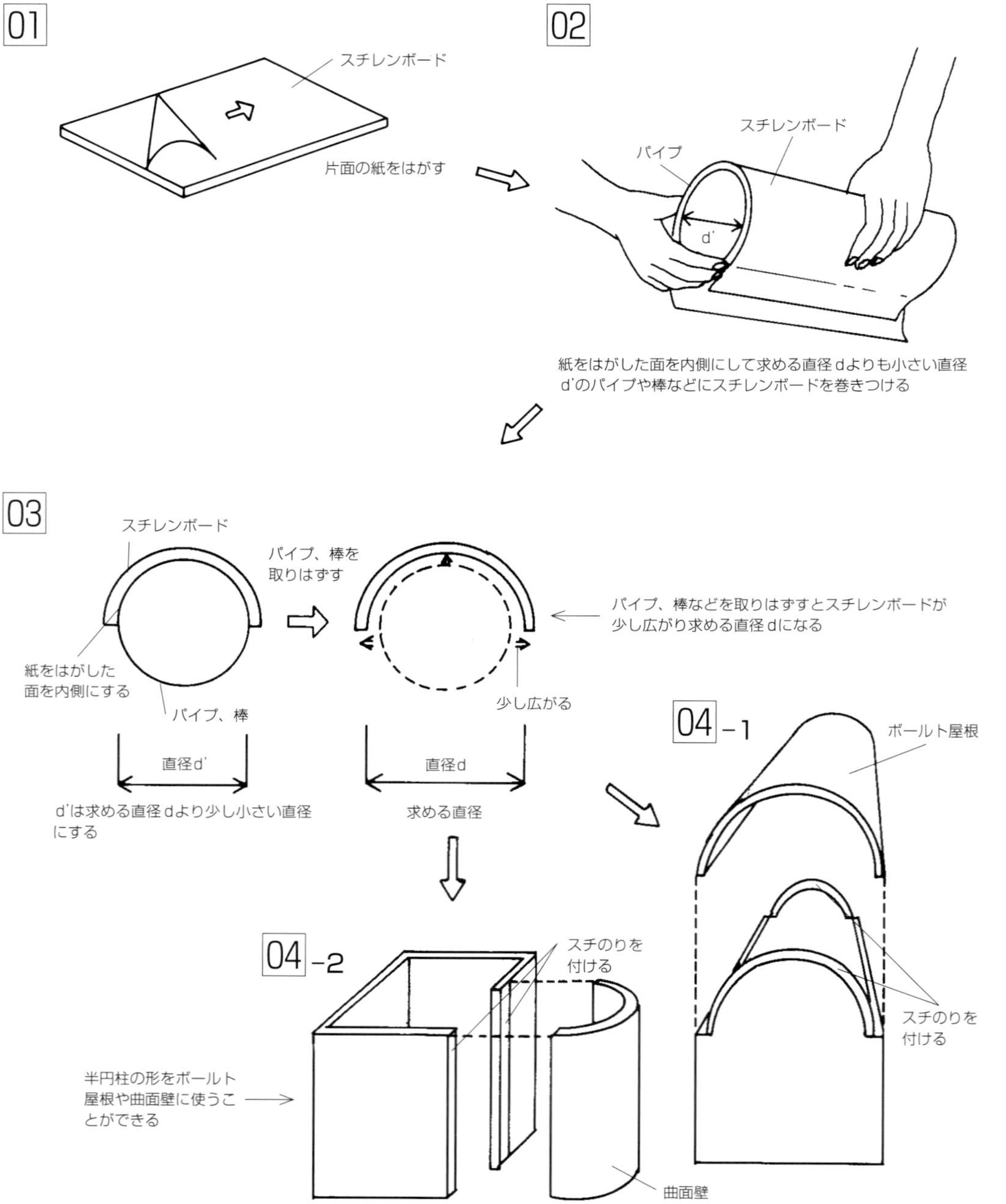
01
スチレンボード
片面の紙をはがす
02
スチレンボード
パイプ
d'
紙をはがした面を内側にして求める直径dよりも小さい直径
d'のパイプや棒などにスチレンボードを巻きつける
03
スチレンボード
パイプ、棒を
取りはずす
紙をはがした
面を内側にする
パイプ、棒
直径d'
d'は求める直径dより少し小さい直径
にする
パイプ、棒などを取りはずすとスチレンボードが
少し広がり求める直径dになる
少し広がる
直径d
求める直径
04-1
ボールト屋根
スチのりを
付ける
04-2
スチのりを
付ける
半円柱の形をボールト
屋根や曲面壁に使うこ
とができる
曲面壁

スチレンボードでボールト屋根や曲面壁をつくる手順

11　模型台のつくり方

模型台はしっかりと丈夫につくり、反りや変形が生じないようにしなければならない。いくら建物自体の模型を丈夫につくっても模型台が貧弱ならば、模型が不安定になり、場合によっては持ち運びや移動のときに、模型が損傷することもあり得る。また見た目も悪くなってしまう。模型台の材料にはスチレンボード、ハレパネ、合板、ボール紙などがある。

1→模型台の種類

模型台はおおまかに次の2種類があるが、市販の木製パネルを使うと、丈夫で手間がかからない。また模型にケースをかぶせる場合、木製パネルの小口のところでケースをビス止めすることができる。

①木製パネル

木製パネルには、市販の木製パネルと自分で製作する木製パネルとがある。市販の木製パネルは木枠の上にしな合板を取り付けたものである。A判用とB判用のいろいろなサイズのものがある。市販の木製パネルを購入すれば模型台を製作する手間が省けるが、自分の好みのサイズでつくることはできない。もし好みのサイズの模型台にしたい場合は、自分で模型台を製作することになる。一般に模型台の裏には合板は張らないが、木製パネルの裏に合板を張って、フラッシュパネルにすることもできる。また写真用の木製パネルが市販されているが、これで代用してもかまわない。

②簡易な模型台

簡単な模型台は、スチレンボード、ハレパネ、合板などを自分の好みのサイズに切り取ったものをそのまま使う。そのため短時間で簡単に製作でき、スタディ模型やボリューム模型などの模型台に向いている。

スチレンボードやハレパネなどは1枚のみで模型台をつくると反りやすくなるので、それらを2～3枚張り合わせて変形を防ぐようにする。合板の場合は、5mm以上の厚みなら一枚ものでもかまわない。模型台を直接仕上げ材として見せる場合は、ラワン合板でなくしな合板がきれいである。

ハレパネは図面をプレゼンテーション用にパネルにするときなどに使われる。接着剤の強度が強いので一度接着するとはがれないため、失敗しないように張ることが大切である。ハレパネに紙を張る場合、紙とハレパネのあいだの空気を抜くようにゆっくり押して張っていき、布などでこすりつけておく。これをしっかり行わないと時間が経つにつれて、紙とハレパネのあいだに気泡ができてしまう。

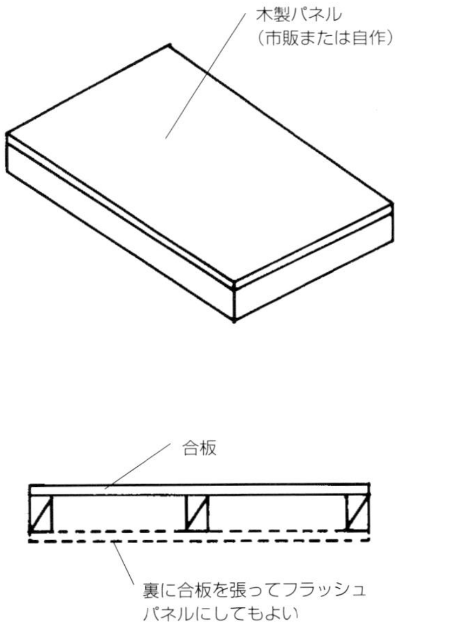
木製パネル
（市販または自作）
合板
裏に合板を張ってフラッシュ
パネルにしてもよい

木製パネル

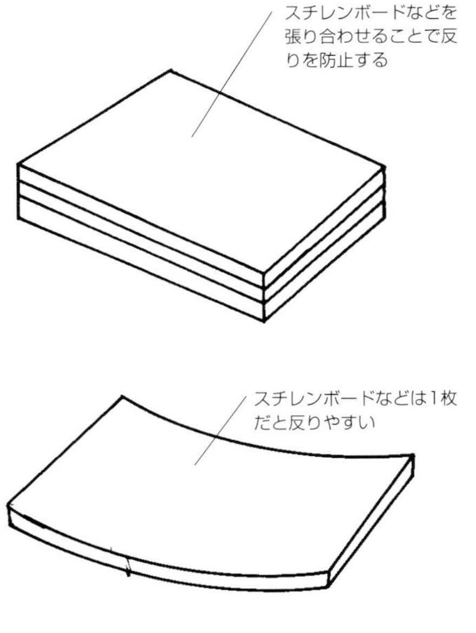
スチレンボードなどを
張り合わせることで反
りを防止する
スチレンボードなどは1枚
だと反りやすい

簡易な模型台

2→木製パネルに紙をスプレーのりで張り付けてつくる

木製パネルの上に直接に張る紙は、一般にグレーの色紙がよい。紙を張るには､スプレーのりが便利である。アラビアのりのように水分を含んだものは、紙が水分を吸って歪むので適していない。

一般には、木製パネルの表面と小口の面に別々に色紙を切り取って張るが、表面に張る色紙を小口の分だけ大きく取り、それを小口に折り込んで張ってもかまわない。ここでは木製パネルの表面と小口の面に別々に張る方法を説明する。

①木製パネルの表面にスプレーのりをむらなく均一に吹き付ける。

②色紙の上に、スプレーのりで吹き付けた木製パネルを裏返しにしておく。このとき、木製パネルと紙のあいだに空気が入らないように、木製パネルを裏側からしっかりと押さえつける。

③木製パネルからはみ出した色紙は、パネルの小口の面を定規にしてカッターで裏側から切り取る。

④木製パネルの小口も、同様に色紙を張る。このとき、スプレーのりは色紙のほうに吹き付ける。また、小口に張った紙と木製パネルの表面に張った紙とのあいだに、コーナー部分で隙間が出ないようにきれいに張ることが大切である。

⑤木製パネルと紙のあいだに空気が入っていないかチェックする。

⑥木製パネルと紙のあいだに空気が入っていたり、コーナー部分で表面と小口に張った紙のあいだに隙間ができている場合は、スプレーのりの溶解液ではがして、再度スプレーのりを吹き付けて張り直す。

3→木製パネルにスチレンボードやコルクを張ってつくる

木製パネルの台の上に、スチレンボードやコルクなどを張ると、そこに直接樹木などを差し込むことができる。これらのものを張らない場合は、樹木を立たせるための台が必要となる。木製パネルとスチレンボードのような広い面を張り合わせるには、下図「広い面の接着方法」のような両面テープと接着剤の組み合わせが便利である。

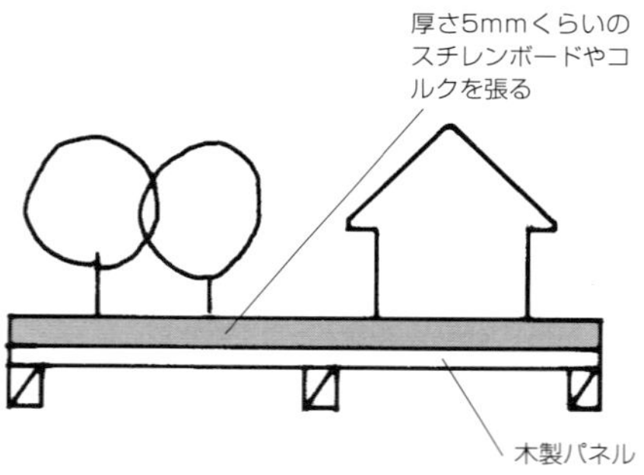
厚さ5mmくらいの
スチレンボードや
コルクを張る
木製パネル

ボードを張った場合の樹木のおき方

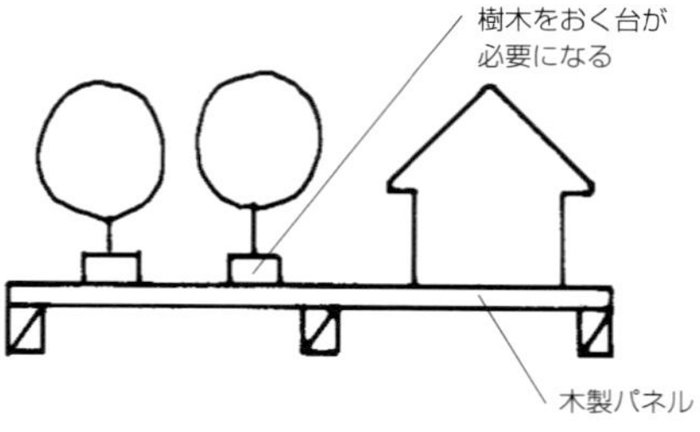
樹木をおく台が
必要になる
木製パネル

ボードを張らない場合の樹木のおき方

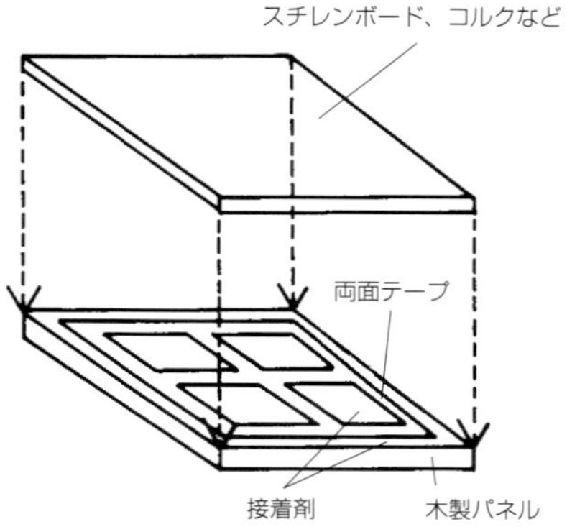
スチレンボード、コルクなど
両面テープ
接着剤
木製パネル

両面テープと接着剤の両方を使う。接着剤は、スチレンボードにはスチのりかスプレーのりが、コルクには木工用ボンドがよい

広い面の接着方法

4→模型台の小口処理をする

模型台の小口の処理には、次のようなものがある。

①紙テープ、水張りテープ、布テープなどのテープを張る。

②薄めのボードを張る。

③ヤスリやパテで整え、塗装する。

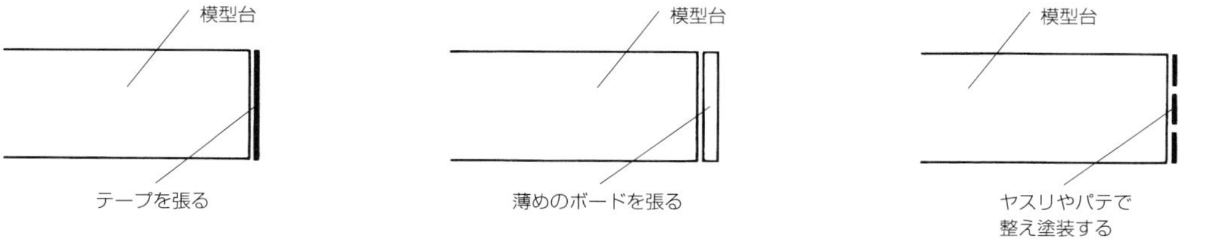

模型台の小口処理

5→模型にタイトルを付ける

建物名、縮尺、方位などをインレタで模型台に直接転写したり、または別のスチレンボードの小片に転写したものを模型台に張るなどの方法で、タイトルを張り付ける。この作業もプレゼンテーション上大切なところなので、手を抜いてはいけない。

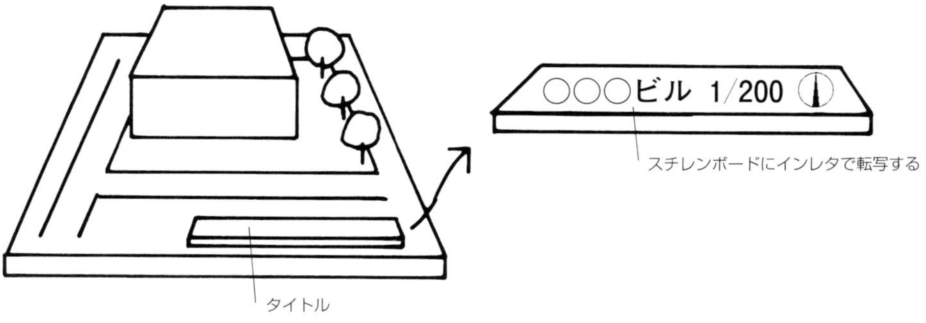

タイトルの付け方

12　模型ケースのつくり方

本格的なプレゼンテーション模型のケースの材料にはアクリル、ガラスなどがあるが、アクリルのほうが切断や組み立ての作業がしやすいのでよく使われる。アクリル板は50×50cm以内の大きさのものでつくるなら厚さ3mmくらい、1×1m以内なら5mmくらいのものを選ぶ。アクリルの接着には、液体のアクリル用接着剤を使うときれいに仕上がる。また簡単にケースをつくるには、スチレンボード、厚紙、段ボールなどの材料を用いたり、市販の段ボール箱で代用する。

ケースは、ケース用の底部をつくらない場合とつくる場合がある。ケース用の底部をつくらない方法は、底部1面を除いた残りの5面をアクリルなどでつくり、それを模型にかぶせて、模型台に取り付けるというものである。止め方は模型台の小口部分にビスなどで止める方法があり、これが最も一般的なものである。そのほか、模型台に縁をまわしてそこにビスで取り付けるか落とし込むなどの方法がある。
ケース用の底部をつくる場合は、底部の上に模型をのせて固定してから、アクリルのケースとその底部の小口をビスなどで接合するという方法がある。

01 −1 模型台の小口にビスで止める

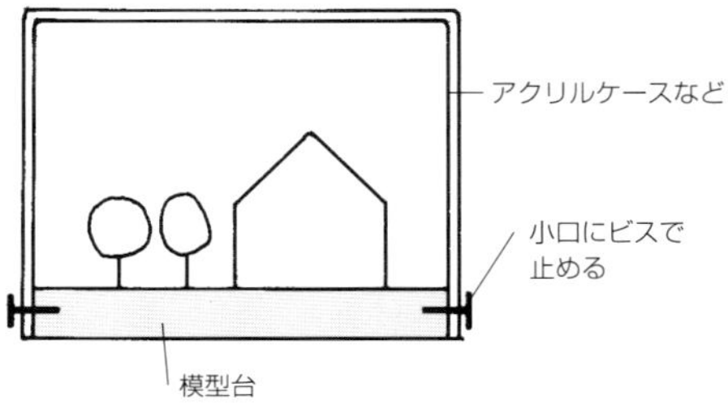
アクリルケースなど
小口にビスで
止める
模型台

最も一般的だがスチレンボードの模型台のようにビスがきかない模型台などでは使わない

01 −2 縁を付け、ビスで止める

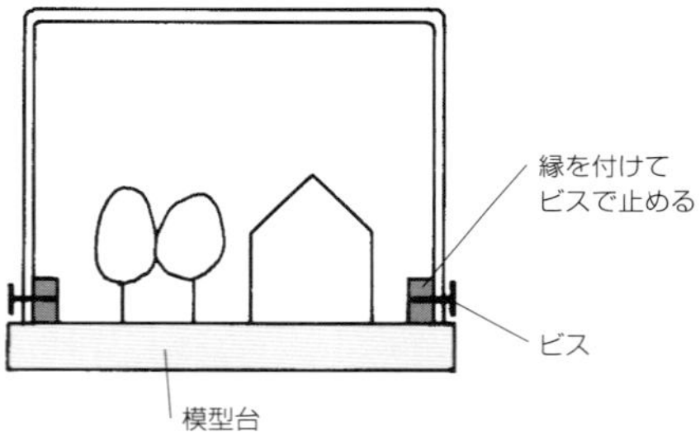
縁を付けて
ビスで止める
ビス
模型台

01 −3 縁に溝を付け、その溝に落とし込む

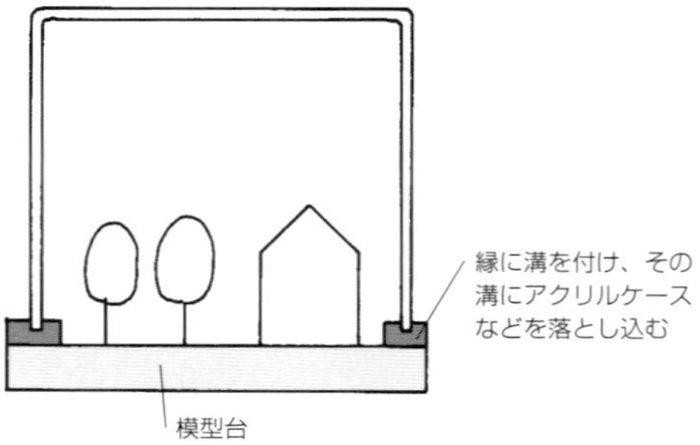
縁に溝を付け、その
溝にアクリルケース
などを落とし込む
模型台

模型ケース用の底部をつくらない方法

02 −1 底部にビスで止める

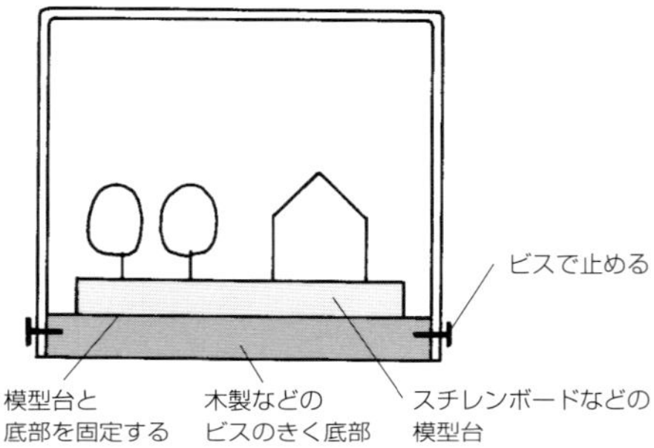
ビスで止める
模型台と
底部を固定する
木製などの
ビスのきく底部
スチレンボードなどの
模型台

02 −2 化粧縁を付ける

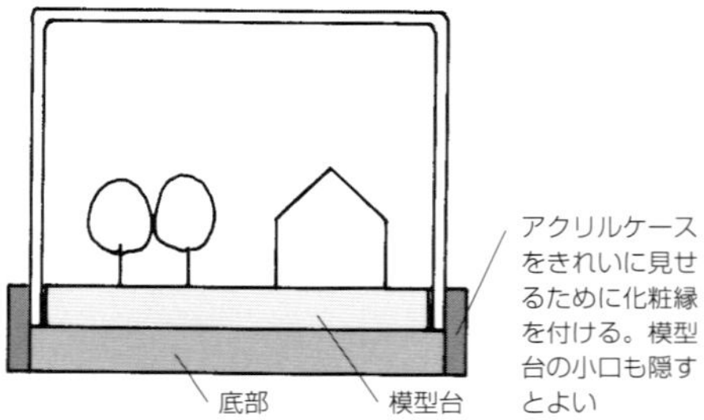
アクリルケース
をきれいに見せ
るために化粧縁
を付ける。模型
台の小口も隠す
とよい
底部
模型台

02 −3 化粧縁に溝を付け、その溝に落とし込む

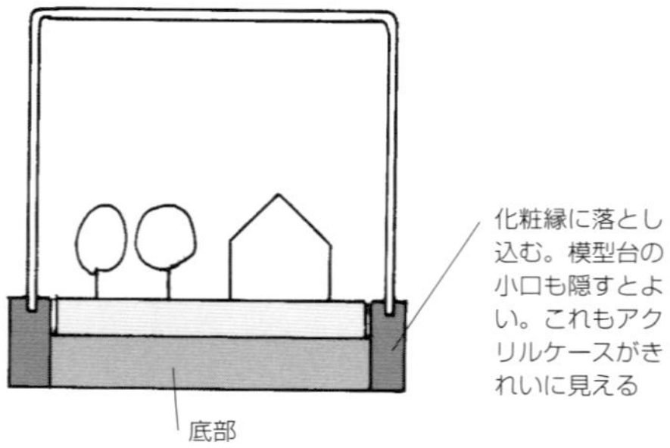
化粧縁に落とし
込む。模型台の
小口も隠すとよ
い。これもアク
リルケースがき
れいに見える
底部

模型ケース用の底部をつくる方法

第3章

いろいろな建築模型をつくる

この章では、模型製作のプロセスをできるだけ具体的に、イラストを用いて説明する。自分で建築の模型をつくるときは、この章で紹介している製作プロセスやテクニックを参考にしてほしい。またここで取りあげる模型はスケール、製作目的、表現方法などが異なるタイプを選んだ。このなかで気に入った建物の模型を一度つくってみると、模型製作の実力がアップすることは間違いない。

1　プレゼンテーション模型

1　プレゼンテーション用の木造住宅の模型をつくる

ここで紹介する住宅のプレゼンテーション模型は、学生が住宅の設計課題として提出するために、あるいは設計者が建て主に対してプレゼンテーションするためにつくられるものである。この模型によって、設計者の意図を明確に伝えることができる。
模型製作の基本は、床、壁、屋根などの各部分を全部正確にきれいにつくってから、組み立て作業に入ることである。各部分が未完成のまま組み立て作業に入ってしまうと、手戻りが多くなり時間のロスになる。ここでは次の方法で模型を製作している。
①基本的な模型材料をスチレンボードとして、これで床、壁、屋根をつくる。
②2階の床と屋根を取りはずすことができるようにして、1階と2階の室内の状態がわかるようにする(ただし、2階の床を取りはずせるようにするには、多少技術と時間がかかるので、場合によっては行わなくてもよい)。
③模型のスケールは1/50とする(住宅のプレゼンテーション模型は一般に1/50が適当であるが、場合によっては1/100でもかまわない)。

プレゼンテーション用の木造2階建て住宅の模型(1/50)。南東側より見る

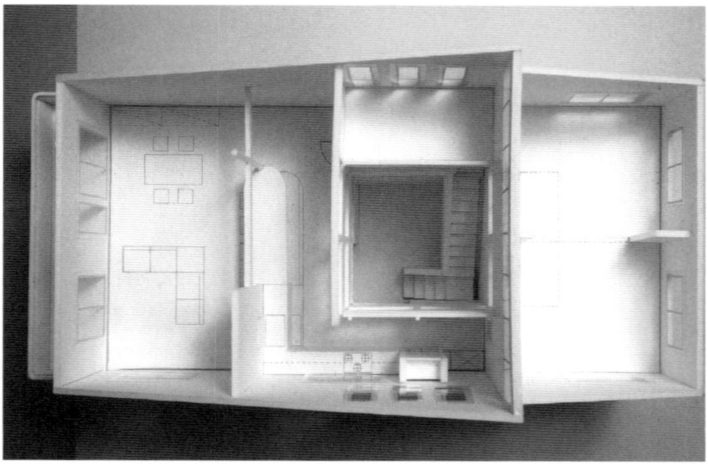

屋根を取りはずし、2階の室内を見る

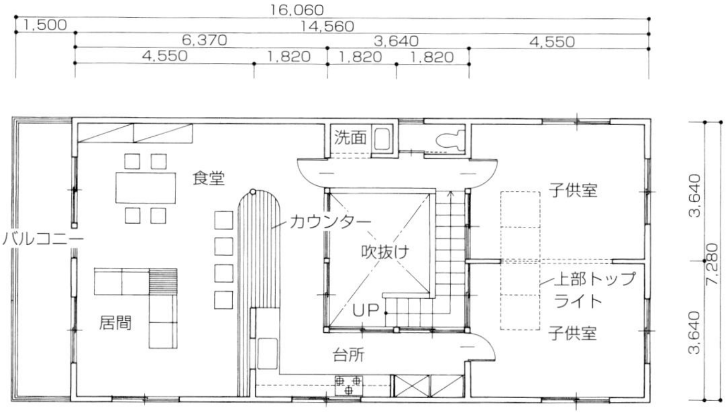

2階平面図　1/200

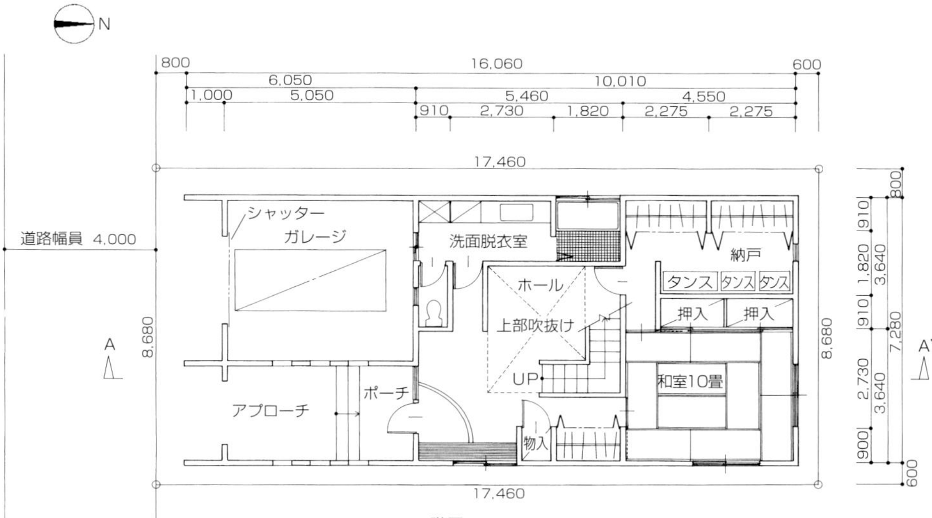

1階平面図　1/200

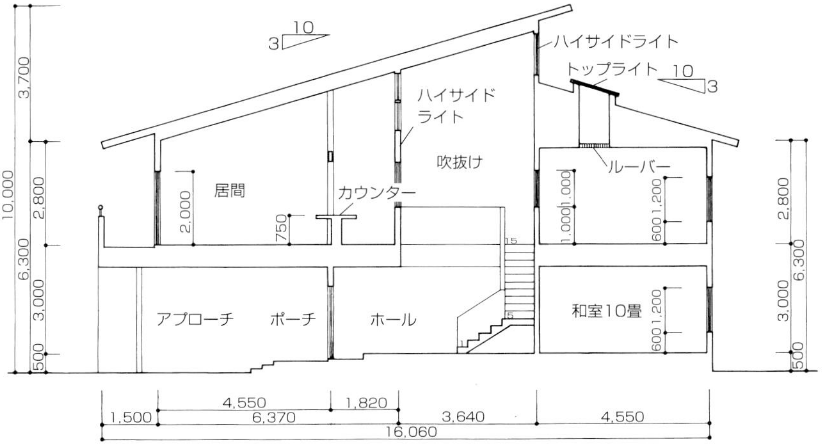

A-A' 断面図　1/200

木造2階建て住宅図面

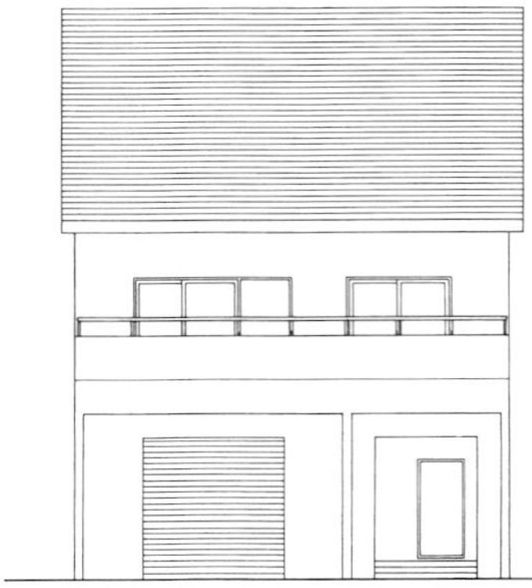

南立面図　1/200

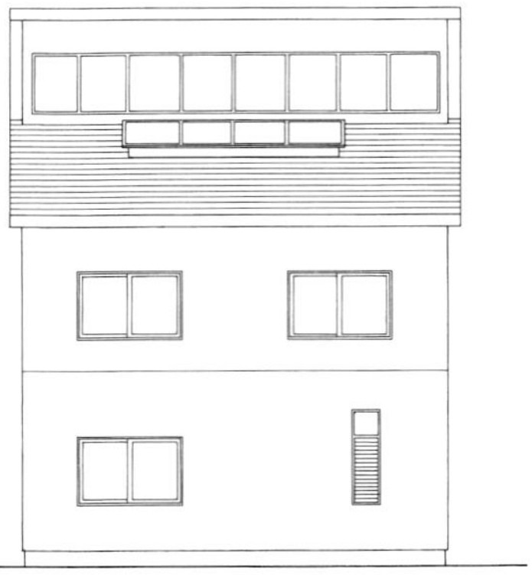

北立面図　1/200

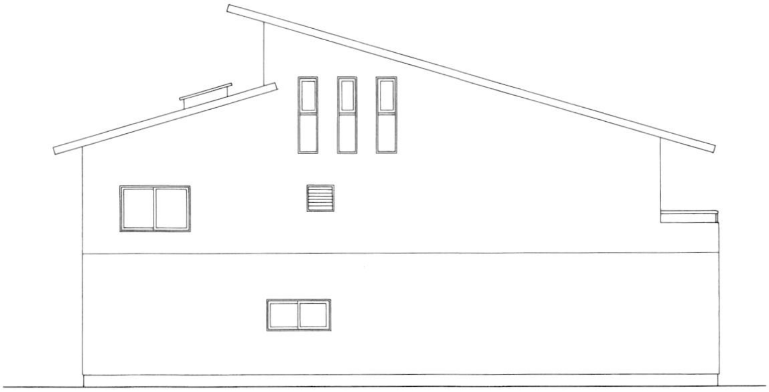

西立面図　1/200

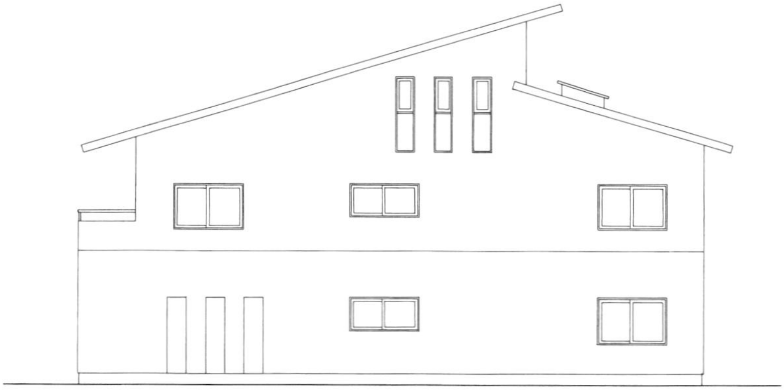

東立面図　1/200

木造2階建て住宅図面

1→材料、道具をそろえる

材料は壁用として厚さ3mmのスチレンボード、床・屋根用として厚さ5mmのスチレンボード、塩ビ板、色紙、ラインテープ、木製パネルなどである。道具はスチのり、両面テープ、ドラフティングテープ、虫ピン、カッター、ステンレス定規、スコヤ、カッティングマット、ピンセットなどである。

2→床をつくる

①床をつくるには、平面図をコピーして、スチレンボード(5mm)にスプレーのりで張り付ける。このときに、平面図のコーナーがはがれないようにしっかりと張る。

平面図をコピーするときには製作しようとする模型のスケール(ここでは1/50)に拡大し、2部コピーしておくとよい。1部はスチレンボードに張るために、もう1部は模型を製作するときの資料として使うためである。

一般に、床のボードは壁のボードよりも厚いものを使ったほうが、丈夫な模型になる。グレードの高い模型をつくるのなら、平面図をコピーしたものに色鉛筆、マーカーなどで着彩したり、スクリーントーン、カラートーンなどで仕上げの表現をしてから、床のボードに張り付けてもよい。

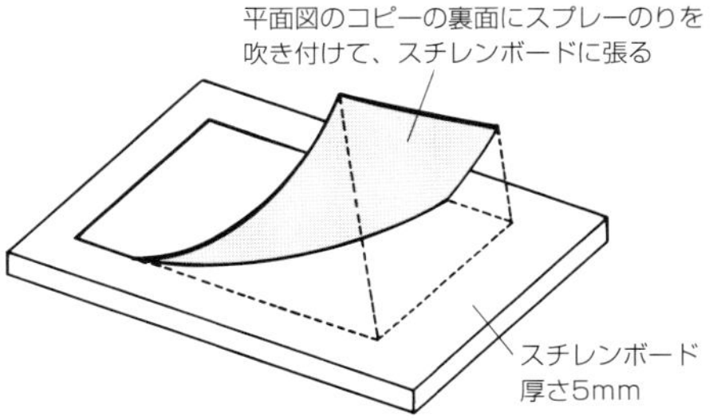

平面図のコピーをスチレンボードに張る

②スプレーのりが乾いたら、外壁(スチレンボード、厚さ3mm)の内側の線に沿って1階床を切り抜く。一般に、木造の外壁の厚みは150mm程度であるから、1/50スケールの模型では、外壁のボードの厚さは3mm(150mm÷50=3mm)になる。床面の外側に外壁が立つので、外壁の内側の線のところを切り抜くことになる。

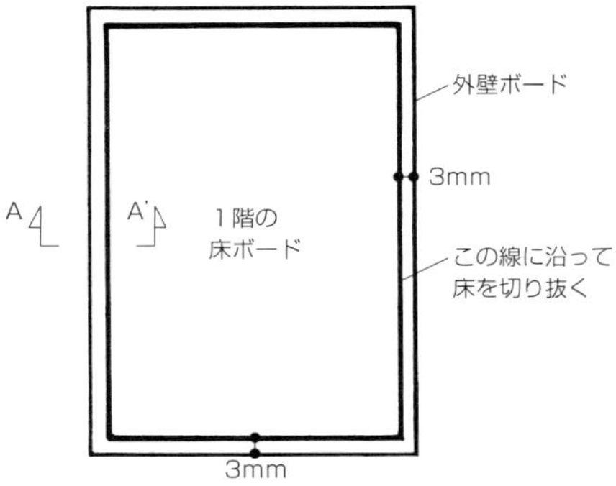

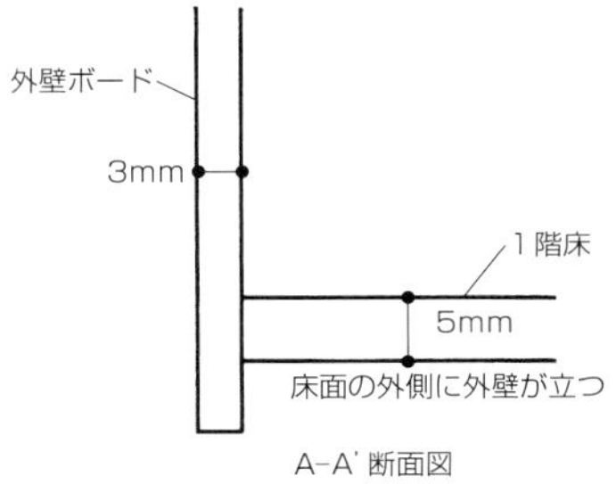

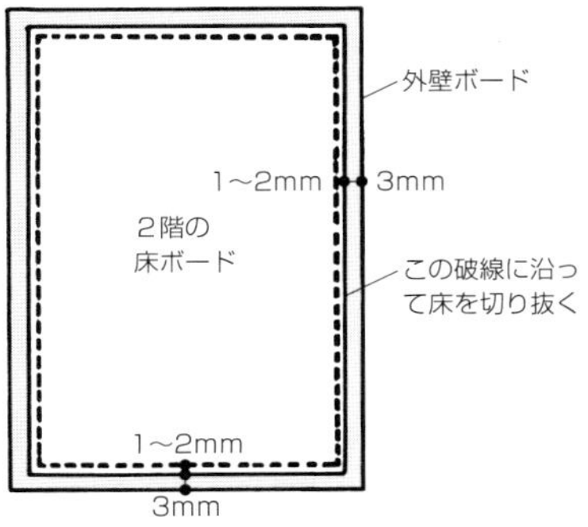

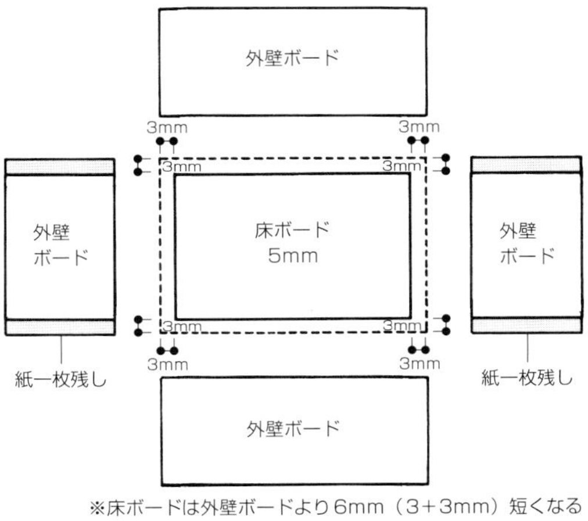

※床ボードは外壁ボードより6mm(3+3mm)短くなる

床ボードを外壁ボードの内側の線に沿って切り抜く

③2階床の寸法は、この模型のように2階の床を容易に取りはずせるようにする場合は、外壁の内側の線よりさらに1〜2mm内側で切り抜くようにする。これは下図のように、外壁内側の窓部分に塩ビ板を張ると1〜2mm出っ張るので、2階床を取りはずしするときにこの出っ張りにあたらないようにするためである。
この切る位置が最初の段階でわかりにくい場合は、はじめに外壁の内側の線で切り取り、外壁を仮止めして組み立てるときに2階床の寸法を微調整して切ってもかまわない。

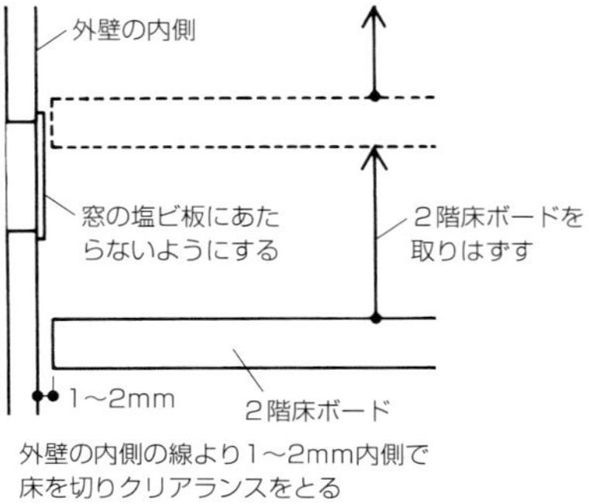

2階床を切り抜く

④2階の床では、吹抜け・階段部分を切り抜くが、下図「アミかけ部分の内壁を境に2階床を別々につくる」のように吹抜け部分に1、2階を通る内壁があるので、そこを境にして床を二つに分けて切り取るとよい。

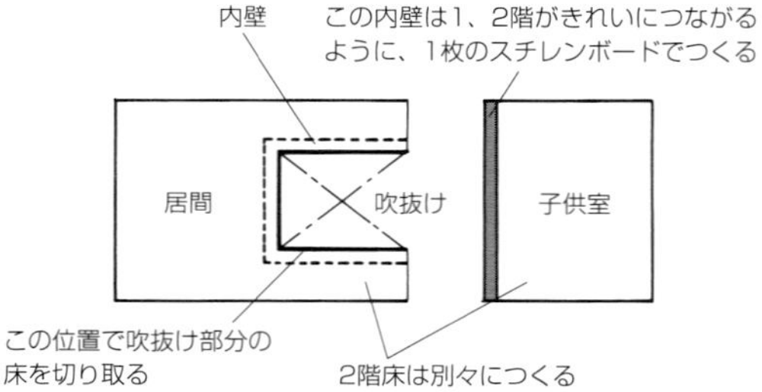

アミかけ部分の内壁を境に2階床を別々につくる

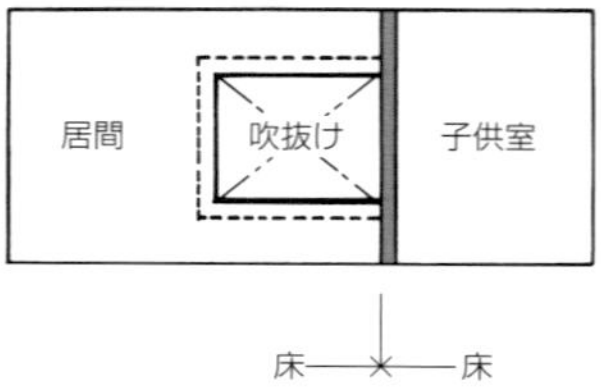

2階床をつなげる

これも最初の段階でわかりにくい場合は、2階の吹抜け部分は切らないで、後に外壁や内壁を仮止めして組み立てた段階で、切り抜いてもかまわない。ただし、組み立てて固定した後では、床を切り抜く作業は難しくなるので、あくまで仮止めの段階で行うようにする。
⑤床高は500mmなので、1階の床の裏にスチレンボード(厚さ5mm)を張り付けて、床高を調節する。裏に張るスチレンボードは、裏全面に張る必要はない。

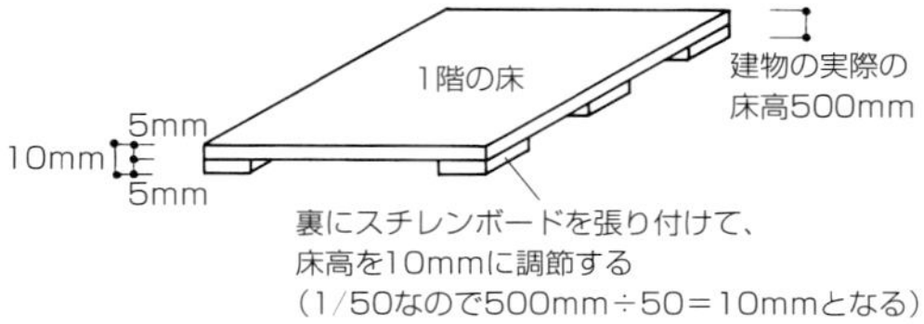

床高を調節する

⑥玄関の土間をつくるには1階床を切り抜き、2mm程度の厚さのスチレンボードを床高の調節のために1階の床の裏にあてたスチレンボードの裏に張り付ける。土間の表現として、スチレンボードに、タイルや石の目地を描いてもよい。またスチレンボードの代わりに、イラストボードを使ってもよい。

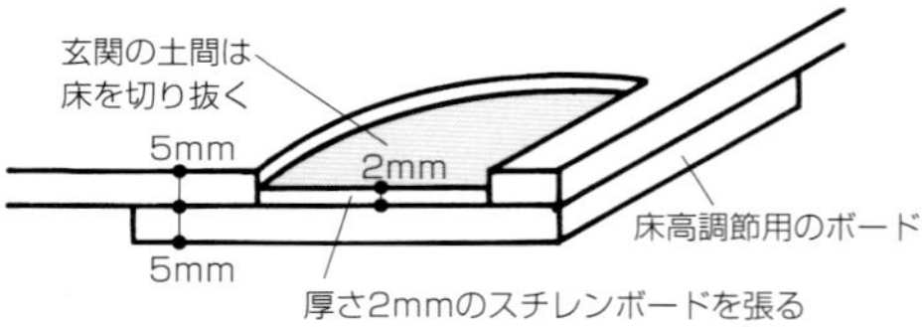

玄関の土間をつくる

⑦2階の床は取りはずしができるようにするために、1階天井から2階床の高さまでボードを重ねて張り合わせるか、または77頁の左上図「2階の床を取りはずす場合」のように箱状にして組み立てる。ただし、2階の床を取りはずさずに固定する場合は、1階天井裏は見えないので、2階床のボード(スチレンボード厚さ5mm)1枚を張るだけでよい。
2階床のボードは、切り抜いた1階や小屋裏階の床のボードと重ね合わせて、ぴったりと合うかどうかチェックする。この作業は模型製作のうえで大切な精度を確認するためのものである。外壁、屋根、そのほ

か同寸法の建築物の部分についても、同様の作業を行うとよい。

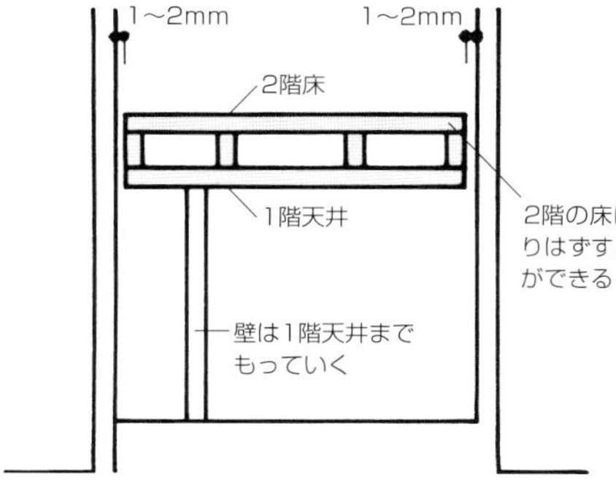

2階の床を取りはずす場合

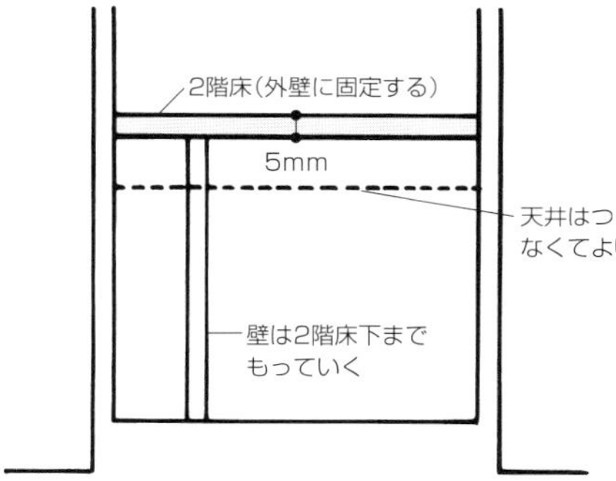

2階の床を固定して1階の室内を見せない場合

南側の外壁とバルコニーの手すり壁を取りはずし道路側から２階居間を見る

3→外壁をつくる

①立面図をコピーして、スチレンボード(厚さ3mm)にスプレーのりで張り付ける。または少し手間がかかるが、直接スチレンボードに模型用図面を描いてもよい。一般に、下図のように建物の平面図が矩形ではなく入り組んでいる場合、外壁のボードをつくるには4面の立面図だけでは模型用図面としては不完全であり、入り組んだ各面の模型用の立面図が必要になる。

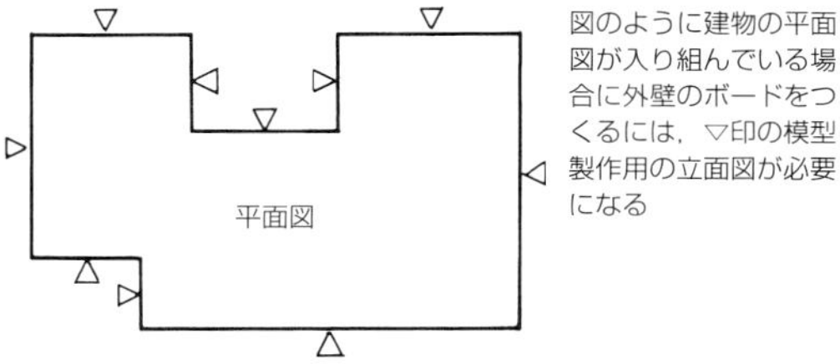

建物の平面図が入り組んでいる場合

②外壁のボードに張った立面図の輪郭線に沿って切り抜く。外壁のボードは、床のボードの長さに6mm(3＋3mm)を加えた長さになる(75頁右図「床ボードを外壁ボードの内側の線に沿って切り抜く」参照)。
外壁が長い場合、必要な部材の寸法が足りずに継ぎ足す場合があるが、継ぎ目の線が目立つので極力一枚もののボードでつくるほうがきれいに仕上がる。とくに、外壁や屋根に継ぎ足しがあるとその箇所が目立つので避けること。ただし、外壁や屋根のボードの上に仕上げの紙などを張る場合は、継ぎ足してもかまわない。
③1階浴室のように窓に隣接した内壁がある場合、正確な窓の位置で切り取らないと内壁が外側から見えてしまうことがある。

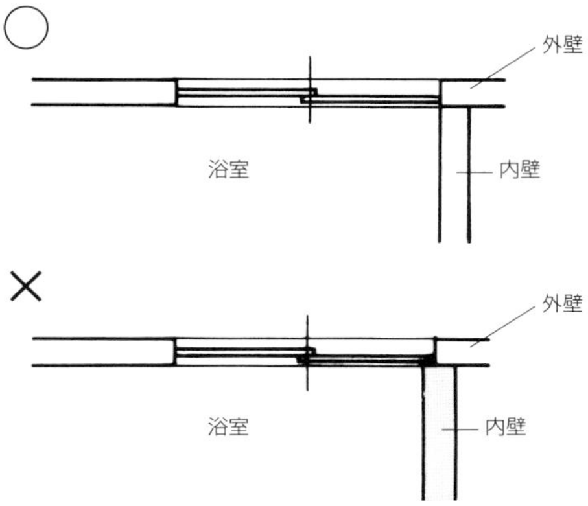

外側から内壁が見えてしまう

窓に隣接した内壁がある場合

4→外壁部材から窓を切り取る

カッターナイフの刃は、見せようとする面(一般には外壁の外側)から切る。窓はコーナーの直角をしっかりと取って窓の1辺の中心に向かって切っていき、次にボードをまわして、今度は反対のコーナーから窓の1辺の中心に向かって切っていく。このとき、刃が垂直になっていないと窓の1辺の中心あたりで、切断面に食い違いができるので注意すること。窓の穴を切り取るときは、ボードは固定して作業をする人がボードのまわりを動くのではなく、作業する人は動かずにボードのほうをまわしながら切っていく。

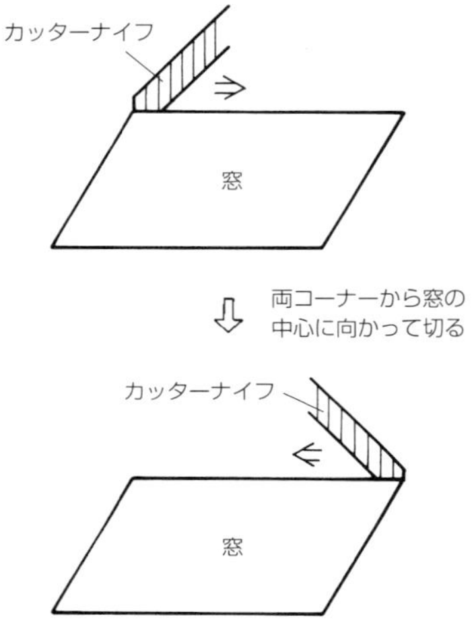

カッターナイフ
窓
両コーナーから窓の
中心に向かって切る
カッターナイフ
窓

窓を切り取る方法

5→窓をつくる

窓の製作は模型製作のなかでも最も時間がかかり、同じことの繰り返しが多く、根気のいる作業である。しかし、この作業をしっかり行わないと、模型全体のグレードが落ちることになる。

また組み立てて接着してから窓の大きさや位置が違ったことに気づいたのでは、やり直しになるので、虫ピンやドラフティングテープなどで仮組みをして、接着する前によくチェックすること。

①窓は塩ビ板を使ってつくる。塩ビ板は窓の大きさより1〜2mm程度大きめに切る。切った塩ビ板を、立面図の窓部分または外壁のボードから切り落とした窓部分のボードの上におき、両面テープで軽く固定して、窓の框部分にラインテープを張る。ラインテープは慣れてくると手でも張ることができるが、52頁右図「ラインテープの張り方」のようにピンセットとニッパーを用いるときれいに張ることができる。

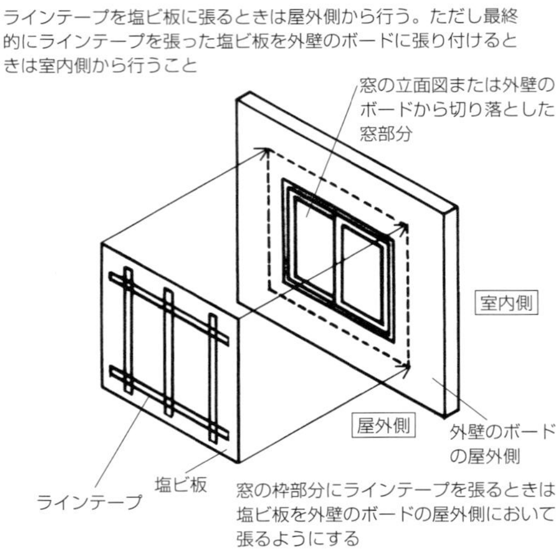

ラインテープを塩ビ板に張るときは屋外側から行う。ただし最終的にラインテープを張った塩ビ板を外壁のボードに張り付けるときは室内側から行うこと
窓の立面図または外壁のボードから切り落とした窓部分
室内側
屋外側
外壁のボードの屋外側
塩ビ板
ラインテープ
窓の枠部分にラインテープを張るときは塩ビ板を外壁のボードの屋外側において張るようにする

ラインテープを塩ビ板に張る

②この住宅の窓の幅は1,800mmのものが多いが、このように同じ寸法のものが多くある場合はあらかじめ1,800mmの1/50のスケールで36mm＋2〜4mm(のり代部分)の寸法のものを細長く切っておいてから、いろいろな窓の高さに合わせて順次切っていくと便利である。

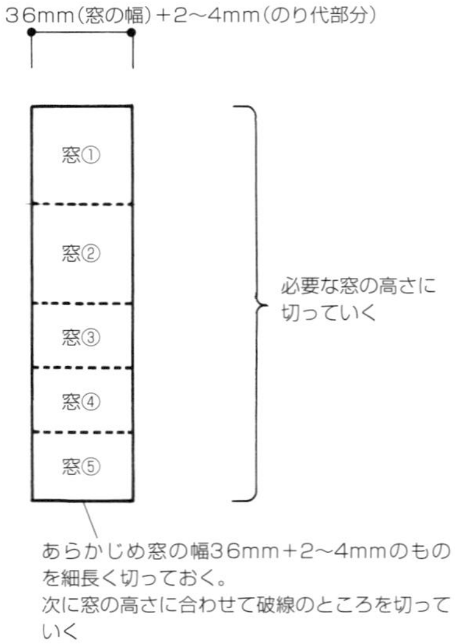

36mm(窓の幅)＋2〜4mm(のり代部分)
窓①
窓②
窓③
窓④
窓⑤
必要な窓の高さに切っていく
あらかじめ窓の幅36mm＋2〜4mmのものを細長く切っておく。
次に窓の高さに合わせて破線のところを切っていく

窓に使う塩ビ板の切り出し方

③ラインテープを張った塩ビ板を外壁のボードを切り抜いた窓に、室内側からスチのりで張り付ける。このときスチレンボードの切れ端を使って、細長い棒状にしたものをつくり、それにスチのりを付けてスチのりがはみ出さないように丁寧に付ける。

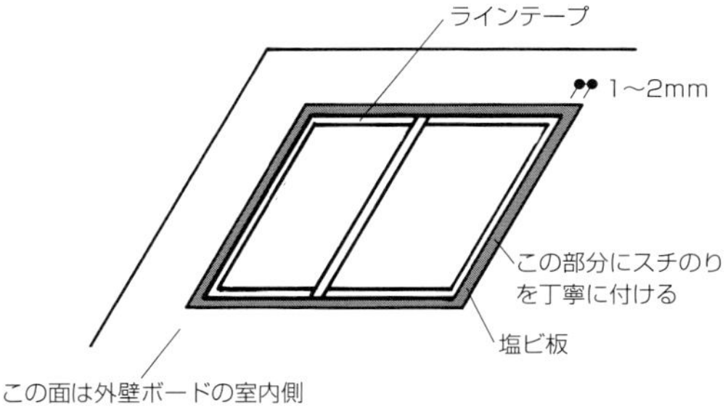

塩ビ板を外壁のボードに張り付ける

6→内壁をつくる

建築のプレゼンテーション模型では、内部を見せない外観のみの模型があるが、プランや内部空間の様子などを建て主などに明確に伝えるには、内部もつくったほうが効果的である。

内壁のドアは、ドア部分を単に切り抜いた状態にしておく方法とドアをゴールデンボードなどでつくる方法がある。部屋どうしの関係をわかりやすくするには、切り抜いて穴にしておいて建具がないほうがよく、また作業も簡単である。

内壁にはいろいろなつくり方があり、どのように壁を切っていくかが大切になる。内壁のつくり方の基本は、長い壁を通して、それに短い壁を付けるような方法で、ボードを切っていくとよい。また居間や吹抜けなどの室内のポイントとなる場所には、ボードの小口を見せないようにして、居間や吹抜けの内壁をきれいに見せるようにする。

①内壁は天井高が2,400mmの部屋が多いので、内壁のボードをその寸法で切り出す。このとき一つ一つスケールで測って別々に切り出すと、微妙に大きさの誤差が出るので、まず最初に1枚目をスケールで正確に測ってボードを切り出し、それを定規にして順次内壁ボードを切り出すようにする。

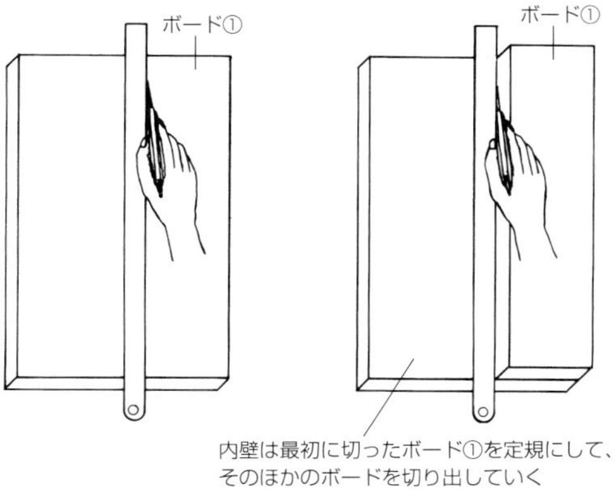

天井高寸法が一定の場合の内壁の切り出し方

また内壁のボードを必要な長さに切り出すときもスケールによらず、平面図に実際に内壁のボードをあててカッターや鉛筆で印をつけ、スコヤで切り出す。切り出した内壁は数が多く、組み立ての際にわかりにくくなるので、平面図の内壁部分に番号を書き、それと同じ位置の内壁のボードにも同じ番号を書いておくと、組み立てるときにどの内壁かを迷わないですむ。内壁どうしがぶつかる部分にも印をつけておくとわかりやすく、正確につくることができる。

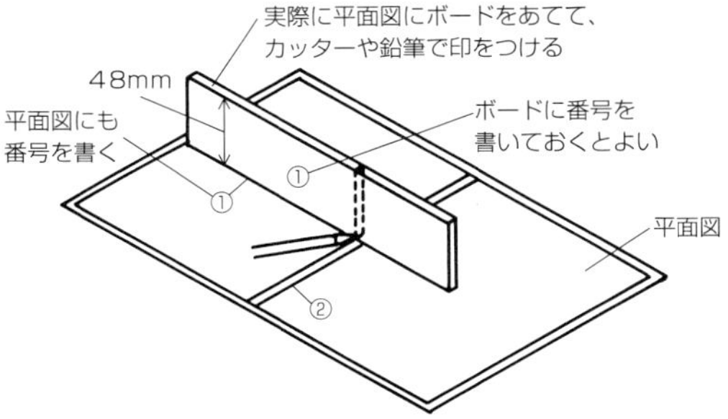

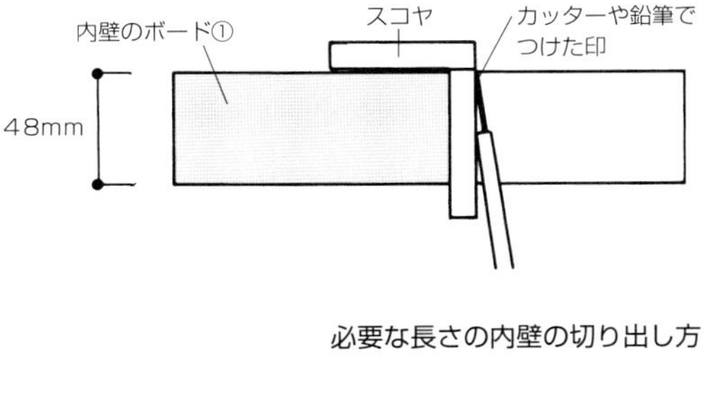

必要な長さの内壁の切り出し方

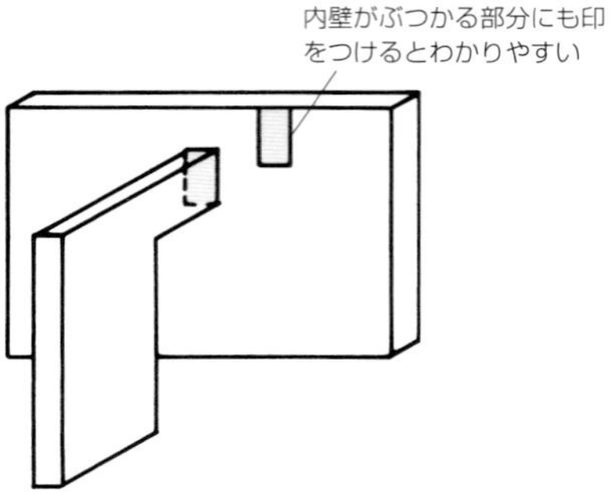
内壁がぶつかる部分にも印をつけるとわかりやすい

内壁どうしがぶつかる部分にも印をつけておく

②吹抜け部分は、内壁の納まりを考えてボードを切り出すようにする。吹抜け部分の内壁が1、2階でつながっているものは、1枚のボードでつくると吹抜けがきれいに見える。ただし仕上げに紙などを張る場合には、その必要はない。
この住宅では、吹抜けの内壁に窓があるので、この部分は外壁の窓と同様につくる。
③屋根を取りはずして2階の内部が見えるようにする場合は、天井勾配のある場所の内壁の高さは、その天井勾配に合わせた高さで切り出すようにする。当然、勾配天井では、内壁の高さは位置によって変わる。

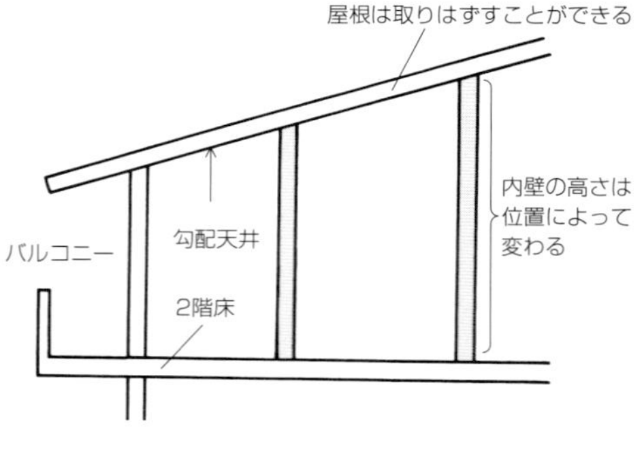
屋根は取りはずすことができる
内壁の高さは位置によって変わる
勾配天井
バルコニー
2階床

勾配天井のある場所の内壁の高さ

④内壁どうしのコーナー処理は、外壁のように紙一枚残しや留めにしないで、小口を見せてもかまわない。ただし、吹抜けなどのデザイン上重要な部分や外部から窓を通してよく見えるような部分などについては、ボードの小口を見せないで紙一枚残しや留めにする。

⑤内壁のドアはドア部分を切り抜き、そこにアイボリーのケントボードを差し込んでいる。押入、物入、玄関のドアも同様である。

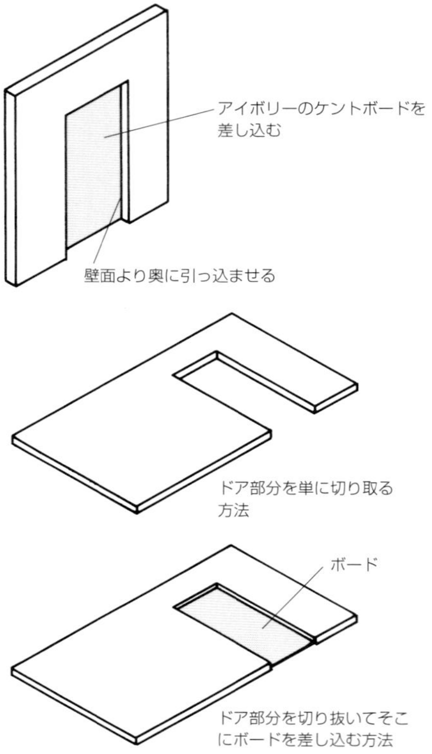
アイボリーのケントボードを差し込む
壁面より奥に引っ込ませる
ドア部分を単に切り取る方法
ボード
ドア部分を切り抜いてそこにボードを差し込む方法

内壁のドアのつくり方

屋根を取りはずし、2階居間、食堂を見る

7→階段をつくる

一般に、階段は模型をつくるときに手間がかかる部分である。この住宅の階段では、ささら桁をつくる方法を用いる。直階段のような単純な階段では、ボードを重ね合わせることで簡単につくれるが、この階段のように少し複雑な階段では、ささら桁をつくるほうが正確な階段がつくれる。

①最初にささら桁をつくる。ささら桁は踏面寸法と蹴上げ寸法から段板と蹴込み板の厚みを除いた寸法とする。ささら桁は階段を両側で支えるために2個つくる。

01

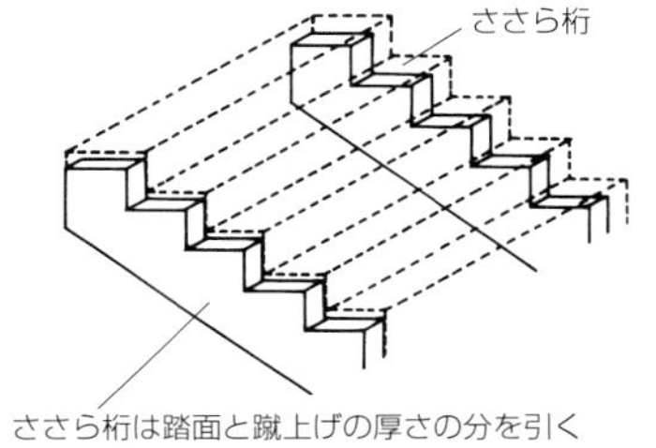

ささら桁
ささら桁は踏面と蹴上げの厚さの分を引く

02

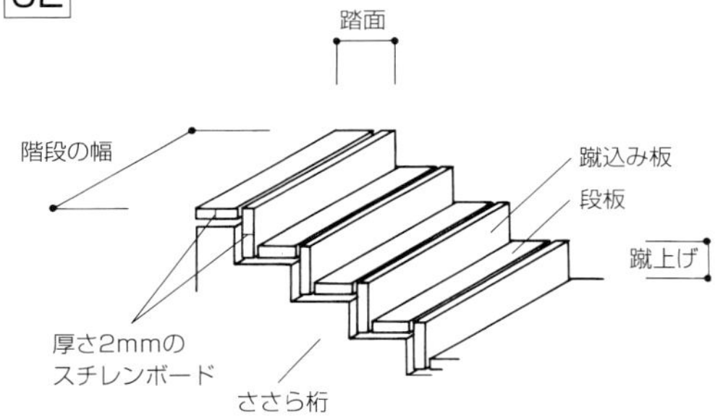

踏面
階段の幅
蹴込み板
段板
蹴上げ
厚さ2mmの
スチレンボード
ささら桁

ささら桁をつくる

②段板と蹴込み板は、あらかじめ厚さ2mmのスチレンボードを階段の幅に細長く切っておき、踏面と蹴上げの寸法に合わせて順次切り出していく。

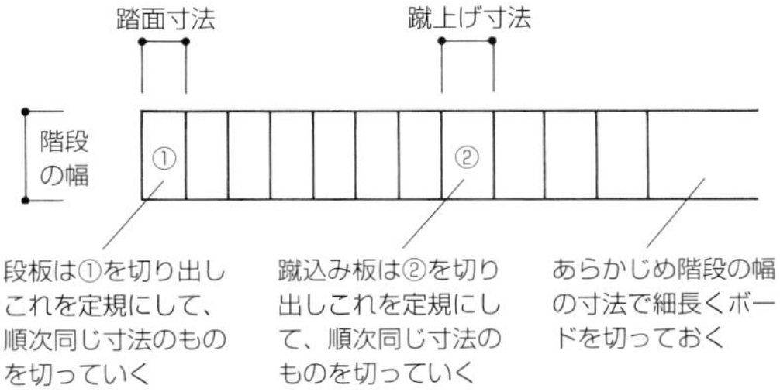

踏面寸法
蹴上げ寸法
階段
の幅
①
②
段板は①を切り出し
これを定規にして、
順次同じ寸法のもの
を切っていく
蹴込み板は②を切り
出しこれを定規にし
て、順次同じ寸法の
ものを切っていく
あらかじめ階段の幅
の寸法で細長くボー
ドを切っておく

段板と蹴込み板をつくる

③段板と蹴込み板をささら桁に接着する。

④1段目から踊り場(段板とささら桁を含む)までの部分と、踊り場の1段上から2階床の1段下の部分は別々につくって、後で組み合わせる。さらに手すり壁は段板と蹴込み板をささら桁に接着してから、最後に取り付ける。

01 1段目から踊り場までつくる

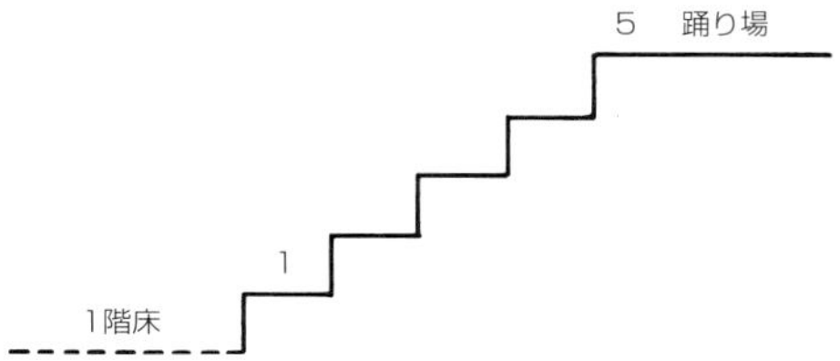

5　踊り場
1
1階床

02 6段目から2階床の一つ手前の段までつくる

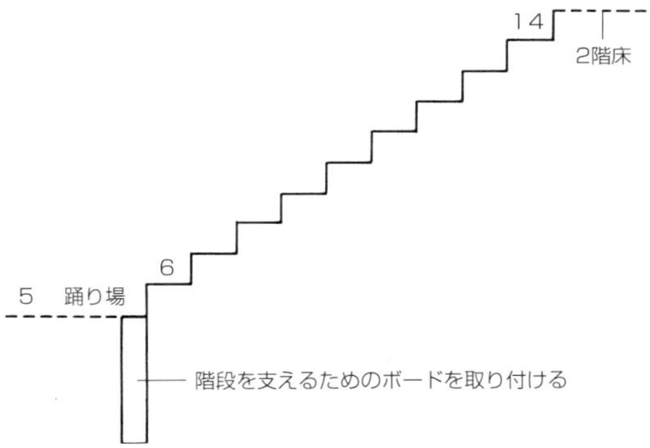

14
2階床
6
5　踊り場
階段を支えるためのボードを取り付ける

03 手すり壁は段板と蹴込み板を組み立ててから取り付ける

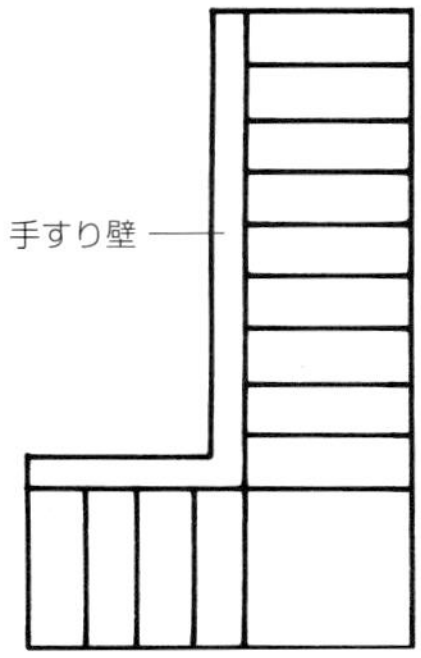

手すり壁

階段の組み立ての順序

8→床と壁のボードを組み立てる

床や壁のボードが正確にきれいに仕上がっていても、組み立て方がよくなければ全体としてよい模型にはならない。組み立てるポイントは、ドラフティングテープやピンで仮止めをして、直角、垂直、歪み、全体の寸法などを確認してから、スチのりで接着することである。壁のボードとボードが直角になっているかだけでなく、壁の各ボードが床面に対しても垂直かどうかをスコヤで確認しながら、丁寧に行うことが大切である。また長さ、高さ、勾配などの確認もしていくこと。スチのりで接着した後は、各ボードがしっかりと固定されるまで、ドラフティングテープや虫ピンを取らないようにする。

組み立ての順序は、一般に次のように行う。

①1階の内壁のボードを1階の床のボードに接着する。内壁のボードを床のボードに接着する順番は、接着の作業が簡単なボードから行ってよいのであるが、一般に長い内壁や吹抜け部分などの内壁から接着するとつくりやすい。接着するときにはスコヤで直角や垂直を確認しながら丁寧に行う(また場合によっては右図のように外壁のボード2面を先に1階床のボードに取り付け、それを基準として1階内壁のボードを組み立ててもよい)。

②外壁のボード2面と1階床のボードを組み立てて、接着する。このときに、外壁コーナーの直角の確認と外壁の垂直の確認をすることが大切である。外壁の2面については、隣り合った壁どうしを接着して、向かい合った壁(南と北、東と西)は避ける。

③2階の内壁のボードを2階の床のボードに接着する。2階の床のボードは、1階の床の位置とずれないように、スコヤで注意深く確認する。ただし、2階の床のボードは、取りはずしができるようにするために、外壁には接着しない。

④外壁の残りの2面を組み立てて、接着する。

一般に、2階床を固定する場合は、上の順序と違って1階床、1階内壁、2階床、2階内壁と、内壁のほうを先に組み立てて、最後に外壁4面を組み立てるという順序でもかまわないが、外壁2面はなるべく早い段階で組み立てておき、その外壁をしっかり押さえて、そこをよりどころにして内壁を組み立てたほうが、模型の歪みが少なくなる。

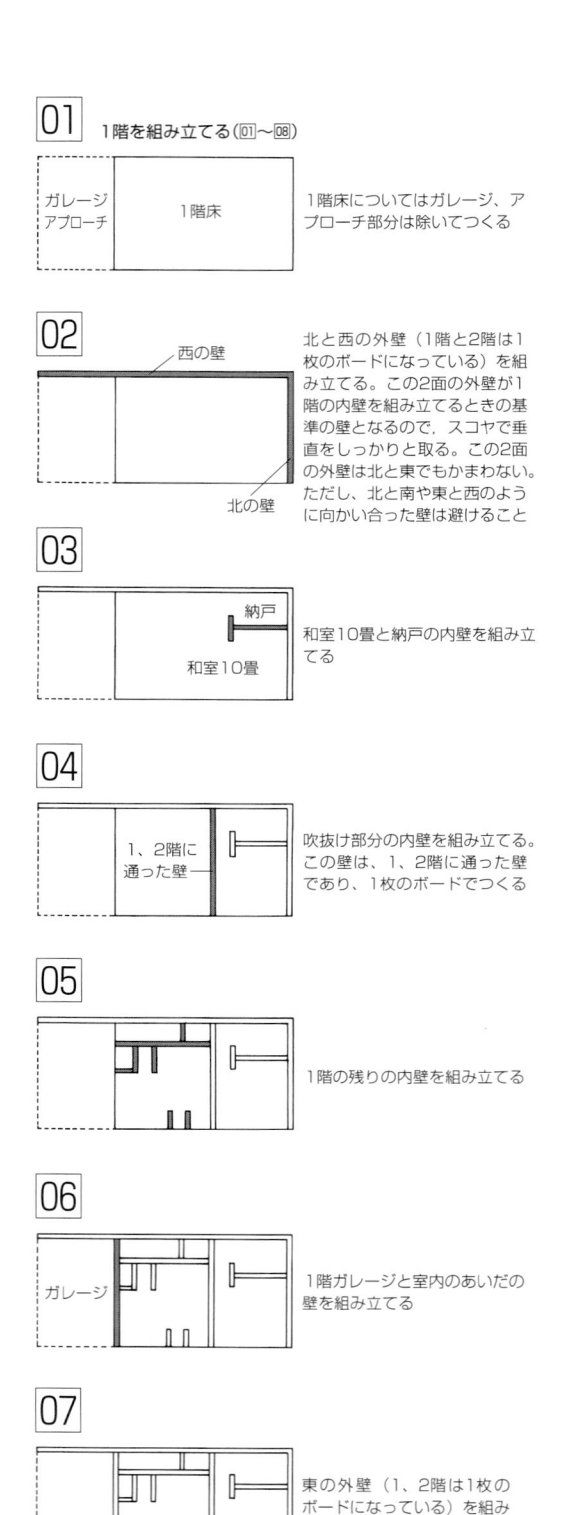

01　1階を組み立てる(01〜08)

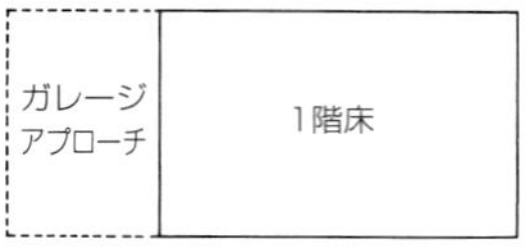

1階床についてはガレージ、アプローチ部分は除いてつくる

02

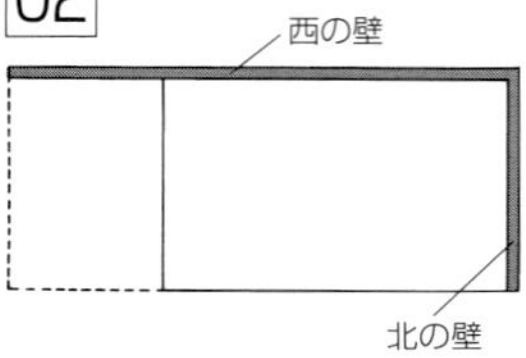

北と西の外壁(1階と2階は1枚のボードになっている)を組み立てる。この2面の外壁が1階の内壁を組み立てるときの基準の壁となるので、スコヤで垂直をしっかりと取る。この2面の外壁は北と東でもかまわない。ただし、北と南や東と西のように向かい合った壁は避けること

03

和室10畳と納戸の内壁を組み立てる

04

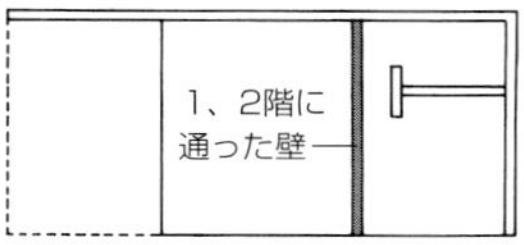

吹抜け部分の内壁を組み立てる。この壁は、1、2階に通った壁であり、1枚のボードでつくる

05

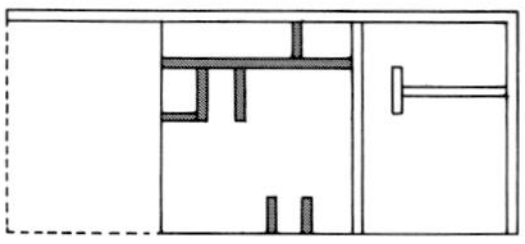

1階の残りの内壁を組み立てる

06

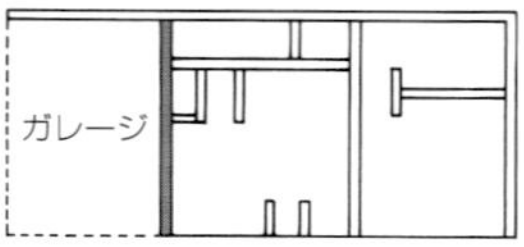

1階ガレージと室内のあいだの壁を組み立てる

07

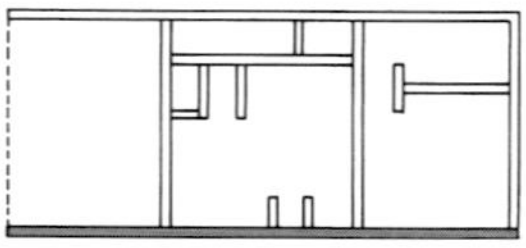

東の外壁(1、2階は1枚のボードになっている)を組み立てる

08

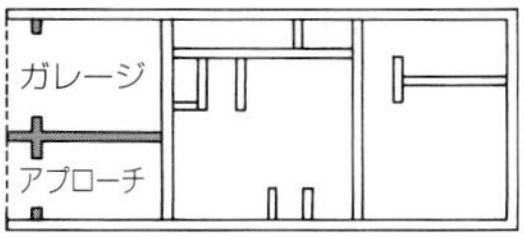
ガレージ
アプローチ

ガレージ、アプローチ部分の壁を組み立てる

09 2階を組み立てる(09〜12)

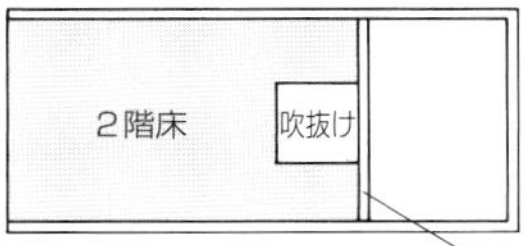
2階床
吹抜け

2階床を組み立てる。吹抜け部分は切り取る

この壁は04の段階ですでに組み立ててある

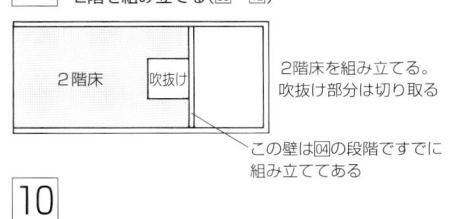

10

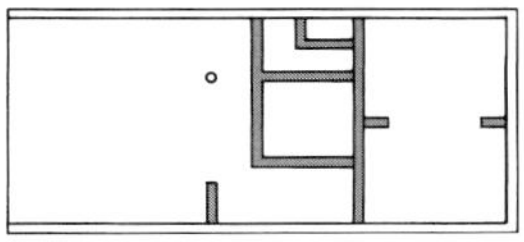

2階内壁を組み立てる

11

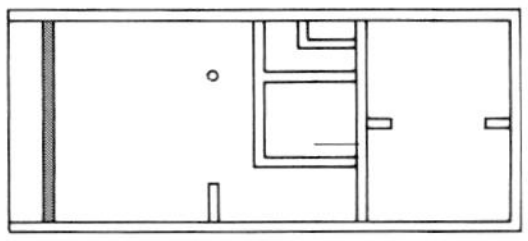

2階南の外壁を組み立てる

12

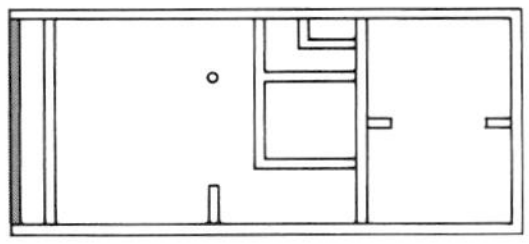

2階バルコニーの手すりを組み立てる

13 屋根を組み立てる

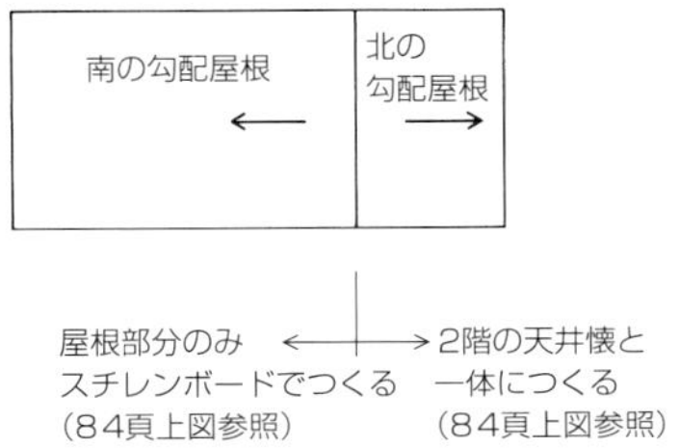
南の勾配屋根
北の
勾配屋根
屋根部分のみ
スチレンボードでつくる
(84頁上図参照)
2階の天井懐と
一体につくる
(84頁上図参照)

床と壁の組み立ての順序

9→屋根をつくる

外観模型は、一般に上から見ることが多いため、屋根が目立ちやすい。そのため、屋根を正確にきれいにつくらないと、ほかの部分がよくても模型全体の印象が悪くなることがある。外観だけを見せる模型の場合は、屋根を取りはずす必要はないが、この住宅のように、1階や2階のプランや室内の状態を見せたい場合などは、屋根を取りはずしできるようにつくる必要がある。勾配屋根の場合は、屋根伏図をスチレンボードにそのまま張って、カッターで切り取っても、勾配があるために実際の屋根の寸法にはならない。いろいろな形の勾配屋根の実長の求め方は、第2章3節-7(61頁)を参照すること。

①鼻隠しや破風部分はスチレンボードを切っただけで、小口にゴールデンボードを張るなどの処理はしておらず、小口をそのまま見せている。このような場合、小口の切断面が汚いと模型の印象が悪くなるので、丁寧に切るようにする。

②勾配屋根の取りはずしができることによって勾配屋根がずれやすくなるので、その対応として下図「勾配屋根のずれ防止のための二つの方法」のように屋根を二重にするか、補強材を外壁の室内側に取り付けることで対応する。

屋根を二重にしてずれを防止する方法

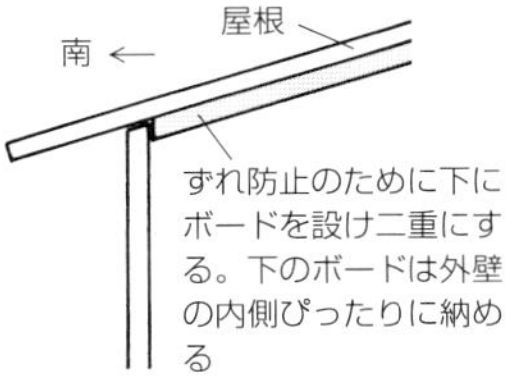
南 ←
屋根
ずれ防止のために下に
ボードを設け二重にす
る。下のボードは外壁
の内側ぴったりに納め
る

補強材で止めてずれを防止する方法-1

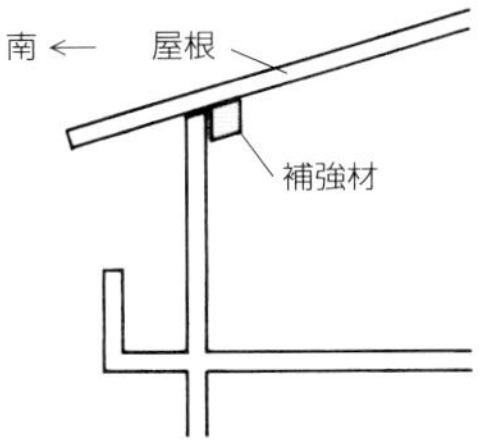
南 ←
屋根
補強材

補強材で止めてずれを防止する方法-2

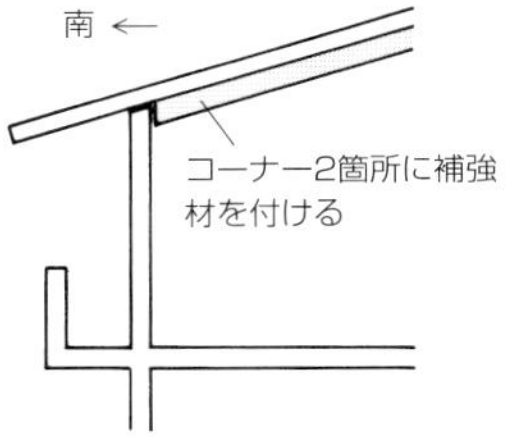
南 ←
コーナー2箇所に補強
材を付ける

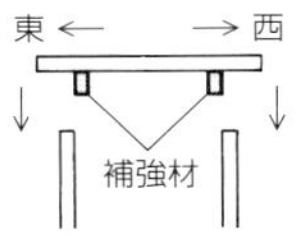
東 ←
→ 西
補強材

勾配屋根のずれ防止のための二つの方法

2階の南側(居間、食堂)の天井は勾配天井であり、北側(子供室)の天井は水平な天井である。2階の壁は両方とも天井まで達するようになっている。南側の2階天井懐部分は、下図「2階の天井懐の処理」のようにスチレンボードを二重にして勾配屋根と一体につくる。

また北側の2階天井懐部分は、同図のように厚さが大きくなり、取りはずしのできる勾配屋根と一体にしてつくる。

③北側の屋根にあるトップライトは屋根面に穴をあけ、同じように2階天井部分にも穴をあけて、そのなかにスチレンボード厚さ3mmで箱をつくりはめ込む。その箱の上部に塩ビ板を張り、4周にスチレンボード厚さ2mmで枠をつくる。

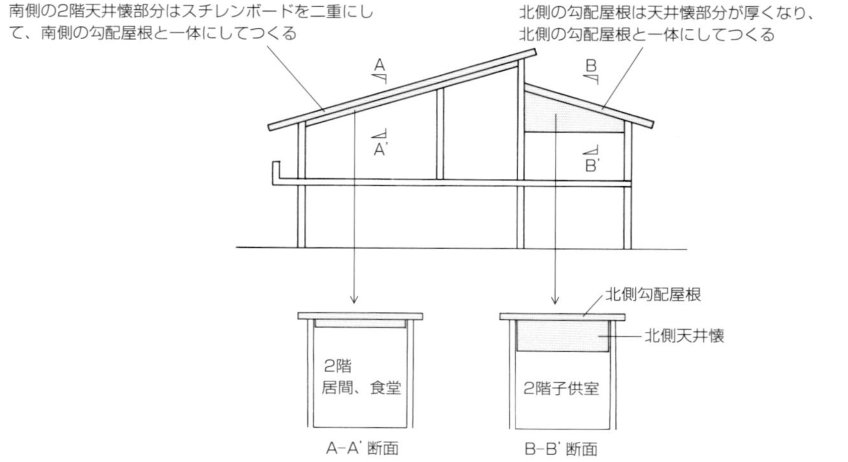
南側の2階天井懐部分はスチレンボードを二重にして、南側の勾配屋根と一体にしてつくる
北側の勾配屋根は天井懐部分が厚くなり、北側の勾配屋根と一体にしてつくる
A
A'
B
B'
北側勾配屋根
北側天井懐
2階
居間、食堂
2階子供室
A–A' 断面
B–B' 断面

2階の天井懐の処理

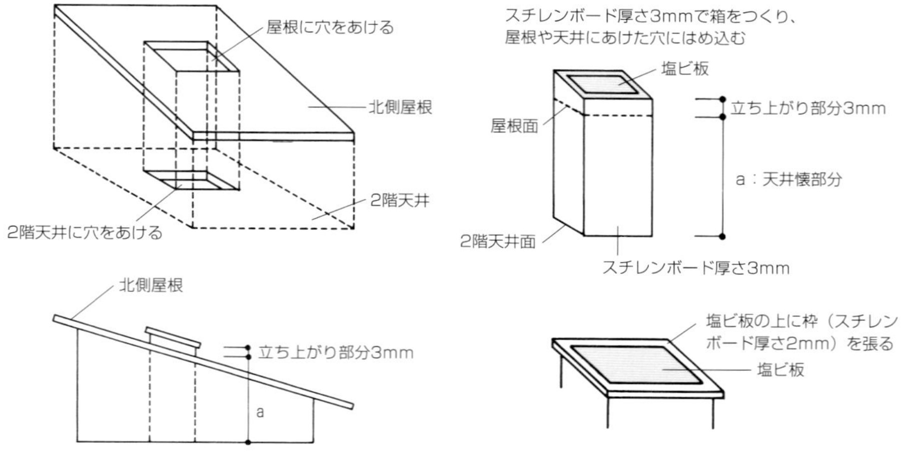
屋根に穴をあける
北側屋根
2階天井
2階天井に穴をあける
北側屋根
立ち上がり部分3mm
a
スチレンボード厚さ3mmで箱をつくり、屋根や天井にあけた穴にはめ込む
塩ビ板
立ち上がり部分3mm
屋根面
a：天井懐部分
2階天井面
スチレンボード厚さ3mm
塩ビ板の上に枠（スチレンボード厚さ2mm）を張る
塩ビ板

トップライトのつくり方

東側の外壁と南側の勾配屋根を取りはずし、室内を見る

10→細部をつくる

①バルコニーのコンクリートの手すり壁部分は外壁と同様につくり、その上の手すりと支柱は室内の吹抜けの2階の手すりと同様にプラ棒でつくる。手すりの支柱は、下図「バルコニーの手すりのつくり方」のように、プラ棒を長めに切ったものにスチのりを少し付けて、それをスチレンボードの小口にシャーペンなどで小さくあけた穴に差し込み固定する。

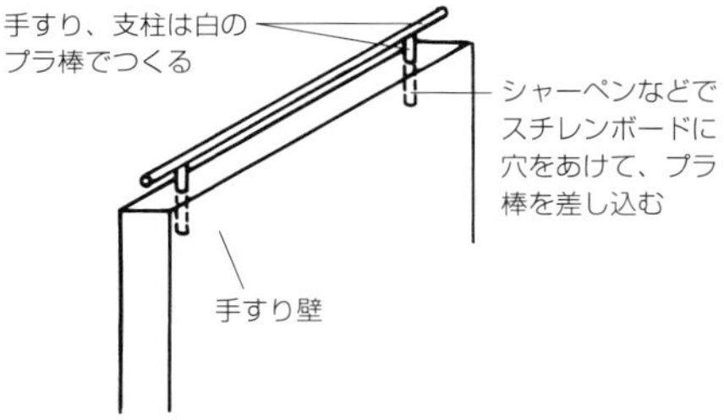
手すり、支柱は白の
プラ棒でつくる
シャーペンなどで
スチレンボードに
穴をあけて、プラ
棒を差し込む
手すり壁

バルコニーの手すりのつくり方

②ガレージのシャッター部分はガレージの内部を見せるため、穴をあけた状態にする。

11→敷地をつくる

模型台は市販の写真用パネルを使う。模型台全体に薄いグレーの色紙をスプレーのりで張り、台の小口にも同じ色紙を張る。敷地部分にはその上にもう1枚濃いグレーの色紙を張る。

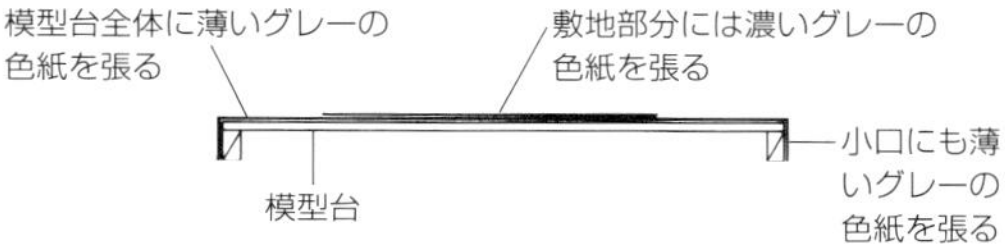
模型台全体に薄いグレーの
色紙を張る
敷地部分には濃いグレーの
色紙を張る
小口にも薄
いグレーの
色紙を張る
模型台

敷地部分のつくり方

12→駐車場、玄関アプローチをつくる

ガレージの床はGLと同一レベルのため、1階の室内の床のようにスチレンボードは設けずに、地面と同じグレーの色紙をそのまま使う。そのためガレージ部分の壁の位置は、平面図を見ながら色紙に直接描いてもよいが、予備にとってある1階平面図のコピーの上で、ガレージの壁を組み立てたほうが作業は容易である。アプローチ部分は、床に厚さ1mmのスチレンボードを張り、玄関ポーチは厚さ2mmのスチレンボードを2枚重ねて段差をつくる。最後に建物の模型を敷地にスチのりで接着する。

北東側より見る

2 軸組模型

市販のひのきの角棒を組み立てて、住宅の軸組模型をつくる。実際の設計では、構造の説明など特別な目的以外では、住宅の軸組模型をつくることは少ないが、建築やインテリア学科の学生には、木造住宅の構造や構法を学ぶために、ぜひ一度軸組模型をつくることをすすめる。はじめて木造を勉強する人にとって、軸組模型をつくることは貴重な体験であり、実際に手を動かしながら目の前に軸組模型をつくっていくことで、木造建築の軸組の構成をしっかりと体得できるようになる。

軸組模型は、仕口《しぐち》、継手《つぎて》、部材の欠込みなどまで表現すると、作業がかなり複雑になるので、特別に納まりの精度を求めるような場合以外は、省略したほうがよい。この章でも、それらは省略して木造建築の軸組全体の構成を理解することに重点をおいている。この章の軸組模型は1/20で、かなり大きな模型になるが、できれば1/50よりも1/20でつくることが望ましい。なぜなら、原寸により近づくことで、模型自体も迫力のあるものになるからである。またこの軸組模型では、柱の垂直材と梁《はり》、桁《けた》、胴差《どうさ》しなどの水平材の構成について、また1階床組、2階床組、小屋組の構成についての理解を中心に考えているので、筋違《すじかい》と間柱《まばしら》は省略している。

材料は市販されている角棒を用いるが、まったく同じ寸法のものはない場合があるので、そのときには縮尺に近い寸法のものを用いるようにする。

全体の製作の流れは次の通りである。

①模型用図面(模型用工作図)を描く

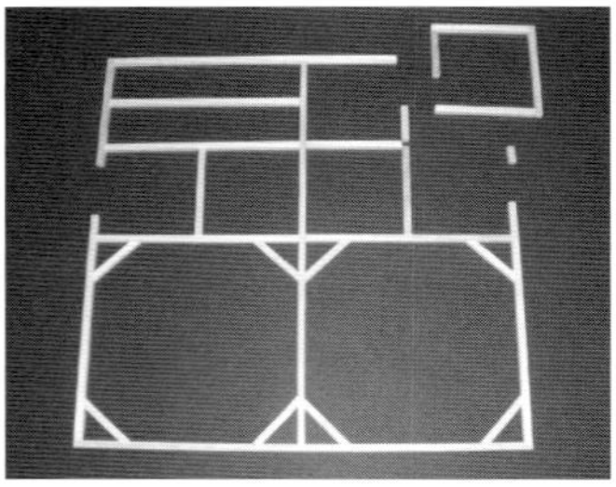

1階の土台、火打ち土台を組み立てる

1階の大引き、根太を組み立て、1階床組を完成させる。右上のコーナーは浴室部分

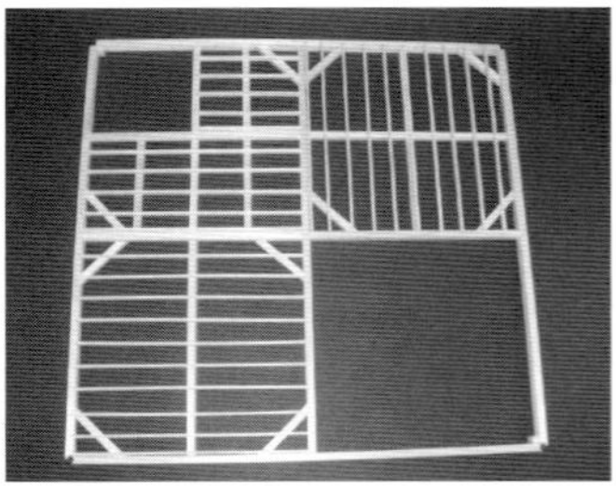

2階床組(床梁や根太)を組み立てる

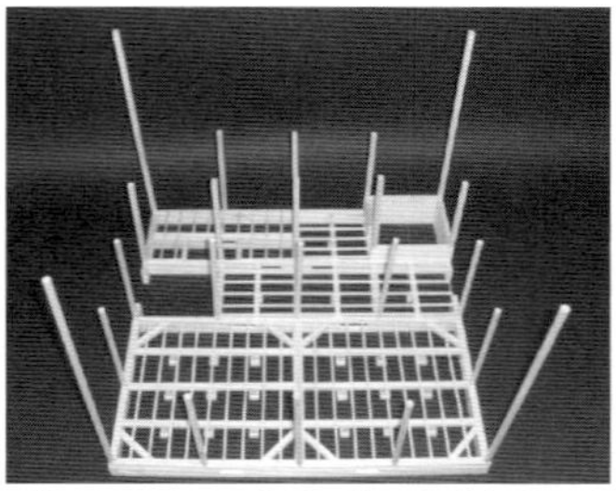

1階床組の上に1階通し柱、管柱を組み立てる

2階床組を1階の上にのせ、さらに2階管柱を組み立てる

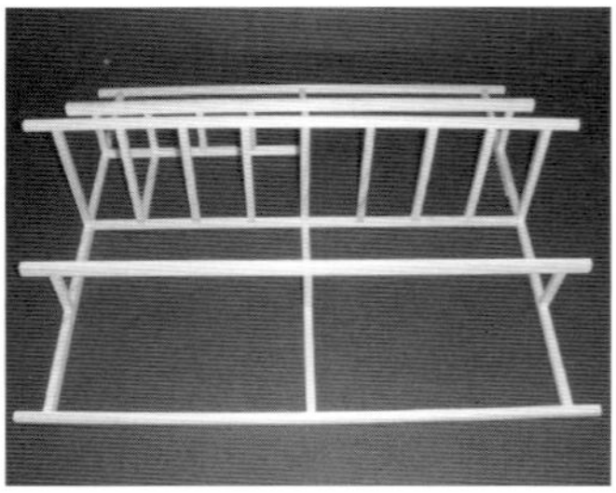

小屋組を組み立てる

小屋組に垂木をかける

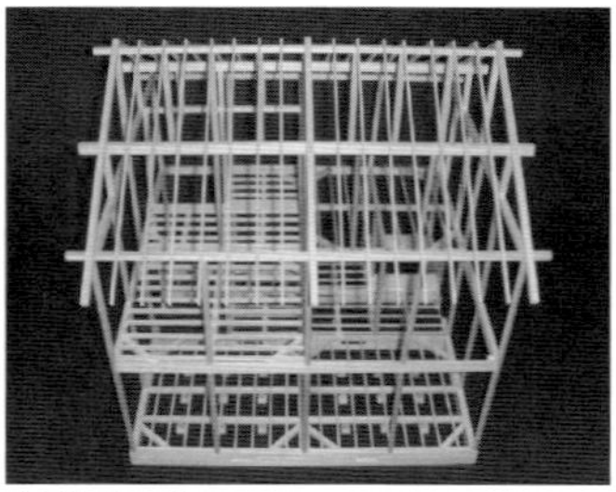

小屋組をのせる

完成

②模型台をつくり、その上に模型用図面を仮止めする
③基礎をつくる
④1階床組をつくる
⑤2階床組をつくる
⑥通し柱、1階管柱《くだばしら》をつくる
⑦2階管柱をつくる
⑧屋根をつくる
⑨完成模型を模型台に接着する

1　角棒による軸組模型のつくり方のポイント

①土台、梁、胴差し、軒桁《のきげた》などの軸組を構成する基本的な部材の長さを求めるには、模型用図面(模型用工作図)を描くと便利である。ただし、根太《ねだ》や垂木《たるき》などの細い部材の長さは、組み立てた模型の現場合わせによって求めたほうが作業がしやすい。
②角棒などを模型用ノコギリ(22頁参照。この章では以下ノコギリという)で切る位置に鉛筆で線を薄く引く。慣れないうちは角棒の上面だけでなく側面にも線を引いて、角棒などを垂直に切る目印としたり、その線にあらかじめデザインナイフで切れ目を入れておくとノコギリが使いやすくなる。

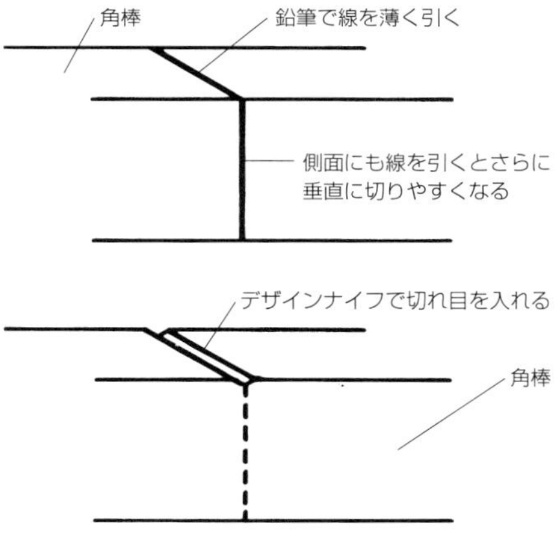

切る位置に目印をつける方法

③6×6mm以上の角棒の切断にはノコギリを使い、ヤスリで切断面のふぞろいや長さの微調整をして整える。ノコギリで切った切断面に凹凸があるときは、デザインナイフで切断面をきれいに削り取り、最後にヤスリで切断面のふぞろいや長さの微調整をして整えるという作業を行う。切断面は垂直かつきれいな面でないと接着しにくく、隙間ができる原因となる。
④2×2mmくらいの細い角棒の切断には、デザインナイフまたはカッターのいずれを使ってもよく、切断する場合は下図「角棒をカッターで切る方法」のように四方から少しずつ切るようにする。

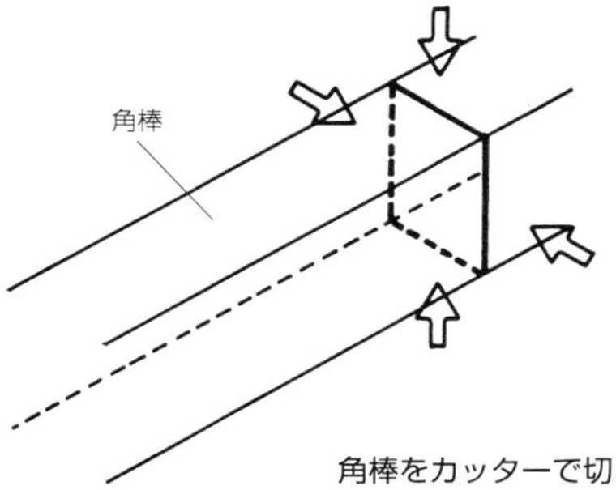

角棒をカッターで切る方法

⑤角棒を切る場合は、長い寸法の部材から切っていくと、残りの部材を短い寸法の部材として使うことができ、材料の無駄がない。
⑥梁などの断面の大きな部材をノコギリで切るときは、切断面が大きいために垂直に切れなくなることがあるので、少し長めに切り取りヤスリなどで寸法を調整するとよい。必要な寸法よりも短くなってしまったら、部材として使うことができなくなるので注意する。
⑦接着剤は木工用ボンドが一般的であるが、瞬間接着剤でもかまわない。

上方より小屋組を見る

2　軸組の木造住宅の模型をつくる

1→住宅の図面を描く

木造住宅の軸組模型をつくるには、平面図、断面図、立面図の基本図面だけでなく、基礎伏図、1階床伏図、2階床伏図、小屋伏図などの伏図が必要になる。場合によっては、これらの図面のほかに、軸組図が必要になることもある。伏図は基礎、土台、柱、梁そのほかの部材の位置やサイズが描かれ構造的な仕組みをあらわした図面で、軸組模型をつくるときに中心となる図面であり、平面図、断面図、立面図の基本図面をもとにして描かれる。

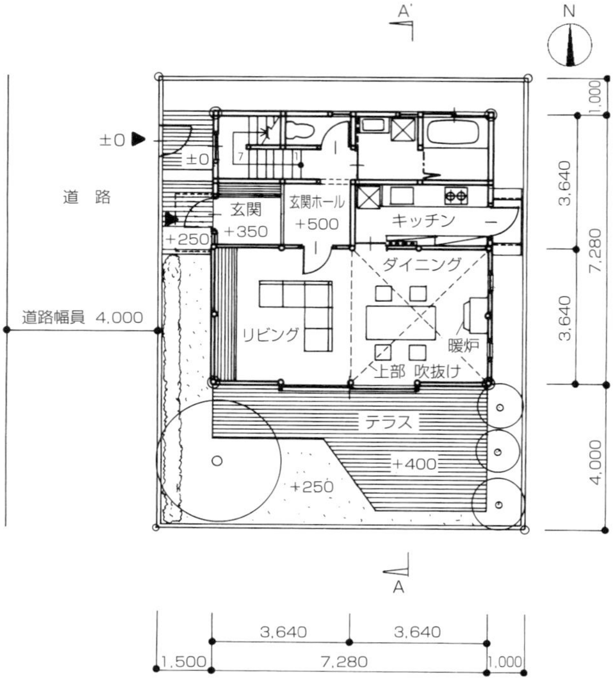

1階平面図兼配置図　1/200

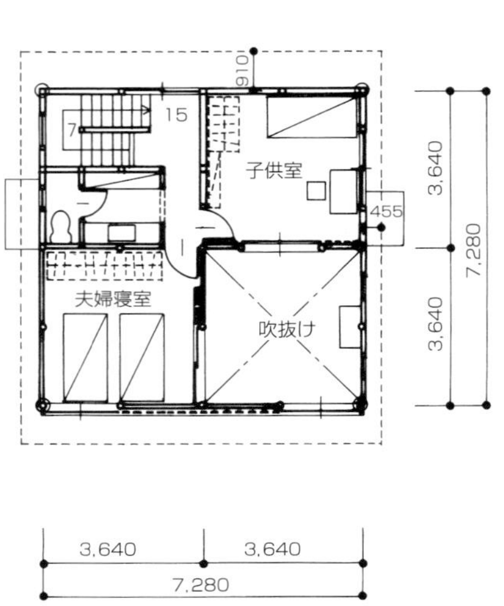

2階平面図　1/200

軸組の木造2階建て住宅の模型(1/20)

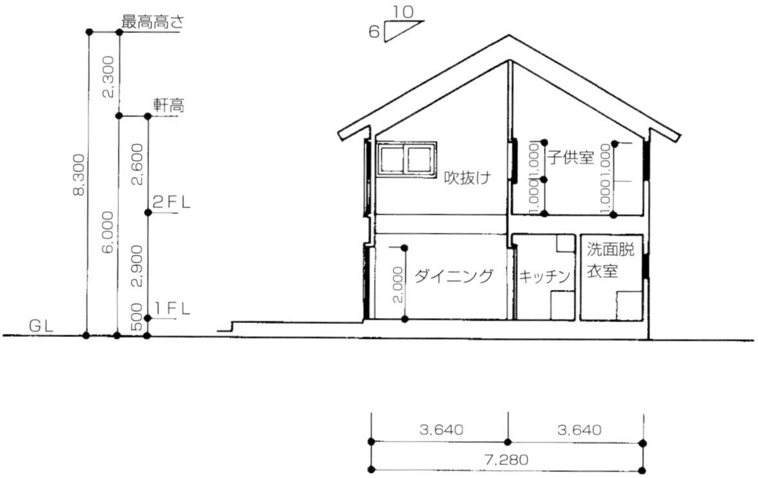

A–A' 断面図　1/200

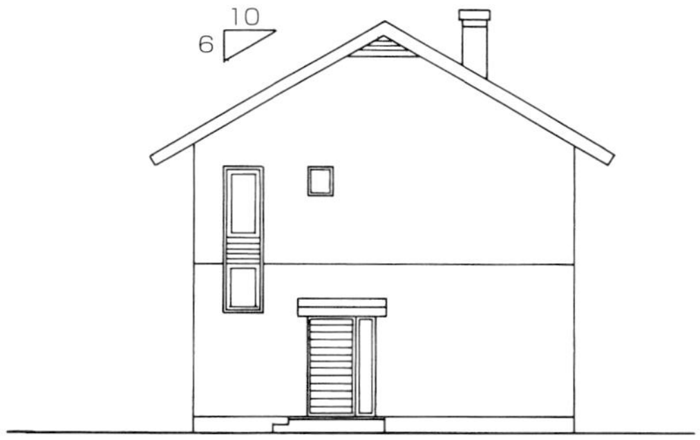

西立面図　1/200

東立面図　1/200

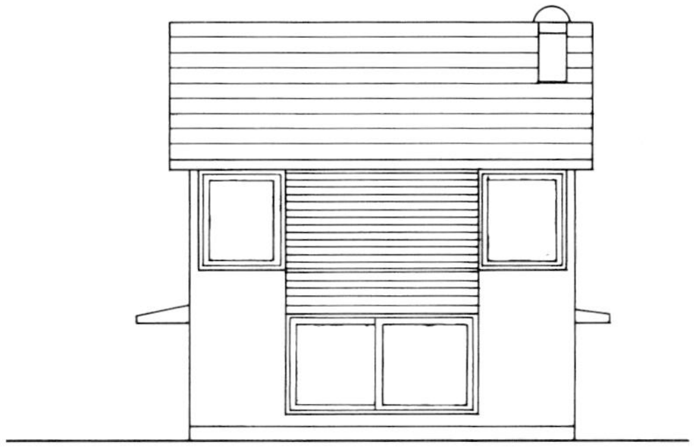

南立面図　1/200

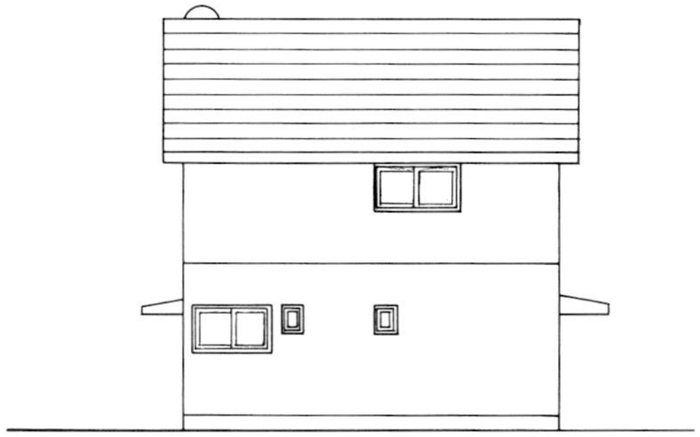

北立面図　1/200

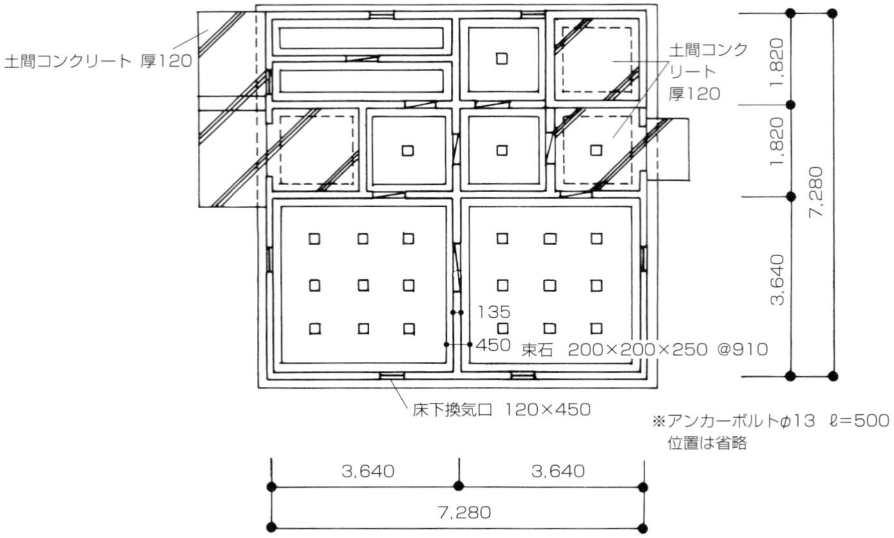

基礎伏図 1/150

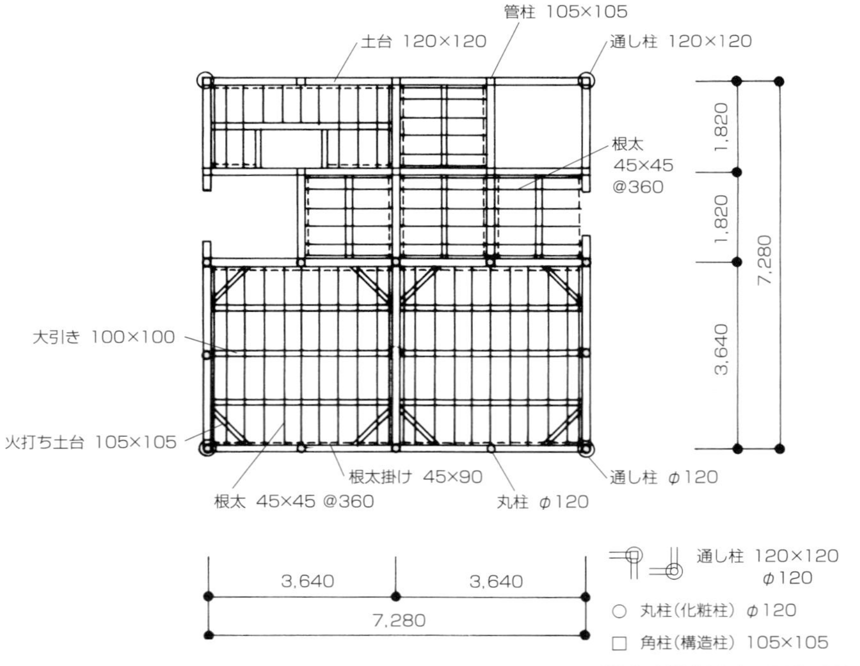

※特記なき部材はすべて 120×120

1階床伏図 1/150

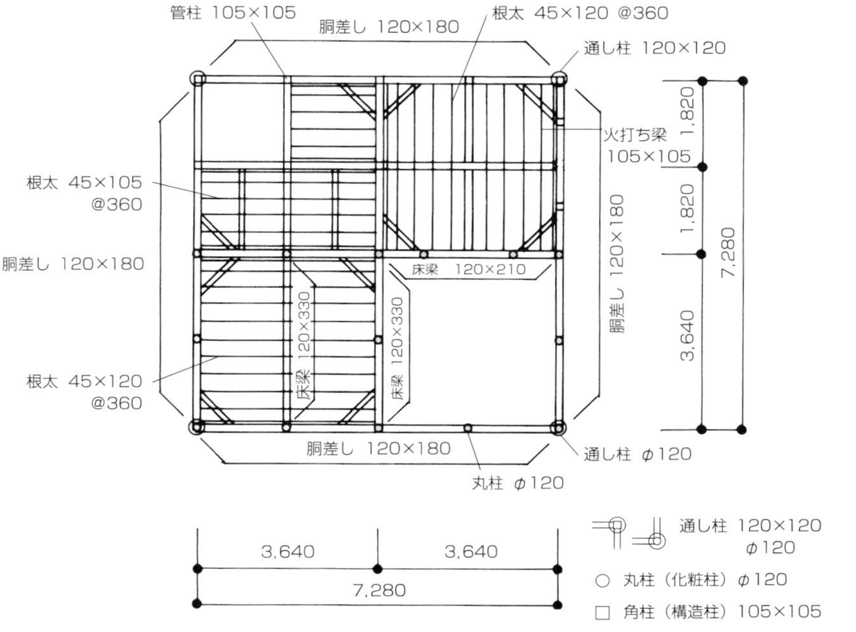

※特記なき部材はすべて 120×120

2階床伏図 1/150

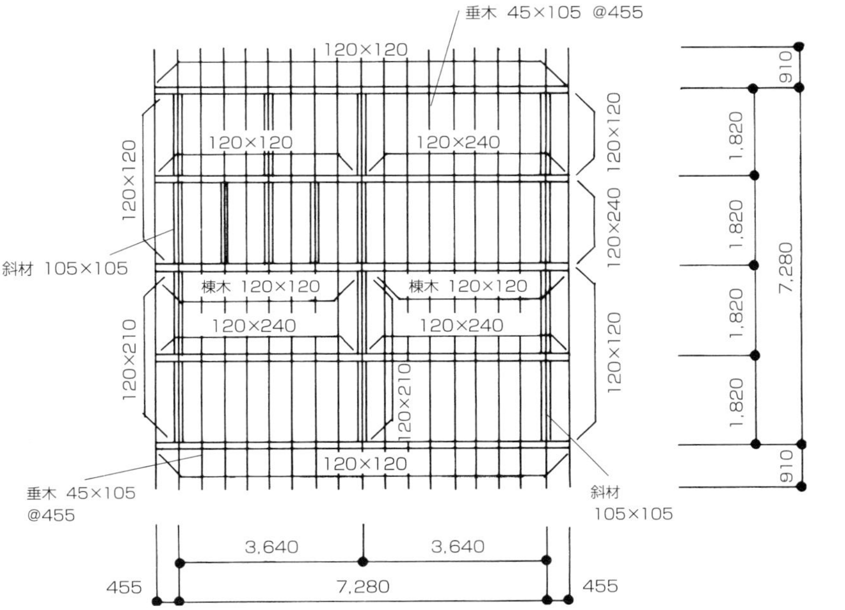

※特記なき部材はすべて 120×120

小屋伏図 1/150

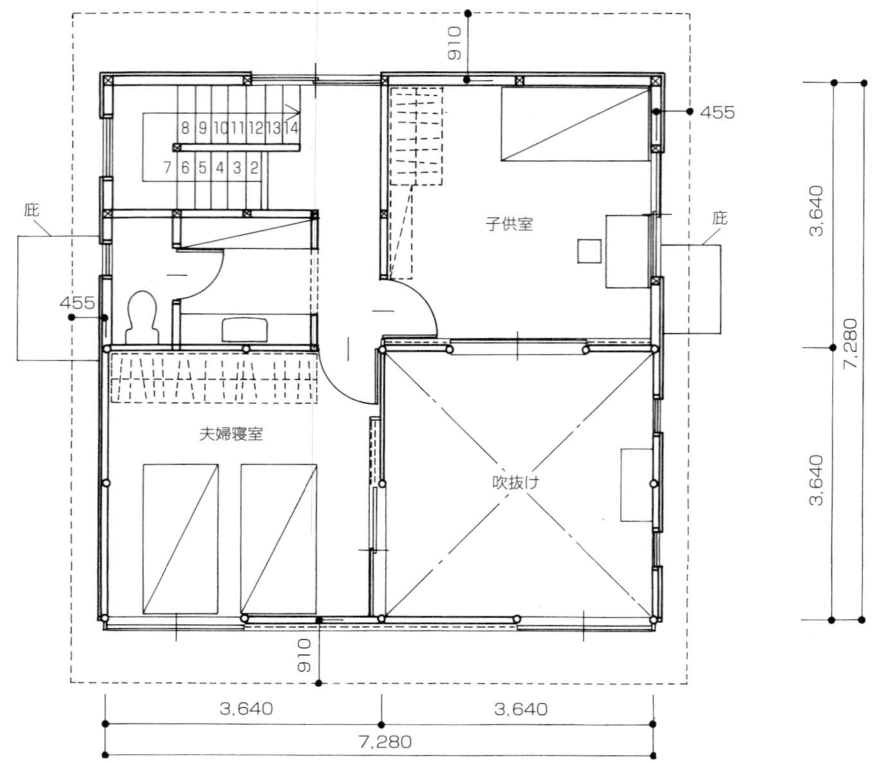

2階平面図　1/100

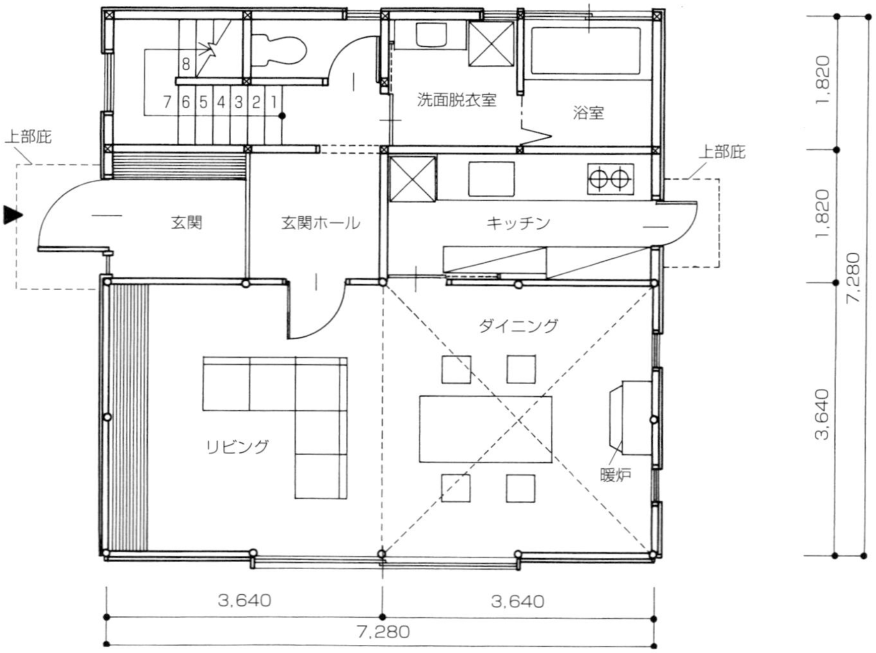

1階平面図　1/100

2→材料、道具をそろえる

材料はひのきの角棒とバルサの丸棒(丸柱用)である。道具はノコギリ、デザインナイフ、ヤスリなどを使用するが、これらは軸組模型の製作をするうえで大切な道具である。接着剤としては、木工用ボンドを使用する。

軸組の木造住宅模型(1/20)用部材リスト

模型台		しな合板	厚さ9mm　A2判	1枚
基礎		ひのき角棒	6×15×900mm	3本
1階床組	**土台、火打ち土台、床束**	ひのき角棒	6×6×900mm	7本
	束石	ひのき角棒	10×10×10mm	11個
	根太	ひのき角棒	2×2×900mm	9本
	根太掛け	ひのき角棒	1×3×900mm	3本
2階床組	**胴差し、2階床梁**	ひのき角棒 ひのき角棒 ひのき角棒	6×6×900mm 6×10×900mm 6×15×900mm	2本 2本 1本
	根太	ひのき角棒	2×5×900mm	7本
柱	**通し柱、1階管柱**	ひのき角棒	6×6×900mm	2本
	1階丸柱	バルサ丸棒	φ6×900mm	3本
	2階管柱	ひのき角棒	6×6×900mm	2本
	2階丸柱	バルサ丸棒	φ6×900mm	2本
屋根	**梁、桁など**	ひのき角棒 ひのき角棒	6×6×900mm 6×10×900mm	3本 1本
	小屋束、棟木など	ひのき角棒	6×6×900mm	3本
	斜材	ひのき角棒	6×6×900mm	2本
	垂木	ひのき角棒	2×5×900mm	11本

3→模型用図面(模型用工作図)を描く

模型を製作するときに本格的な模型用の工作図を描く場合があるが、ここでつくる住宅の模型では、基礎伏図と1階床伏図を組み合わせた比較的簡単な模型用図面(1/20)を使用している。これは基礎伏図と1階床伏図に模型製作用として少し手を加えたものである。このような模型用図面を描いておくと軸組の部材寸法を取るのに便利である。この模型用図面に角を現場合わせして、基礎の長さや土台、胴差し、桁などの水平部材の長さを求めて切り取るのである。この模型用図面の基礎や束石《つかいし》のところにはセロテープを張っておく。これは、模型用図面の上で組み立てた基礎や束石の裏に張った両面テープの接着力によって、模型用図面の紙がはがれて破れやすくなるのを防ぐためである。基礎や束石の裏に両面テープを張るのは、それらを模型用図面の上において組み立てるときに、模型用図面とずれないようにするためである。

また正確な1/50くらいの伏図があれば、あらためて模型用図面を描かないで、それを1/20に拡大コピーして模型用図面として使うこともできる。

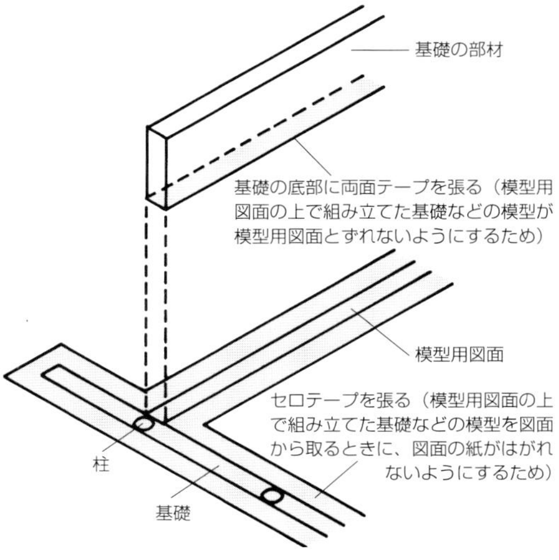

模型用図面の基礎や束石にセロテープを張る

4→模型台をつくりその上に模型用図面を仮止めする

A2判で、厚さ9mmのしな合板を模型台とする。この模型台の上に、模型用図面のコピーを仮止めし、そこで模型製作作業を行う。または机などの平らな面の上に、模型用図面のコピーを仮止めして、そこで作業を行ってもよい。

なお、模型台と組み立てた模型との接着は最後の段階で行う。

5→基礎をつくる

材料

基礎　ひのき角棒　6×15×900mm　3本

①部材を1/20の工作図にあてて、必要な基礎の長さの位置に印をつける。

②ひのきの角棒を必要な長さに切断する。この際に、切断する箇所に鉛筆で薄く線を引くが、濃く引くと消しゴムで消しても線の跡が残ってしまうので注意する。ノコギリで切るときは、常に垂直になっているかを確認しながら切り、場合によっては立ち作業で垂直を確認する。

③基礎の床下換気口の部分を切り取る。

(1)鉛筆で床下換気口の部分に線を引く。

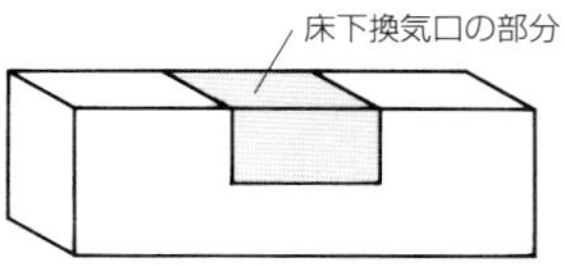

切り取る部分に印をつける

(2)床下換気口の縦の線は、ノコギリを用いる。

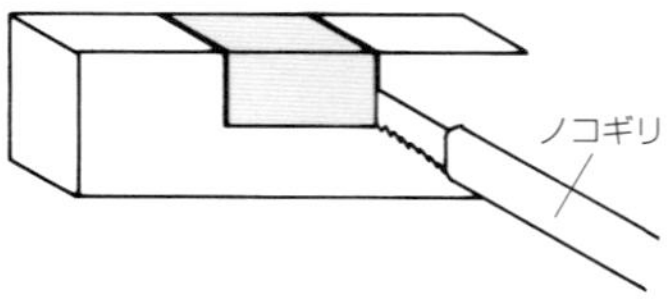

縦の線に沿ってノコギリを入れる

(3)床下換気口の横の線は、デザインナイフを両側のコーナーからそれぞれ中央に入れていく。

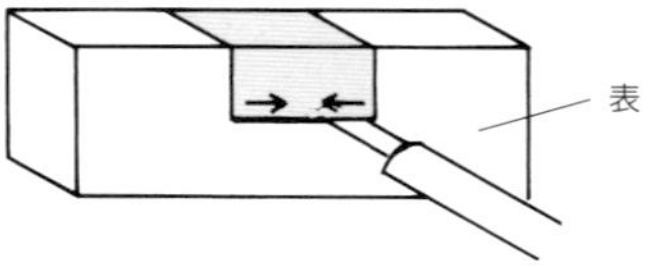

横の線に沿ってデザインナイフを入れる

(4)裏側も(3)と同じようにする。断面は下図のようになる。

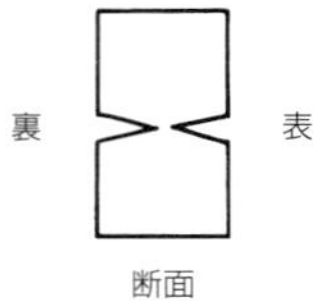

裏からも(3)と同じように行う

(5)表と裏の切り込みが深くなったら、手で折り曲げて床下換気口の部分を取り去る。

手で折り曲げて床下換気口の部分を取り去る

(6)デザインナイフできれいに削り取り、ヤスリ掛けをして仕上げる。

④浴室まわりの基礎などのように、求める寸法のひのき材が市販されていない場合は、大きめのひのき材を購入して自分で切り取るか、あるいは大工センターなどでちょうどよい長さや厚さに加工してもらう。97頁の「1階の各柱の長さの違い」の上の図の浴室部分の基礎は、大工センターで厚さ10mmの市販のひのき角棒を購入して、厚さ6mmに加工してもらった。

⑤基礎の部材をすべて切断したら、それを模型用図面の上において仕口面を両面テープで仮止めする。このときに、基礎の長さの確認をして、寸法が正確でない部材はヤスリなどで調整する。

各基礎が正確な寸法になったら、水平面上の直角や垂直に注意しながら木工用ボンドで基礎を接着する。

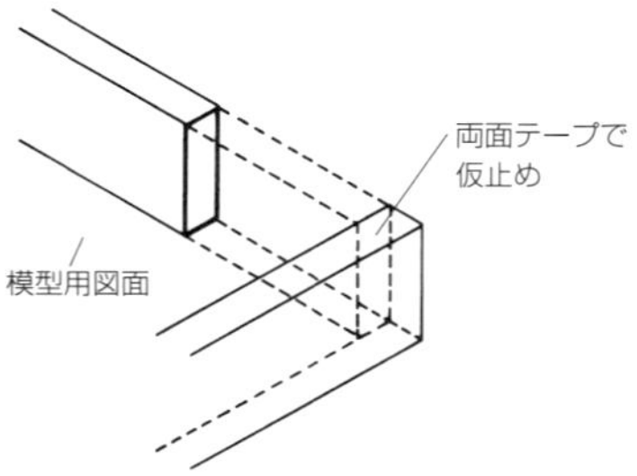

基礎の仕口面を両面テープで仮止めする

6→1階床組をつくる

材料

土台、火打ち土台、　床束

ひのき角棒　6×6×900mm　7本

束石　ひのき角棒　10×10×10mm　11個

根太　ひのき角棒　2×2×900mm　9本

根太掛け　ひのき角棒　1×3×900mm　3本

①土台、火打ち土台は工作図から直接長さを取り、角棒を切断する。火打ち土台は下図のように、両端を45°に切断する。火打ち土台は両端が土台や大引《おおび》きに直角ではなく、45°の角度で納まるので注意して切り取る。こういう直角でない角度で納まる場合は、少し大きめの角度で切っておき、少しずつ調整しながら求める角度に削っていくようにすると、失敗が少ない。火打ち土台は土台と同レベルにする。

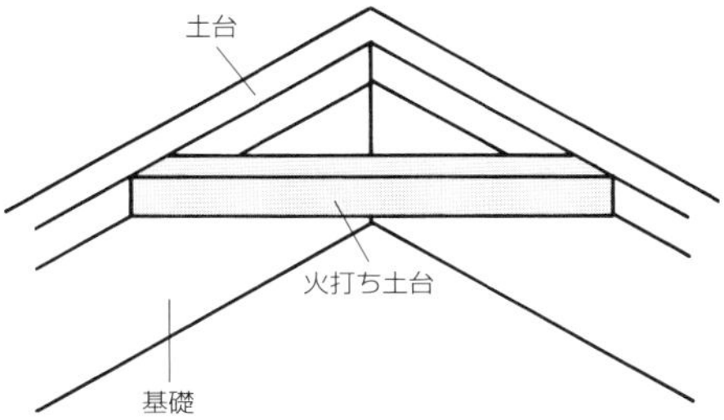

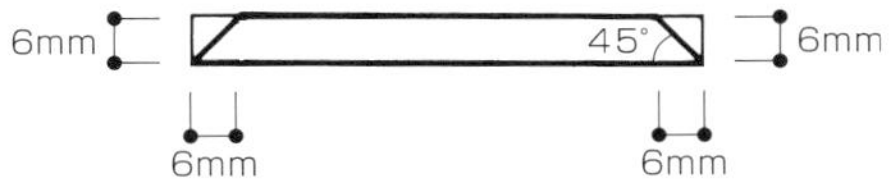

火打ち土台

②土台を仮組みして各土台が互いに直角になっているかを確認してから木工用ボンドで接着して土台を組み立てる。次に組み立てた土台に火打ち土台を接着する。さらに基礎の上に、この土台と火打ち土台を接着して組み立てたものをおく。

土台の隅部分

③大引きは模型用図面から直接長さを取り部材を切る。

④下図のような模型用図面の作図をもとにして、床束の長さを求めて部材を切る。もしくは床束の長さを計算で求めてもよい。束石は市販の10×10×10mmのブロックを半分に切ってつくる。

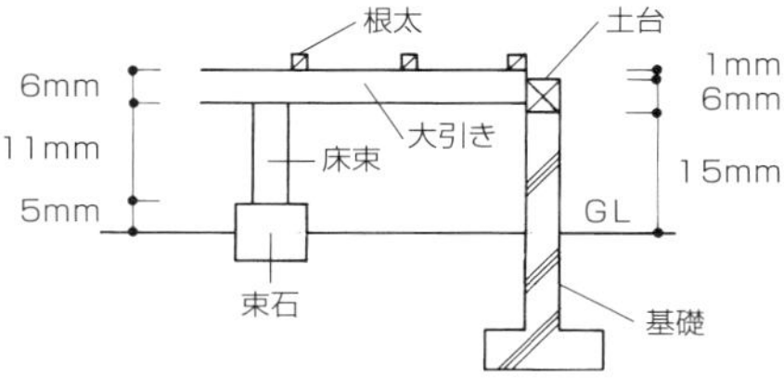

模型用図面を作図して床束の長さを求める

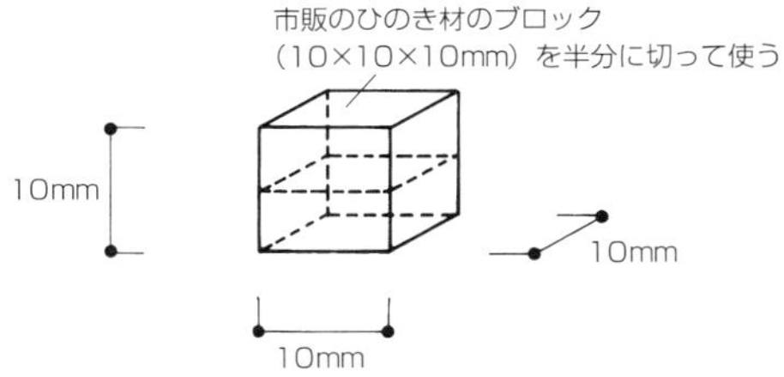

市販のブロックから束石をつくる

⑤仮止めして高さを調節し、床束、束石、大引きを組み立てる。

⑥根太掛けは組み立てた床組から直接長さを取り、角棒を切断して土台に直に接着する。根太掛けは土台よりも1mm高くして接着する。また根太掛けが火打ち土台とぶつかる部分は根太掛けのほうを欠き込む。

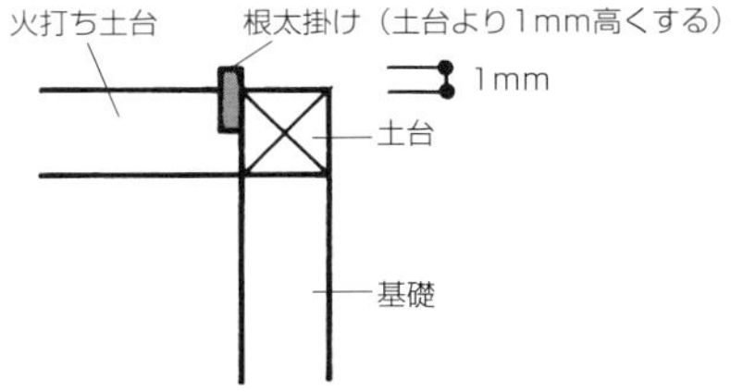

根太掛けと土台のレベル差

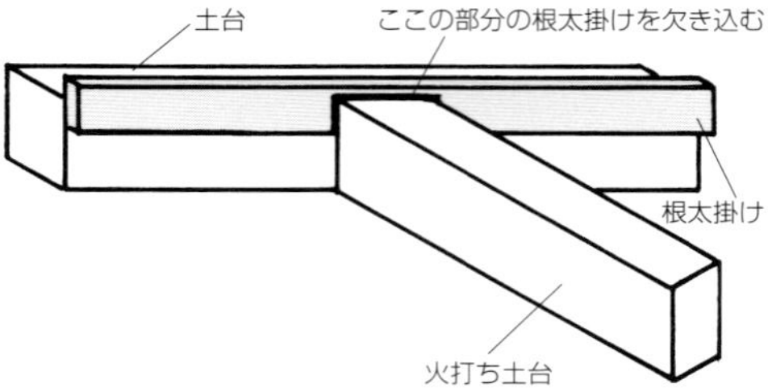

根太掛けが火打ち土台とぶつかる部分を処理する

⑦根太は組み立てた床組から直接に現場合わせで長さを取り、角棒を切断して、大引きに接着する。根太や根太掛けのように細い部材は反りやすいので注意する。場合によっては、購入した時点で少し反っているものもあるので、注意して購入すること。

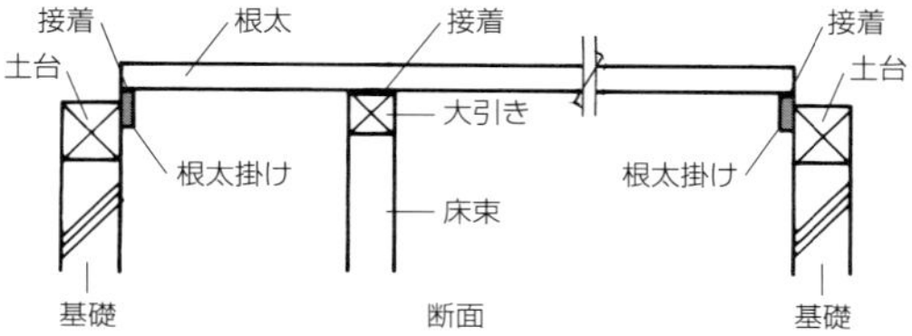

根太を接着する

7→2 階床組をつくる

材料

胴差し、2階床梁　ひのき角棒　6×6×900mm　2本
ひのき角棒　6×10×900mm　2本
ひのき角棒　6×15×900mm　1本

根太　ひのき角棒　2×5×900mm　7本

この段階では、1階通し柱や1階管柱よりも2階床組を先につくり、後で1階通し柱や1階管柱を1階床組に接着した段階で、あらかじめつくった2階床組をそれらの上にのせてみて調節する。

①2階床梁、胴差し、頭つなぎなど、1階と同様に工作図から長さを取り、角棒を切断する。四隅は通し柱なので、右上図「丸柱と胴差しがぶつかる部分を処理する」のように胴差しが丸柱ときれいに納まるように胴差しの長さを丸柱の心々寸法より少し短くして切る。丸柱とぶつかる胴差しの断面は丸柱とぴったり合うように、丸いヤスリで丁寧に削る。

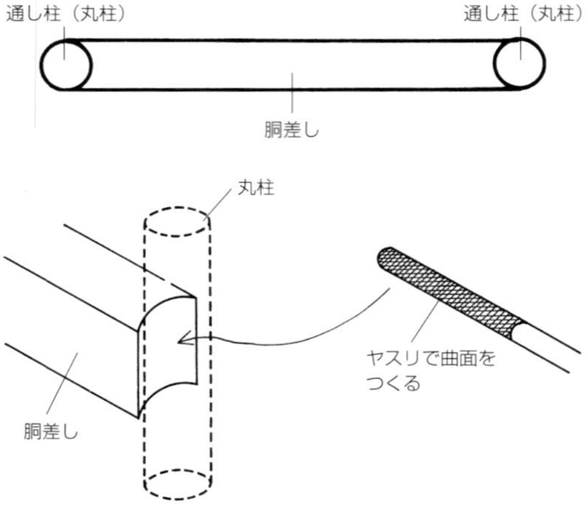

丸柱と胴差しがぶつかる部分を処理する

②模型用図面の上で2階床組を仮止めして、胴差し、床梁の長さの確認をして調節する。2階床組の胴差し、床梁は場所によって断面の大きさが違うので、仮止めのときに混同しないように2階床伏図でよく確認する。

③仮止めしたものを接着するときには、胴差しや床梁の断面の大きさが違うために、胴差しと床梁の上面をそろえにくい。そのため裏返して接着すると、上面をきれいにそろえて接着できる。

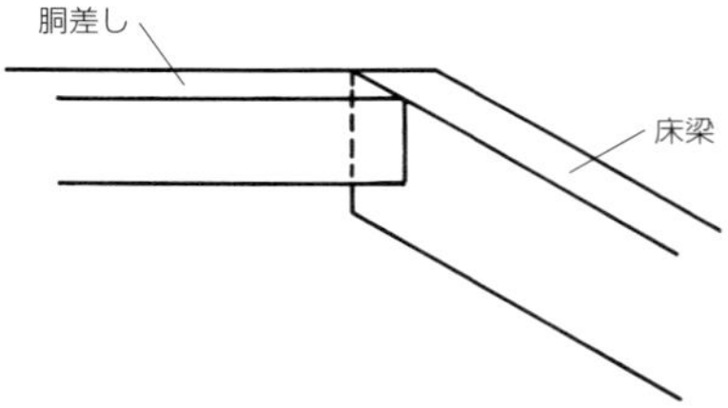

実際に組み立てた図

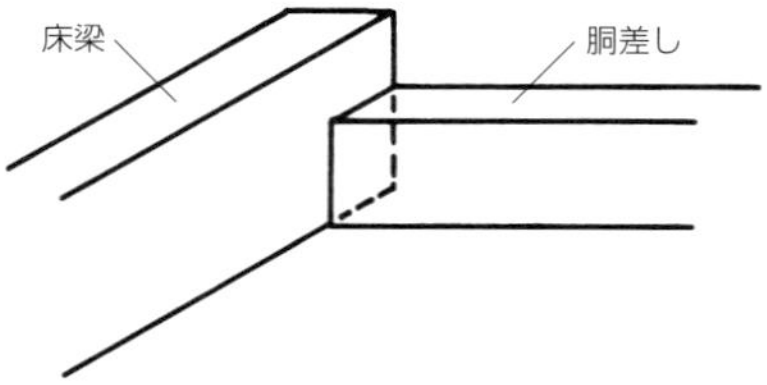

仮組み、接着するときは裏返しにする

2階床組と2階柱を見る。右奥の根太のない箇所は吹抜け部分

④下図のように2階床組を仮止めするときは通し柱はないので、内側に補強用の部材をあてておき、後で2階床組を通し柱に接着した時点で取りはずす。

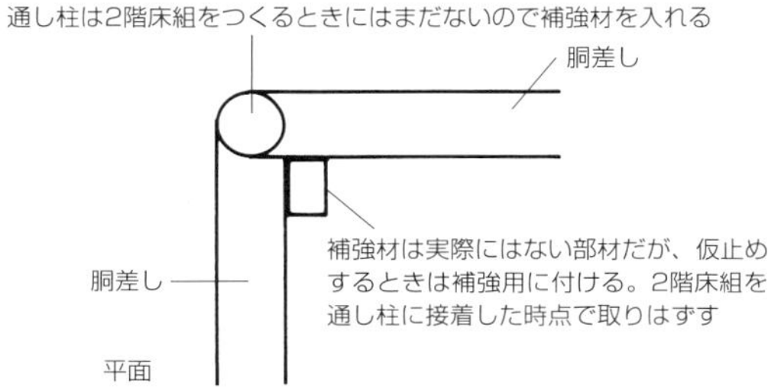
通し柱は2階床組をつくるときにはまだないので補強材を入れる
胴差し
補強材は実際にはない部材だが、仮止めするときは補強用に付ける。2階床組を通し柱に接着した時点で取りはずす
胴差し
平面

通し柱と胴差しを仮止めする方法

⑤1階床組と同様に火打ち梁の部材を切り取り、胴差しや2階床梁に接着する。
⑥1階床組と同様に2階根太の部材を切り取り胴差しや2階床梁に接着する。2階根太は360mm間隔で渡す。

8→通し柱、1階管柱をつくる

材料
通し柱、1階管柱　ひのき角棒　6×6×900mm　2本
1階丸柱　バルサ丸棒　φ6×900mm　3本
①柱の長さは計算で出し、部材を切り取る。90頁の1階床伏図の丸印をつけた柱は通し柱であり、小屋組の梁や桁の下端まで通るので、1階管柱よりも長くなる。また右上図「1階の各柱の長さの違い」のように、浴室まわりや2階の水平材の断面の大きさによっても、1階の柱の長さは変わるので、注意すること。
②土台の上端に柱の取り付け位置を測り、鉛筆で印をつける。

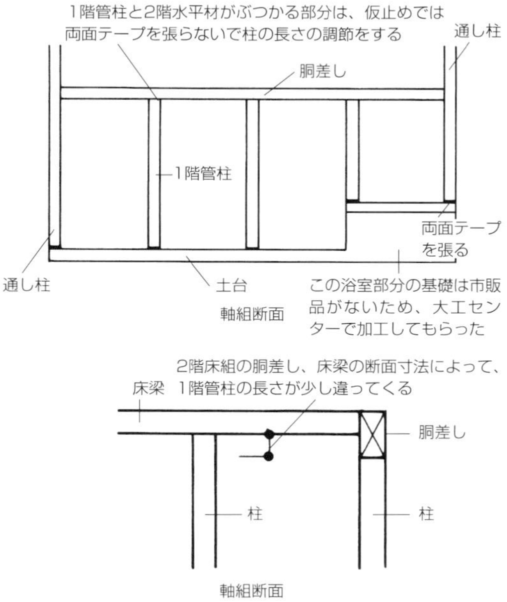
1階管柱と2階水平材がぶつかる部分は、仮止めでは両面テープを張らないで柱の長さの調節をする
通し柱
胴差し
1階管柱
両面テープを張る
通し柱
土台
軸組断面
この浴室部分の基礎は市販品がないため、大工センターで加工してもらった
2階床組の胴差し、床梁の断面寸法によって、1階管柱の長さが少し違ってくる
床梁
胴差し
柱
柱
軸組断面

1階の各柱の長さの違い

③通し柱、1階管柱の小口に両面テープを張ったものを1階床組の上にのせて固定してから、2階床組をのせて1階の柱の位置や長さの調整をする。このときに、三角定規やスコヤなどを使って、直角や垂直などを確かめながら行う。この作業は、直角や垂直を確認したり、柱の長さを確認するなど、正確な模型をつくるための重要な作業なので、多少時間がかかるかもしれないが、丁寧に行うようにする。できれば、2人で作業したほうがよい。

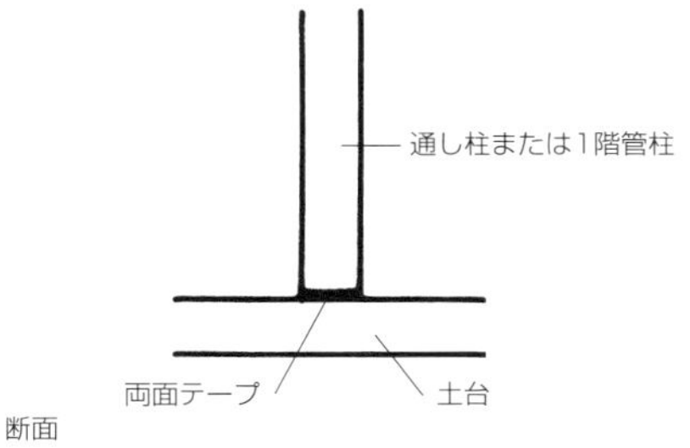
通し柱または1階管柱
両面テープ
土台
断面

土台と柱を両面テープで接着する

④1階床組、通し柱、1階管柱、2階床組を接着する。このとき木工用ボンドを使用すると、接着の跡を目立たせずに仕上げることができる。ここもできれば、2人で作業したほうがよい。

9→2階管柱をつくる

材料

2階管柱　ひのき角棒　6×6×900mm　2本

2階丸柱　バルサ丸棒　φ6×900mm　2本

2階管柱は1階管柱と同様に、胴差しに2階管柱の取り付け位置を測って鉛筆で印をつける。2階管柱を垂直に立てて、胴差しに両面テープで倒れないように仮止めして、全体の垂直や水平を確認してから木工用ボンドで接着する。

10→屋根をつくる

材料

梁、桁など　ひのき角棒　6×6×900mm　3本

　　　　　　ひのき角棒　6×10×900mm　1本

小屋束、棟木など　ひのき角棒　6×6×900mm　3本

斜材　ひのき角棒　6×6×900mm　2本

垂木　ひのき角棒　2×5×900mm　11本

①小屋梁と軒桁の水平材は工作図から長さを取り、部材を切断して、それらを仮止めして、寸法を調整してから接着する。

②小屋梁の上端の、小屋束の位置に印をつける。

③小屋束の高さは計算によって、または小屋部分の断面図を描いてから長さを取って、部材を切り取り、それらを仮止めして寸法や角度を調整してから、小屋梁や軒桁の上に接着する。模型製作では、屋根勾配はこの小屋束の高さによって実質的に決まるので寸法に注意する。

小屋束を短く切ると垂木や斜材から離れてしまうので、少し長めに切ってヤスリなどで高さを微調整しながら必要な長さにする。また小屋束が垂直に立つようにスコヤや三角定規をあてながら作業する。

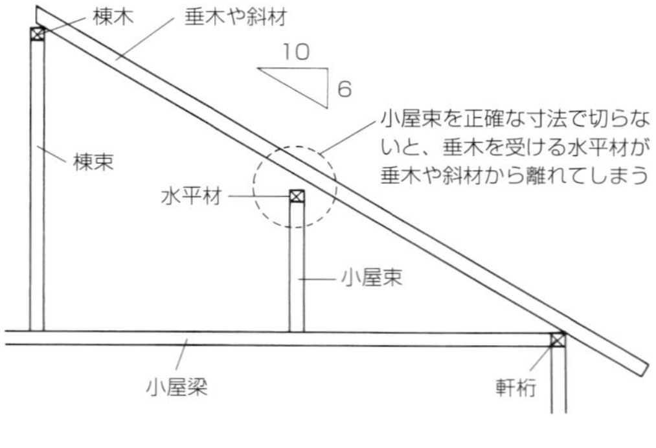

小屋束を短く切ると水平材が垂木や斜材から離れる

④棟木《むなぎ》は工作図から長さを取って、部材を切り取り、それらを仮止めして寸法を調整してから棟束の上に接着する。

⑤垂木、斜材は模型による現場合わせで長さを取り、部材を切る。棟木の上で、垂木、斜材どうしがぶつかるところの角度を下図「棟木の上で垂木や斜材がぶつかる角度」のように出し、ぴったりと組み合うようにヤスリなどで調整する。模型は斜め上から見ることが多いためにこの部分は模型のなかでもかなり目立つ部分なので、注意しながら丁寧につくるようにする。棟木や軒桁に垂木の位置を割りつけて印をし、垂木の長さをそろえ、割りつけた位置に取り付ける。

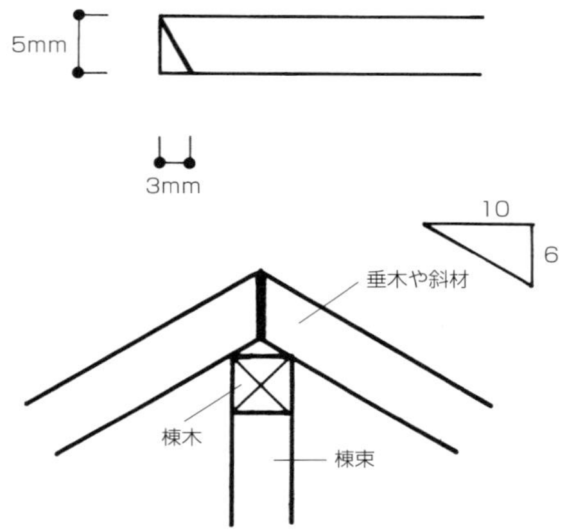

棟木の上で垂木や斜材がぶつかる角度

11→完成模型を模型台に接着する

軸組模型が完成したら、これを厚さ9mmのしな合板の模型台に接着する。

南側より見る

3　外観模型

ここでは、鉄筋コンクリート(RC)造3階建ての事務所ビルの外観プレゼンテーション模型のつくり方を説明する。この模型は、ヒートカッターでスタイロフォームを切って建物の芯をつくり、その芯の外壁、屋上部分に色紙を張って外観を仕上げてつくっている。このつくり方は、一般にスチレンボードなどの面材を組み立ててつくる模型より、簡単であり、手間がかからず、便利な方法である。しかし凹凸の多い建物や複雑な形の建物では細かい建築部分をあらわすためにスタイロフォームを正確に切断してそこに紙を張り付ける作業に、テクニックや時間が必要となる。このヒートカッターでスタイロフォームを切り、成形する方法は、プレゼンテーション模型だけでなく、ボリューム模型やスタディ模型でもよく使われる。

RC造3階建て事務所ビルの模型(1/200)

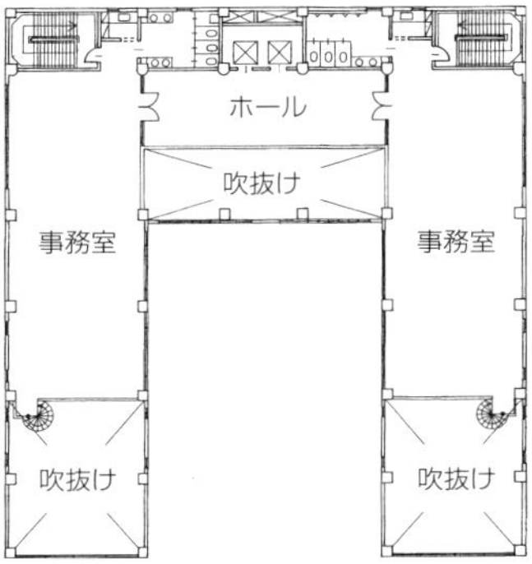

3階平面図　1/800

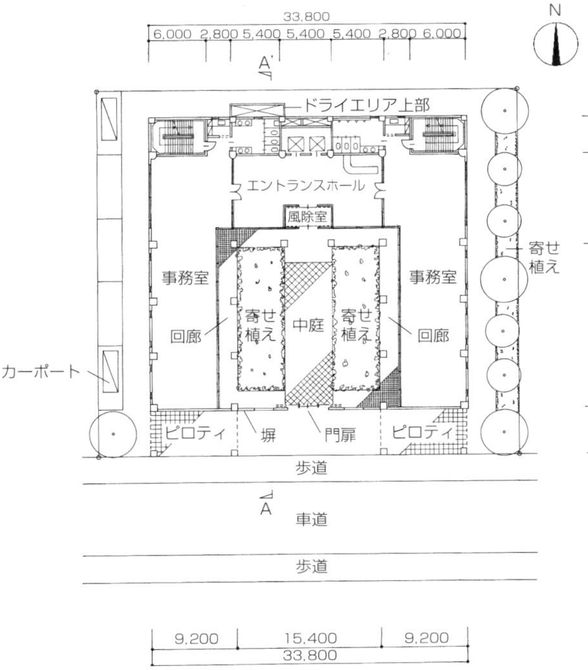

1階平面図兼配置図　1/800

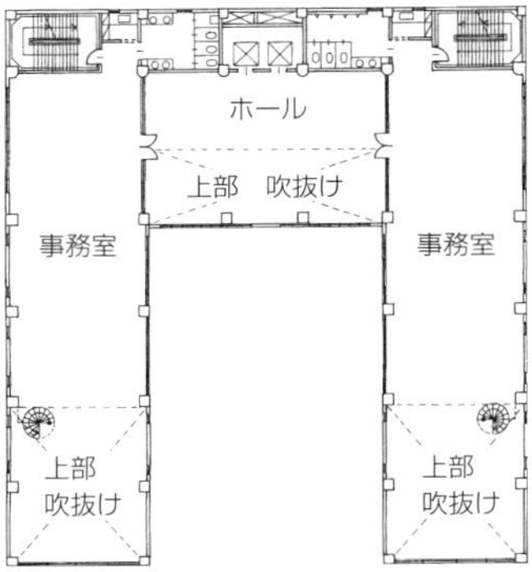

2階平面図　1/800

RC造3階建て
事務所ビルの模
型(1/200)

A–A' 断面図　1/600

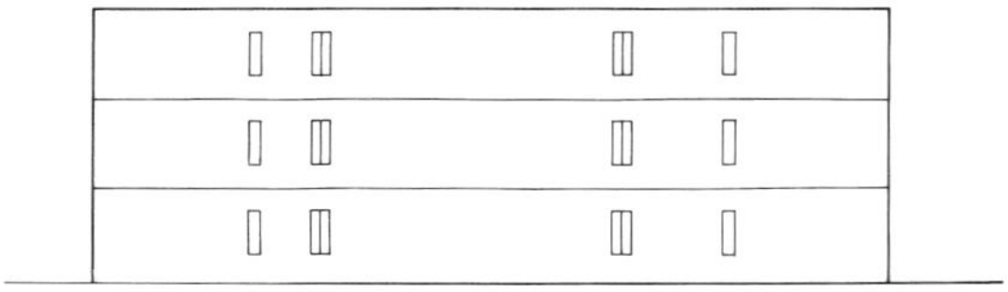

北立面図　1/600

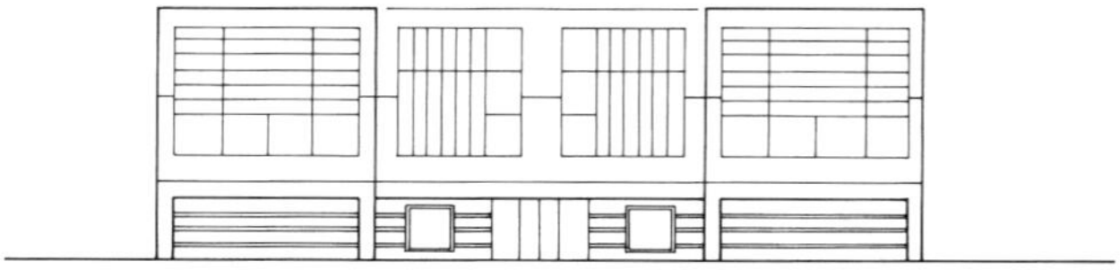

南立面図　1/600

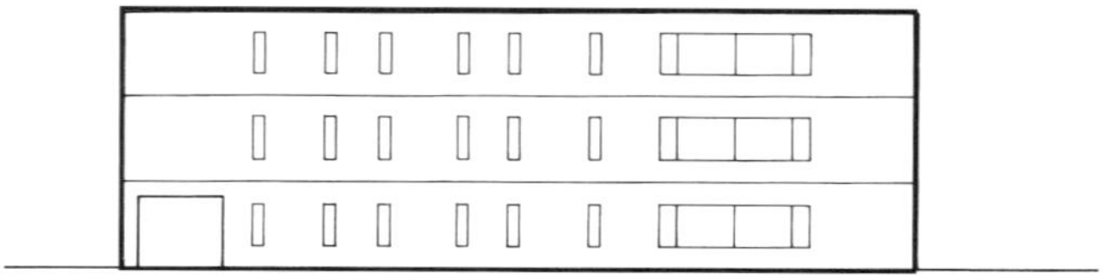

東立面図　1/600

1　RC造事務所の外観模型をつくる

1→材料、道具をそろえる

材料はスタイロフォームEK、スチレンボード、マーメイド紙、厚さ0.5mmのカラーケント紙、厚さ0.2mmの透明塩ビ板、幅0.5mmのラインテープ、B3判木製パネル、グランドフォーム、樹木のパーツ(市販品)である。道具はスチのり、スプレーのり、ヒートカッター、カッター、ステンレス定規、スコヤなどである。

2→スタイロフォームで建物の形をつくる

ヒートカッターでスタイロフォームEKを切り、建物の芯をつくる。スタイロフォームで下図のように各ブロックをつくり、スチのりで接着して建物全体の芯をつくる。このときに、各ブロックがずれて接着したところが平らになっていない場合は、目の細かい紙ヤスリで磨いて平滑にする。紙ヤスリをかけるときは、スタイロフォームの粉末が出るので必ずマスクをする。

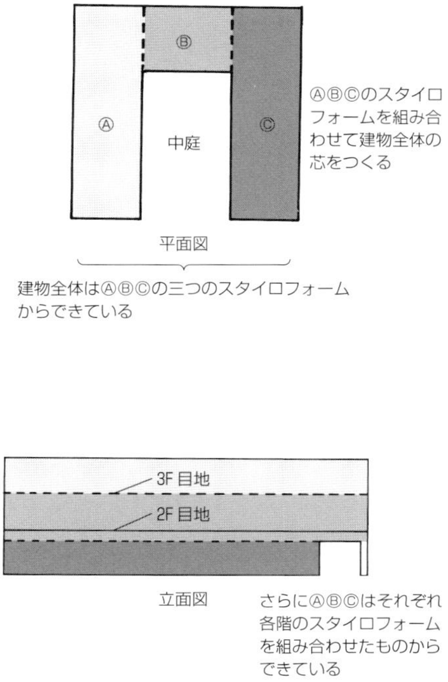
Ⓑ
Ⓐ
中庭
Ⓒ
ⒶⒷⒸのスタイロフォームを組み合わせて建物全体の芯をつくる
平面図
建物全体はⒶⒷⒸの三つのスタイロフォームからできている
3F目地
2F目地
立面図
さらにⒶⒷⒸはそれぞれ各階のスタイロフォームを組み合わせたものからできている

スタイロフォームのブロックを組み合わせて建物の芯をつくる

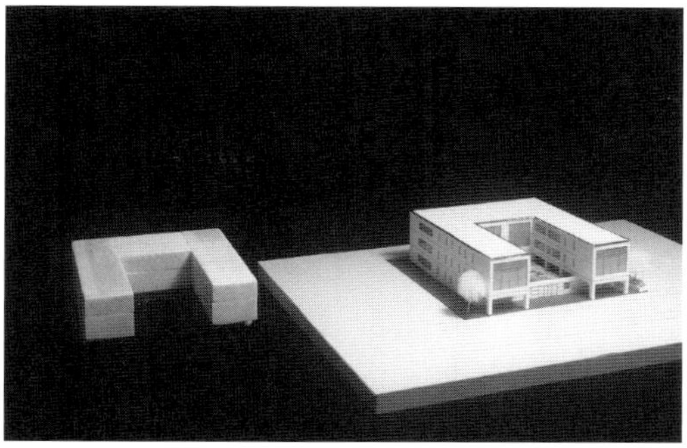

スタイロフォームの芯(左)と完成模型(右)

3→外壁部分の色紙をつくる

模型の外壁に張る色紙は、厚手(厚さ0.5mm)のアイボリーのカラーケント紙を使う。薄手の紙を張ると表面にしわや凹凸ができやすく、見た目の印象が悪くなるので使わないようにする。

スタイロフォームを建物の芯にして、外壁や屋根に紙などを張る模型では、その紙の選択や窓のつくり方が模型の善し悪しを決める重要な要素となるので、紙の色、テクスチャー、厚さをよく吟味して、窓をきれいにつくる。

①窓の穴をあける。

立面図をコピーした紙の裏にスプレーのりを軽く均一に吹き付け、外壁に使うアイボリーのカラーケント紙に張り付け、建物の輪郭線や窓の線に沿ってカッターできれいに切り抜く。建物の輪郭や窓を切り抜いたら立面図をはがす。

②建物の各階の目地の線を0.2mmのロットリングで引く。

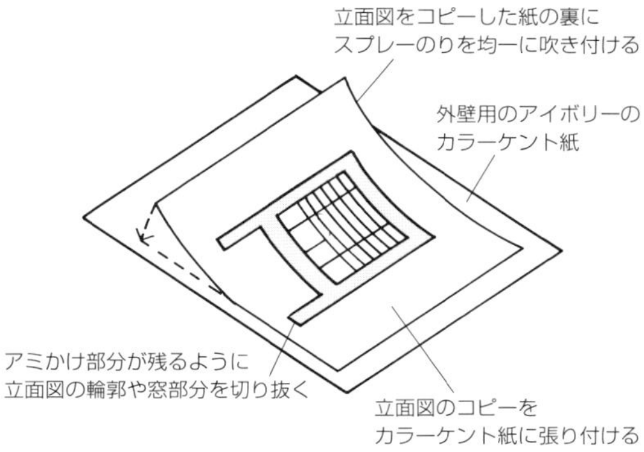
立面図をコピーした紙の裏にスプレーのりを均一に吹き付ける
外壁用のアイボリーのカラーケント紙
アミかけ部分が残るように立面図の輪郭や窓部分を切り抜く
立面図のコピーをカラーケント紙に張り付ける

カラーケント紙に立面図のコピーを張る

4→屋上部分の色紙をつくる

模型の屋根に張る色紙も外壁と同様に、アイボリーのカラーケント紙を使う。屋上部分に伸縮目地の線を3mmピッチで描く。模型は斜め上方から見ることが多いので、屋根部分は手を抜かないよう、丁寧につくる。

5→窓をつくる

窓は空色のマーメイド紙の上に、あらかじめ0.5mmのシルバーのラインテープを取り付けた透明塩ビ板を張って二重にする。窓は透明塩ビ板の裏に空色のマーメイド紙を張っているために、外部から窓を通して内部が見えないようになっている。

6→窓を外壁の色紙にあけた窓の穴の部分に張る

空色のマーメイド紙と透明塩ビ板を重ね合わせた窓を外壁のアイボリーのカラーケント紙にあけた窓の穴の部分に裏から張り、外壁を完成させる。

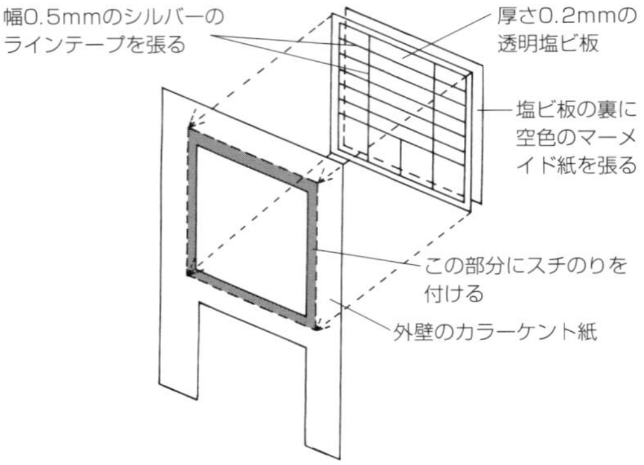

窓部材を外壁にあけた穴に裏から張る

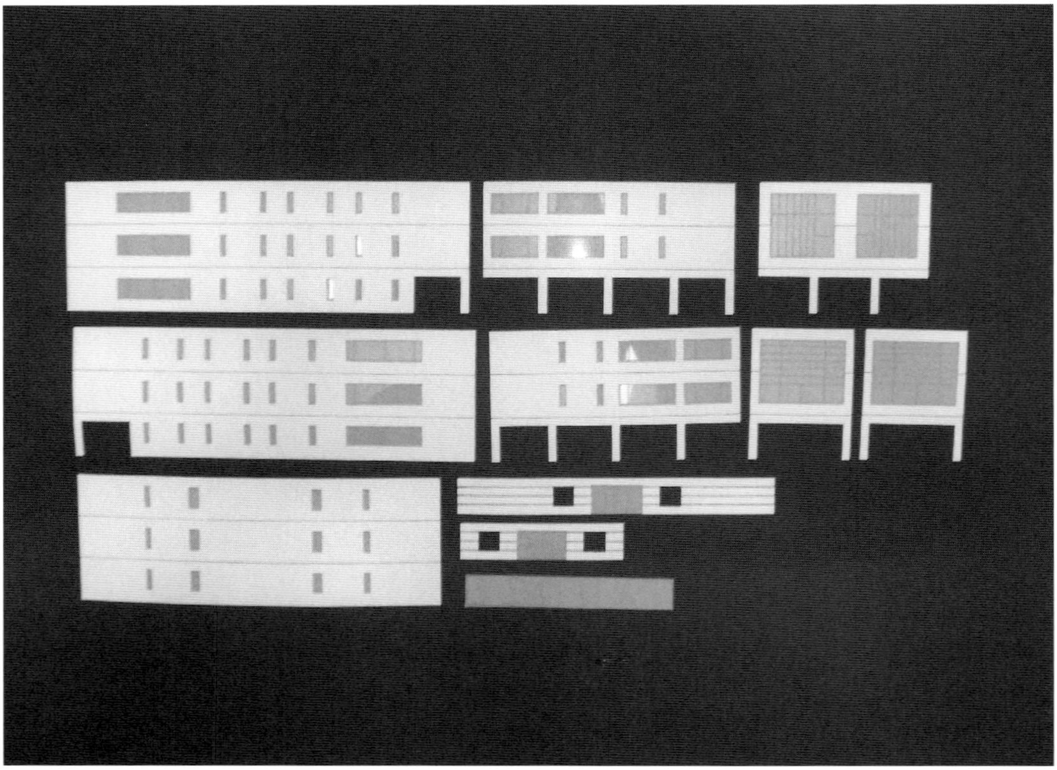

スタイロフォームに張るいろいろな外壁のカラーケント紙。窓はマーメイド紙に透明塩ビ板を張っている

7→外壁と屋根の色紙をスタイロフォームに張る

外壁と屋根の色紙の裏にスプレーのりを十分に、均一になるように吹き付け、芯となるスタイロフォームに張る。

8→中庭とピロティの独立柱をつくる

中庭にある10本の独立柱と道路に面したピロティにある4本の独立柱は7×7mmのスタイロフォームを芯にして、柱の4面に外壁と同じ厚さ0.5mmのアイボリーのカラーケント紙を張る。

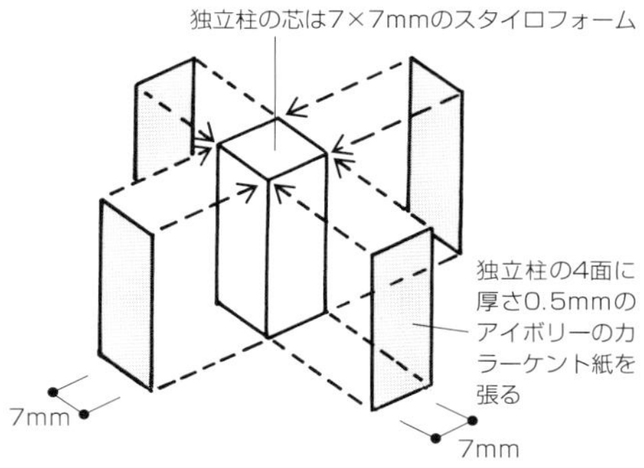

中庭とピロティの独立柱をつくる

9→建物の細部をつくる

パラペットの笠木部分は厚さ0.1mmのアルミ板でつくる。厚さ0.1mmのアルミ板はカッターで切り込みを入れると比較的簡単に切り取ることができる。はじめに3mm幅のアルミ板をつくり、端から1mmのところに軽くカッターで筋を入れて、そこをラジオペンチなどで折り曲げて1×2mm断面のアングルをつくり、外壁と屋根のコーナーのところに接着する。

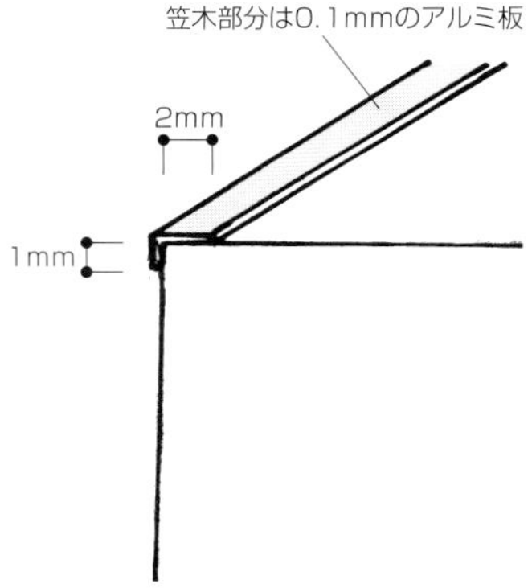

パラペットの笠木をつくる

10→敷地模型をつくる

①市販のB3判木製パネル全体の上に、スプレーのりでグレーのカラーケント紙を張り、さらに敷地部分に茶色のカラーケント紙を張る。あらかじめピロティの床、中庭の通路と1階回廊の床に用いる茶色のカラーケント紙には、0.2mmのロットリングで目地を描く。またカーポートと車、ドライエリアの吹抜け、道路の表示も描く。

②敷地の東側通路と中庭にある低木の寄せ植えをつくる。プラントボックスは、厚さ1mmのゴールデンボードで箱状につくる。木工用ボンドに水を加えたもののなかに、細目の薄緑色のグランドフォームを入れる。それをピンセットでつまみ、ゴールデンボードのプラントボックスのなかに、隙間なく盛り上がるように埋めていく。

③敷地の東側通路にある樹木をつくる。針金の芯に紙を巻いた市販品を幹に用い、それに市販の白のポリエステル繊維を加工してつくった枝葉の部分を取り付けてつくる。白のポリエステル繊維はなるべくふわっとやわらかい感じの球状になるようにする。

④ピロティと中庭のあいだの塀をつくる。厚さ2mmのスチレンボードの両面と小口面に、外壁と同じ厚さ0.5mmのアイボリーのカラーケント紙を張ってつくる。

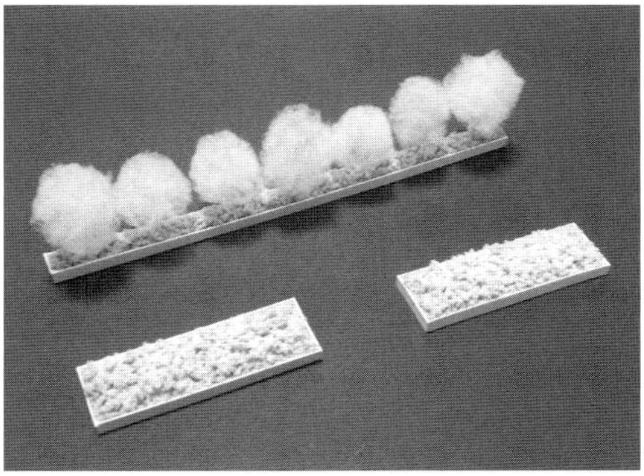

東面と中庭にある植栽

11→建物を敷地模型に接着する

建物を敷地模型に両面テープで接着する。

4　外構模型

建物の模型は、そのまわりにいろいろな樹木、水、人間、自動車などをおくことによって模型全体に情景や生き生きした雰囲気があらわれ、建物自体も引き立って見えるようになる。模型を写真に撮った場合、建築だけでなく外構も含めた周囲の状況を入れて撮るとリアリティーのある写真ができる。

プラスチック段ボールでつくった研究所の模型。芝はグリーンマットを使用している

都市計画コンペ案の模型

1　外構用材料

完成樹木などの樹木用材料やそのほかの外構用材料は、いろいろな種類のものが市販されているが、模型の目的、表現方法、スケール、予算に合わせて使い分けるようにする。ここでは、代表的なものをあげる。

①ワイヤツリー

銅線を束ねて、先端を半田付けで固定したものである。樹木の幹や枝として使われ、枝ぶりが自由に表現できる。サイズが豊富なので、低木から高木までスケールに合わせた表現ができる。また樹木には、加工しないでそのまま使用できる市販の完成樹木もあり、形や色が豊富にそろっており便利であるが価格が高い。抽象的な模型や縮尺の大きな模型の樹木には、一般に球状の発泡スチロールが適しているが、そのほかにコルク球、木球、アクリル球、金属球などもある。

②グランドフォーム

外構用材料としてよく使われるものである。

色のついた弾力のある細かいスポンジ状の素材で、芝、草地、樹木、地面などの表現に適している。細目、中目、荒目の3種類がある。細目は芝や草地、中目は樹木の葉、荒目は縮尺の小さい模型の樹木の葉などに適している。細目のグランドフォームをふるいにかけて、さらに目の細かい芝生をつくることもできる。寄せ植えの表現として、グランドフォームを木工用ボンドに水を加えて練ったものに入れ、ピンセットなどで植えていく方法がある。

③グランドカバー

スポンジを染めた素材である。

単色のものと色がミックスされたものとがある。草地、樹木の葉などに適している。

④シナリーパウダー

木片を粉状にして着色したものである。

木工用ボンド、スプレーのり、ペーパーセメントなどを塗った上か、または両面テープを張った上にまぶして、地面、芝、草などの表現にする。緑、灰色、茶、こげ茶、黄土色、白などの色がある。

⑤コルクパウダー

コルクを粉状にしたものである。

岩、山、道路あるいは地形模型などの敷地部分の表現に適している。超極細目、極細目、細目、中目、中荒目、荒目がある。

⑥シナリーストーン

粉砕した石に着色したものである。

砂、道路、土などの表現に適している。またパルプ素材にグレーの着色を施し、庭園や河原などの砂として使うものもある。

⑦グリーンマット

特殊紙に植毛したシートである。

両面テープまたは、のりで張るだけで、簡単に芝や草地を表現できる。不用な部分は水を塗るだけで植毛を除去できる。このほかに、芝の表現に使うターフシートもある。

⑧マスプランティング

合成繊維の糸を網状につなぎ合わせた、弾力性のあるシートである。

地域計画などの縮尺の大きい模型で、地面などを表現する場合に適している。地形に合わせて自由に切り取ることもできる。

⑨造形用パラフィン

ろう状のパラフィンでできた素材である。

透明度が高く、川、海、池、プールなど水の表現に適している。融点は65℃くらいで、80℃以上になると流動体になり、下地にあらかじめ着色をした上に、溶かして流し込む。波などは、ドライヤー、半田ゴテなどで表現できる。造形用パラフィンはほかの材料と質感が異なり表現が強く出やすいので、水の表現を強調したいときなどに使う。

⑩点景用材料

点景には、人物、自動車、手すり、フェンスあるいはインテリアではテーブル、机、椅子、キャビネットなどの家具がある。

模型用の点景用部品としていろいろな種類のものが市販されている。スケールは1/100、1/200、1/300くらいのものが多い。コストがかかるためこれらの部品は自分でつくることが多いが、数多くつくる場合や時間がない場合には、市販品を利用すると便利である。これらの点景を模型のなかにおくと、建築の模型を引き立て、またスケール感が把握でき、雰囲気を演出することができる。建築模型の点景は、補助的な役割をするため、過剰な表現になったり、あまりリアルにならないほうが全体としての印象はよくなる。人物の表現では、雑誌や本などの写真から人物を切り抜いてスチレンボードなどに張る方法があり、これは手間はかかるが、コストがかからないので時間的余裕のあるときにすすめられる方法である。

2　外構エレメントの表現方法

建物の模型には、リアルな精度の高い模型、抽象的な模型、その中間の表現の模型などがあるが、外構についても同じことがいえる。一般に建築模型では、建築を主体に表現するため、外構を建築よりグレードを上げてつくるということは少ないが、外構模型や外構が重要な要素となる模型では、建築と同じかそれ以上のグレードでつくる場合もある。

1→植栽を表現する

①樹木のつくり方

樹木は、模型のスケールを考えてスケールアウトしないように表現することが大切である。模型のスケールが1/50〜1/20くらいになると、より詳細な樹木表現にする場合がある。高木を敷地に植えるときには、錐などでガイド用の穴をあけ、スチのりで接着していくか、下にボックスをつくり、おくようにする。樹木は、実際の図面に描かれているものと同じ大きさでつくり敷地に植えるのが原則である。ただ樹木が大きくて、建物が隠れてしまうような場合は省略することもある。また写真撮影のときに、建物が隠れてしまうような樹木は接着しないでおいて、撮影が終わってから接着することもある。次に樹木のつくり方を示す。

(1)球状の発泡スチロールを使う

発泡スチロール球にピアノ線を刺して敷地におく。模型のスケールが1/1,000〜1/500の場合は直径7mmくらいの発泡スチロール球、1/500〜1/100の場合は、直径4cmくらいの発泡スチロール球を使うとよい。

(2)グランドフォームやグランドカバーを使う

ワイヤツリーを自由に折り曲げたり、はさみで切って好みの樹形をつくる。それに、グランドフォームの場合は目の細かいスチールウール繊維のネットをかぶせ、スプレーのりを吹き付け、グランドフォームの細目をふりかけていく。グランドカバーの場合は、ワイヤツリーの銅線にスチのりで直接付けることができる。

(3)ドライフラワーを使う

身近にあるものの工夫として、ドライフラワーを使うことがある。ドライフラワーは市販されているので、模型の樹木として使えそうなものを求めてもよい。それを、はさみで樹形を整えてそのまま植えてしまうか、またはスプレーのりを吹き付け、グランドフォームをふりかけて使用する。

(4)脱脂綿を使う

ワイヤツリーに、脱脂綿を広げて付ける。

(5)市販の完成樹木を使う

コストがかかるが、市販の樹木をそのまま配置する方法もある。

②寄せ植えのつくり方

木工用ボンドに水を加えて練ったものに、グランドフォームを入れる。木工用ボンドの付いたグランドフォームをピンセットで取り出し、寄せ植え部分においていく。いくつかの濃さの違う緑色のグランドフォームを混ぜてもよい。また着色したスポンジのグランドカバーにスチのりを付けて、寄せ植え部分においていく方法もある。そのほかに、グランドフォームの代わりに綿を指やピンセットでちぎって使うこともある。

③芝のつくり方

(1)グランドフォームを使う

芝生をつくろうとする部分に両面テープを張り、グランドフォームを均一に丁寧にふりかける。両面テープ

RC造3階建て住宅の外構模型の植栽部分(1/100)

のつなぎ目は、重ね合わせたり、隙間があるとその部分がふぞろいになるので、両面テープを均一にきれいに張るようにする。両面テープは門や塀をおくよりも前の段階で張っておき、保護テープははがさないようにしておく。グランドフォームをふりかけるのは、外構模型の最後の段階で行うとよい。
(2)芝生用のシートやマットを使う
芝生の部分に市販の芝生用のシートやマットを張る。接着は両面テープや木工用ボンドを水で溶いて刷毛で塗るなどの方法がある。

2→舗装を表現する

アプローチ、ポーチ、テラスなどに使われるレンガ、石、コンクリートなどの舗装の表現は、ケントボードやクレセントボードなどのボードまたは色紙に、ロットリング、サインペン、鉛筆などで目地を描く。あるいは、市販のパターンペーパーを求めて、それを直接張ると手間がかからない。外構の高さは、ボードまたは紙の下に、スチレンボードやスチレンペーパーを下地として敷くことによって調整する。

3→デッキを表現する

角棒を切って組み立ててつくることもできるし、スチレンボードなどの上に角棒を張ることもできる。また目地加工されたバスウッドを使うと便利である。接着は、木工用瞬間接着剤を使うとよい。また木材だけでなくボードや色紙に目地を描くことで表現してもよい。

4→外構の階段を表現する

階段部分は、段板の高さを調整して表現する。高さをボードや色紙の下に敷くスチレンボードなどの下地材によって調節する。

5→水を表現する

水の表現には、着色された光沢のある塩ビ板、アクリル板、プラスチック板などがよく使われる。これは水による光の反射や周囲のものの映り込みの状態を表現するのに、これらの材料が適しているからである。塩ビ板などが透明か薄い色の場合はこれらの下に青、紺、シルバーなどの紙を敷き、透明な塩ビ板などを通してそれらの色をあらわす方法もある。また下に敷く紙を軽くもみほぐして、しわをつけてからその上に透明な塩ビ板などをおくと動きのある水の表現になる。また、アルミ板などの反射しやすい金属素材を用いることもある。

6→点景を用いる

建物の模型は、人間や自動車などをおくことによって、模型全体に情景や活気だけでなく、スケール感を出すことができる。
人間は市販の人物模型を使用するだけでなく、人物のレタリング、雑誌の写真、自分で描いたものをスチレンボードやゴールデンボードに張り、人物の部分を切り取って使う方法がある。外構模型では、人間は庭、テラス、アプローチ、バルコニーなどにおくとよい。また人間は外構模型だけでなくインテリア模型にも使われる。
自動車は、市販の車模型を使用するだけでなく、スタイロフォームを台形に切り取り、それを張り合わせて着色してつくってもよい。車模型は何台もつくることがあるために、あらかじめ同じ形のスタイロフォームをいくつか切り取っておくようにする。

研究所の外構。芝はグリーンマット、舗装は市販のパターンペーパーを使用している

3＿＿傾斜地盤の模型のつくり方

1→等高線に沿って、スチレンボードを積み上げる

傾斜地の模型は、スチレンボードなどを等高線(contour line、コンタライン、略してコンタという)に沿って1枚1枚切り取り、それを積み重ねて接着する方法が一般的である。この方法では、実際の地面が連続した斜面であっても、模型では段々の斜面となって簡略的に表現される。もっと精度を上げたい場合は、地形図からさらに細かく等高線を描き、薄いスチレンボードを重ねていくようにする。さらに、実際の連続した斜面のように表現したい場合には、スチレンボードを重ねてから、パテを使って隙間を埋めることで連続した状態にすることができる。

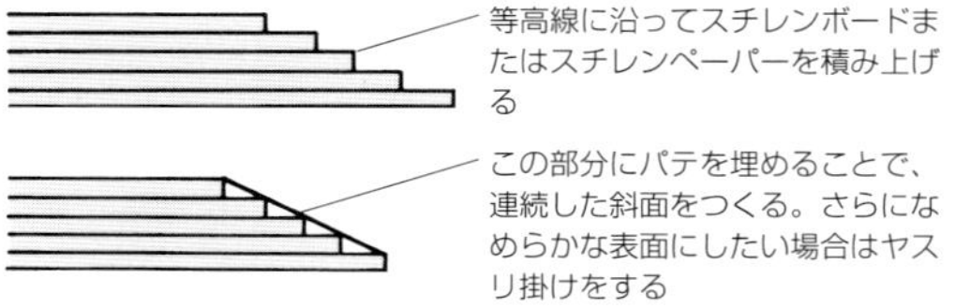

等高線に沿ってスチレンボードまたはスチレンペーパーを積み上げる
この部分にパテを埋めることで、連続した斜面をつくる。さらになめらかな表面にしたい場合はヤスリ掛けをする

等高線に沿ってスチレンボードを積み上げる

材料としては、スチレンボード、スチレンペーパー、コルクシートなどがある。接着剤には、水性ボンドかスチのりを使い、水性ボンドは水で薄め、スチのりはアルコールで薄めてから、刷毛で均一に塗布して接着する。

また仕上げとして厚みのあるコルクボードやゴールデンボードなどのボードを張る場合は、その部分の厚さも加えてその敷地の部分の高さとすること。

高低差がかなりある場合は、地形をつくるスチレンボードが多く必要となるので、それを節約するために、スチレンボードを積み上げる箇所を一部分としてそのほかの地盤面下の部分を中空にする方法がある。積み上げる箇所は敷地模型の周辺部または地形の状況によって各自決めればよいが、建物を含んだ敷地模型として丈夫になるようにすることが大切である。地形模型の小口部分はスチレンボードやゴールデンボードなどを張って地盤面下の部分を隠す。

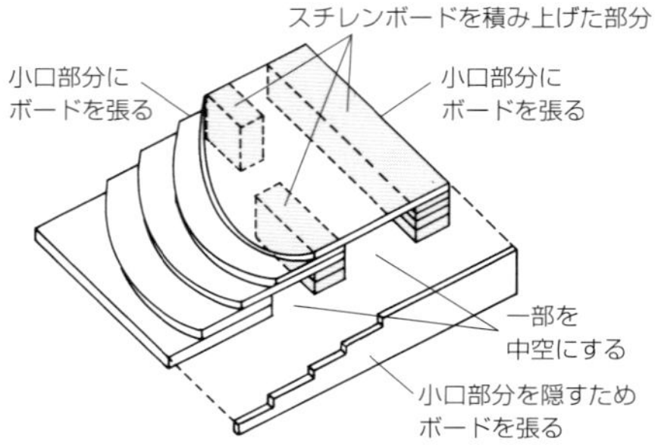

スチレンボードを積み上げた部分
小口部分にボードを張る
小口部分にボードを張る
一部を中空にする
小口部分を隠すためボードを張る

地盤面下の一部を中空にする

2→削り込んで地形をつくる

スタイロフォームや発泡スチロールなどのやわらかい材料をカッターを使って斜面を削り込んで地形をつくっていく。斜面の形が単純な場合は、スタイロフォームなどの4側面に、求める高さまでの線をサインペンで描き、それをガイドにしてカッターで削り込む。斜面の形が複雑な場合は、斜面全体をいくつかのブロックに分け、そのブロックごとに高さを求めて削ると斜面の削り込みが簡単になり、最後にこれらのブロックを張り合わせて全体の地形を完成させる。

3→スタイロフォームなどを芯にして、その上にスチレンボードを張る

敷地に高低差がある場合には、スタイロフォームなどを芯にしてその上にスチレンボードを張る方法もある。

01 斜面の形が単純な場合

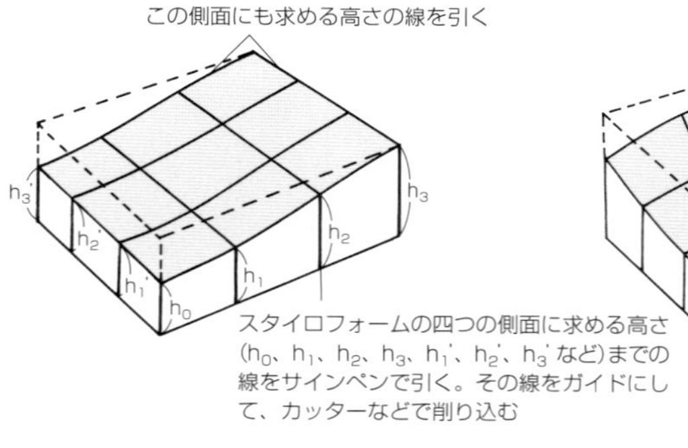

この側面にも求める高さの線を引く
h_3'
h_2'
h_1'
h_0
h_1
h_2
h_3
スタイロフォームの四つの側面に求める高さ(h_0、h_1、h_2、h_3、h_1'、h_2'、h_3'など)までの線をサインペンで引く。その線をガイドにして、カッターなどで削り込む

02 斜面の形が複雑な場合

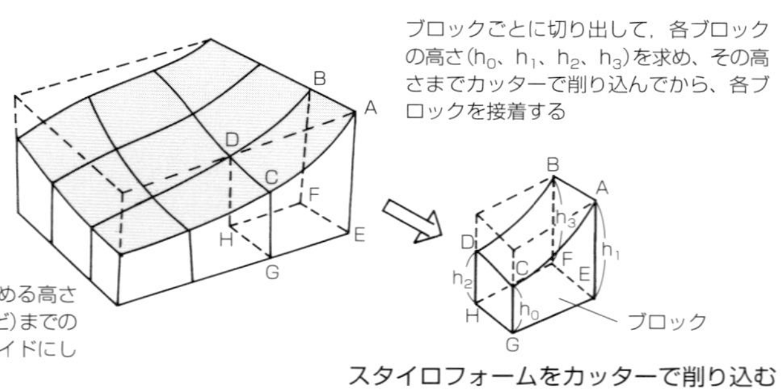

ブロックごとに切り出して，各ブロックの高さ(h_0、h_1、h_2、h_3)を求め、その高さまでカッターで削り込んでから、各ブロックを接着する
A
B
C
D
E
F
G
H
h_0
h_1
h_2
h_3
ブロック

スタイロフォームをカッターで削り込む

4＿RC造住宅の外構模型をつくる

1→高低差のある敷地模型をつくる

計画敷地だけでなく前面道路までを含めてレイアウトを考え、木製パネルの上に配置図兼1階平面図をおく。配置図兼1階平面図の裏面に、スプレーのりを吹き付け少し乾かしてからスチレンボードの上に張り、敷地部分を切り抜く。高低差のある敷地をつくるには、配置図兼1階平面図に書いてある敷地の高さになるように、いろいろな厚さのスチレンボードを重ねてつくる。

この住宅では敷地内の諸所に高低差があり、また道路にも勾配がついているので、敷地や道路をつくるのにかなりの作業量を必要とする。高低差のあるこの住宅の敷地模型の基本的なつくり方を次に示す。

①敷地と勾配のある道路を分けてつくり、後で一体にする。

②敷地についても、一番低い高さの－1,000mmから±0mmまでの敷地の部分（敷地の東南にある傾斜のついた芝の植込み部分と東の道路に面した植栽部分）と敷地の主要な部分である±0mmから＋2,300mmまでの部分を分けてつくり、後で組み合わせて一体の敷地とする（110頁の平面図と112頁の左下の図参照）。

③－1,000mmの高さがこの敷地模型の一番低いところなので、その高さを台となる木製パネルの面とする。

④110頁の平面図と112頁の左下の図のように敷地の主要な部分である－1,000mmから±0mmまでの地盤をスチレンボードでつくる。1/100の模型なので、厚さは10mm（1,000mm÷100＝10mm）となり、5mmのスチレンボードを2枚重ねてつくる。この2枚重ねた高さが敷地の基準高となる±0mmとなる。

⑤敷地部分の上に1階居間側の庭の高さ＋900mmと中2階和室側の庭の高さ＋2,300mmにちょうどなるように、いろいろな厚さのスチレンボードを重ねていく。1階居間側の庭の高さは、前面道路の±0mmより900mm高いため、1/100の模型では9mm（900mm÷100＝9mm）高くなるので、下から厚さ2mmと7mmのスチレンボードを重ね合わせる。また中2階和室側の庭の高さは、前面道路の±0mmより2,300mm高いため、1/100の模型では23mm高くなるので、スチレンボードの厚さ2mmと7mmの上に、さらに7、3、4mmのボードを重ね合わせて高さの調節をする。

このように、どの厚さのスチレンボードを選ぶかは、ほかのところの高さも考えながら調節して決めるようにする。

⑥模型の作業性をよくするため、住宅部分はすべて±0mmよりつくる。

⑦勾配のある道路の場合は、平面的な寸法と実寸法が異なるので注意する。実寸法の求め方は勾配屋根の実寸法の求め方と同じである。道路は最後につくり、敷地模型に取り付ける。

⑧テラス床のレンガは台所前の通路部分に入り込んで敷かれて、またデッキ床の板材は玄関ホール前の建物の外部の引き込み空間に敷かれている。そのため、模型ではこれらの床に使う色紙を先に敷地模型に張り付けてから、完成した住宅模型を取り付けるようにすると色紙の張り付け作業が容易になり、また住宅模型のテラスやデッキの床がきれいに仕上がる。

ただし、中2階の和室前の濡れ縁は住宅模型を取り付けてからのほうが作業がしやすい。

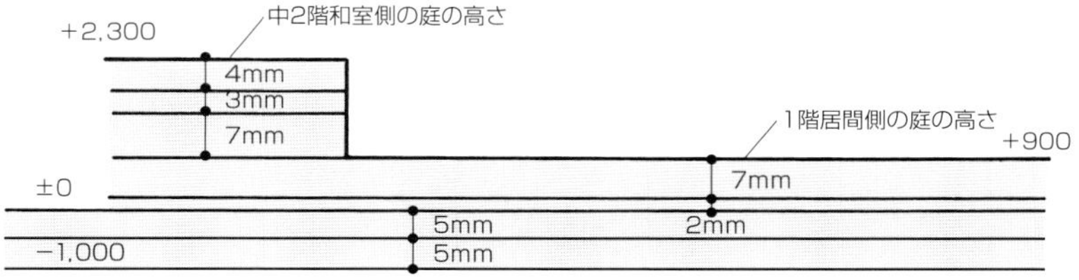

スチレンボードを積み重ねて高低差のある敷地模型をつくる

RC造2階建て住宅の外構模型（1／100）

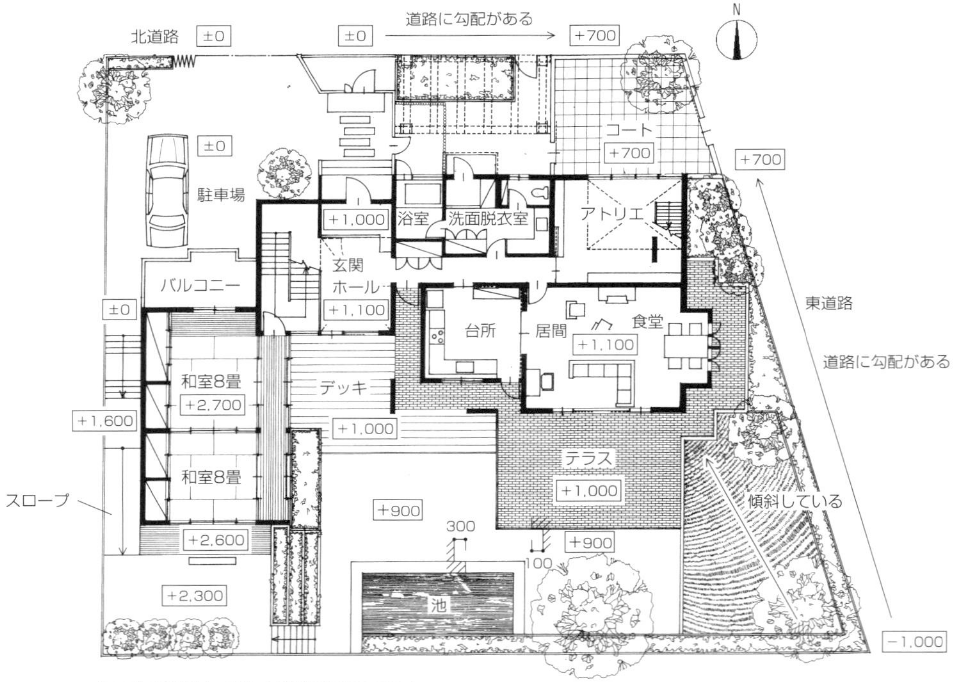

1階平面図兼配置図　1/300

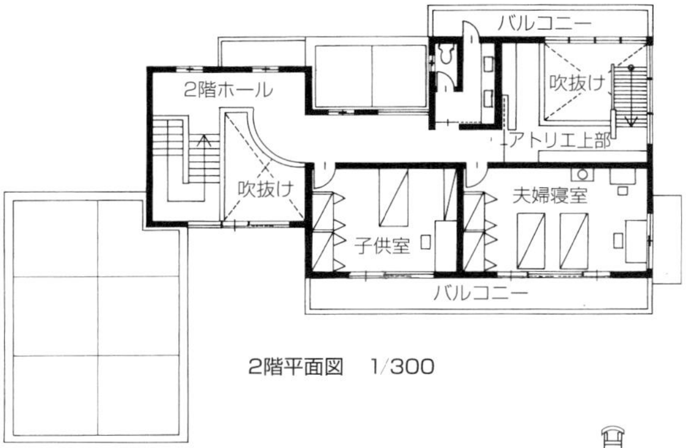

2階平面図　1/300

南東側より見る

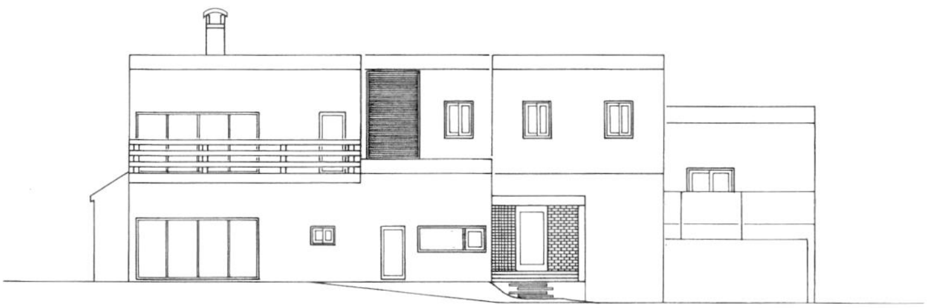

北立面図　1/300

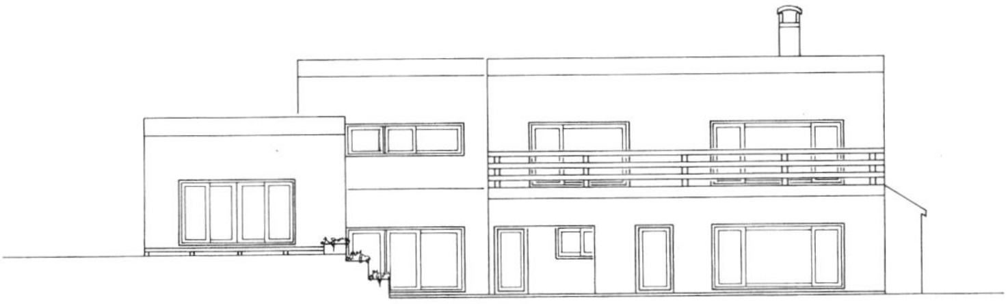

南立面図　1/300

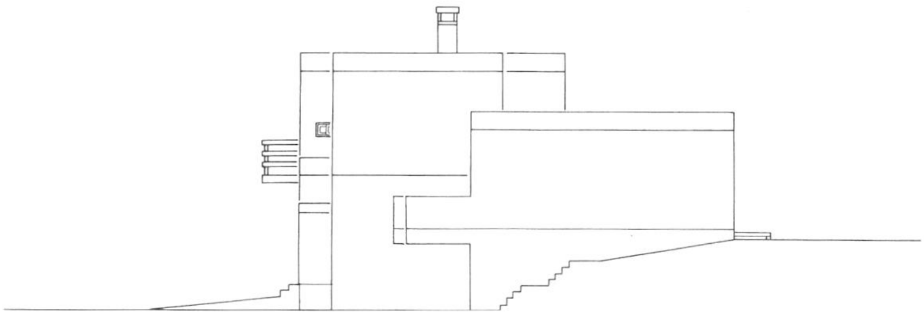

西立面図　1/300

東立面図　1/300

2→敷地内の階段をつくる

西側の敷地内通路にある階段と中2階和室側の庭の寄せ植えにある階段は、敷地とは別に箇別につくり、後から敷地に取り付ける。西側の敷地内通路にある階段は蹴上げ200mmの8段なので、厚さ2mmのスチレンボードを7枚積み重ねてつくる。

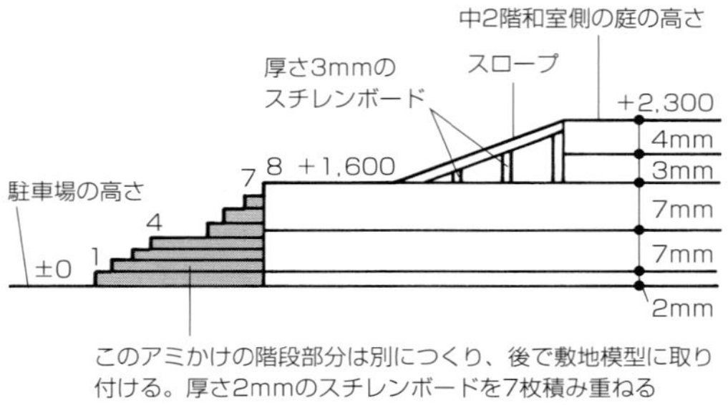

西側の敷地内通路の階段をつくる

3→芝の植込みと植栽をつくる

敷地の東南にある傾斜のついた芝の植込み部分と東の道路に面した植栽部分をつくる。

敷地の東南にある芝の植込み部分は敷地本体とは別につくり、後で取り付けたほうが作業がしやすい。この部分は下地にスチレンボードを積み重ねて、その上にパテを塗り、さらにヤスリでなめらかな斜面にしてから、仕上げに芝シートを接着する。シートのものは裏の紙をはがすと、接着面があらわれるので、簡単に張ることができ便利である。芝を囲む縁石やコンクリートの立ち上がり部分は、芝を張った後で厚さ1mmのスチレンボードを取り付ける。

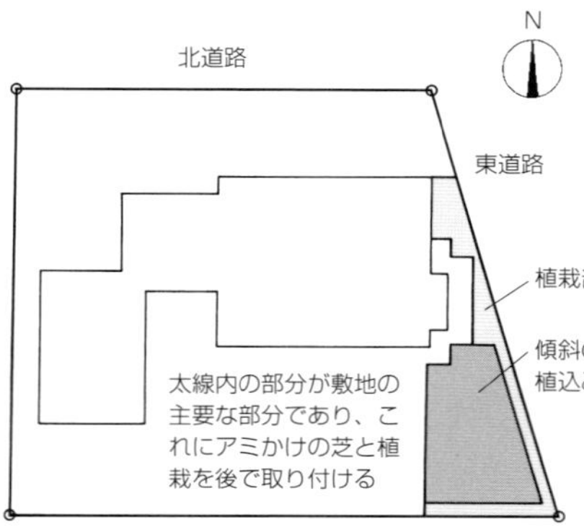

植込みや植栽部分を敷地本体とは別につくる

東道路に面した植栽部分も同じように、別につくり後で取り付ける。

4→住宅の模型をつくる

住宅は厚さ2mmのスチレンボードを紙一枚残しでつくる。この住宅は凹凸の多い外観のために立面図を直接使うことはできず、平面図と立面図から各外壁面の模型用図面をCADでつくり、それをスチレンボードに張り付けてカッターで切り、外壁の部材をつくっている。

住宅の模型のつくり方は基本的には第3章1節「プレゼンテーション模型」と同じであるが、外壁に窓の穴はあけておらず、ライトブルーの色紙にロットリングで窓の形を描きそれを切り取って、スチレンボードの外壁に張ってある。外観のみの模型であるため、内壁や2階の床もつくっていない。2階バルコニーの手すりは白のアクリル棒でつくっている。

この住宅では、建物が地面に接する地盤面にはいろいろな高さがあるが、駐車場の±0mmの高さが住宅の一番下の部分である。実際の建物では駐車場以外の住宅の部分は、±0mmではないが、建物の底部の高さを統一して模型作業を容易にするためと、駐車場以外の住宅の部分は最終的に地面に埋まって隠れる形になるため、住宅全体をこの±0mmのところからつくるようにする。

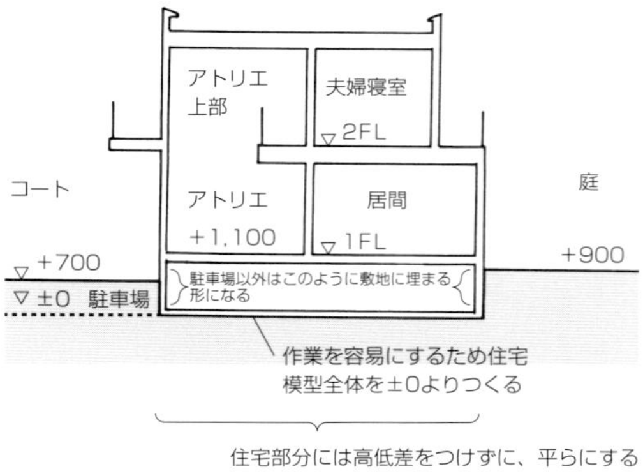

住宅模型の底部を敷地の高さ±0のところからつくる

5→コートをつくる

コートの床に張る材料は市販のコンクリート用のシートを使う。道路面も同じものを使っている。この市販のシートにはコンクリートのほかに、レンガ、石、芝、砂利、コンクリートブロック、フローリング、畳などがあり、裏のシールをはがすと接着面があらわれるので、そのまま簡単に張ることができる。コンクリート用のシートは表面がザラザラしているので、目地を描くにはロットリングではなくサインペンを使う。

6→庭、アプローチをつくる

庭やアプローチの地面には、薄い黄土色の色紙を張る。これらの部分にある塀やプラントボックスは、庭や塀の地面に色紙を張ってからその上につくると、きれいに納まる。

7→レンガテラス、ウッドデッキをつくる

レンガテラスの高さは居間の庭の高さよりも100mm高い。そのため、市販の1/100のレンガ用のパターンペーパーを下地用の厚さ1mmのスチレンボードに張ってから、敷地模型に取り付ける。パターンペーパーは裏のシールをはがすと接着面があらわれるので、下地のスチレンボードに簡単に張ることができる。

木製デッキは茶色の色紙にロットリングで平行線を引いて、同じように下地用の厚さ1mmのスチレンボードに張ってから、敷地模型に取り付ける。

もし市販の色紙で気に入った色やパターンがない場合には、色鉛筆やマーカーで着彩してオリジナルのものをつくるとよい。レンガ、石、木などのパターンペーパーはいろいろな色やパターンのものが市販されているが、製作する模型のスケールに合ったものやスケールに近いものを使うようにする。

テラスのレンガやデッキの板材は建物の内部やその近くまで敷かれているため、床に使う色紙を先に敷地模型に張り付けてから、住宅模型を取り付けるようにすると床の張り付け作業が容易になり、建物との境界部分がきれいに納まる。

8→敷地模型に住宅模型を取り付ける

住宅模型が完成したら、高低差のある敷地の主要な部分の模型にスチのりで取り付ける。このとき、住宅模型に付けたスチのりがはみ出さないように注意する。

9→塀、フェンス、門扉をつくる

塀、フェンス、門扉は厚さ1mmのスチレンボードでつくる。コーナー処理は、建物の外壁と同じように紙一枚残しでつくる。

10→寄せ植えをつくる

寄せ植えには芝シートを張る。

11→池をつくる

池は紺の色紙の上に透明な塩ビ板を張って表現する。池の縁石は厚さ3mmのスチレンボードの上に、コートの床に使ったものと同じコンクリート用のシールを張って仕上げる。

12→パーゴラをつくる

パーゴラは3×3mmのひのきの角材をヤスリ掛けして組み立てる。

13→道路をつくる

道路には勾配があり、平面的な寸法と実寸法が異なるので注意する。道路は±0mmを基準とし、コート前の＋700mmの高さの水平な道路では、7mmのスチレンボードを張ったり、勾配のある道路はスチレンボードを斜めに張るなどして高さ調節をしたうえに、コートと同じ床材のコンクリート用のシールを張って仕上げる。

14→樹木をつくる

樹木は市販の白のフラワーツリーを加工してつくる。樹木をつくるときは、スケールアウトしないように模型のスケールに合わせてつくることが大切である。樹木を敷地に植えるときには、錐などでガイド用の穴を敷地模型にあけ、樹木模型の根の先端部分にスチのりを付けて穴に差し込む。

15→木製パネルに接着する

完成した敷地の主要な部分の模型と東側の道路に面した芝と植栽の部分と道路を木製パネルに接着する。

最初に、木製パネルの上に厚さ5mmのスチレンボードを張る。このスチレンボードの面が、一番低い−1,000mmの高さになる。その上に完成した敷地の主要な部分の模型を接着し、次にこれに東の道路に面した斜面の芝の部分と植栽の部分を取り付け、最後に道路を取り付ける。敷地の主要な部分の模型のスチレンボードを積み上げた側面を隠すために、厚さ1mmのスチレンボードを張る。模型台の木製パネルの側面にはケント紙を張って仕上げる。

5　スタディ模型

スタディ模型は設計作業の過程で、設計者が計画建物の形、プラン、デザインなどを検討するときにつくるもので、建て主に見せるプレゼンテーション模型とは異なるものである。スタディ模型は目的、用途に応じていろいろなものがあり、模型材料もケント紙、スタイロフォーム、スチレンボード、板段ボール、粘土などさまざまな材料を使う。スタディ模型は、いろいろな計画案を考える場合に計画案ごとに模型をつくることもあり、また最終決定案ではなく設計過程での設計者のための検討用の模型なので、比較的簡単な方法によって短時間でつくることが大切である。
実際にスタディ模型をつくって見ていると、エスキースしていたときのアイディアを確認したり、いろいろな視点から見ることで意外なことに気づき、その重要さをあらためて認識することがある。スタディ模型をつくることは、設計作業のなかでの形、プラン、デザインなどを検討する際の重要な手法である。
また建物全体のスタディ模型だけでなく、アトリウムなど建物の主要な空間、デザイン上重要な外壁の部分、建物の主要な部屋のインテリア模型、室内の暖炉まわり、ディテール部分の模型など、そのスタディ模型の目的や用途によって、いろいろな部分模型をつくる場合がある。

1　ケント紙でスタディ模型をつくる

建物のエスキース段階での平面や立面が決まった時点で、建物全体のおおまかな形、屋根形状や勾配、窓の大きさや位置などを検討するために、ケント紙を使って簡単にスタディ模型をつくる場合がある。
115頁上の写真のRC造2階建て住宅のスタディ模型では、外壁を0.5mmの厚手のケント紙でつくっている。スタディ模型に使うケント紙の厚さは、0.5mmくらいがよく、それより薄いと完成した模型が弱々しく見える。また窓はグレーのカラーケント紙に窓枠を鉛筆で描いて、外壁の裏から張っているが、窓は青や黒な

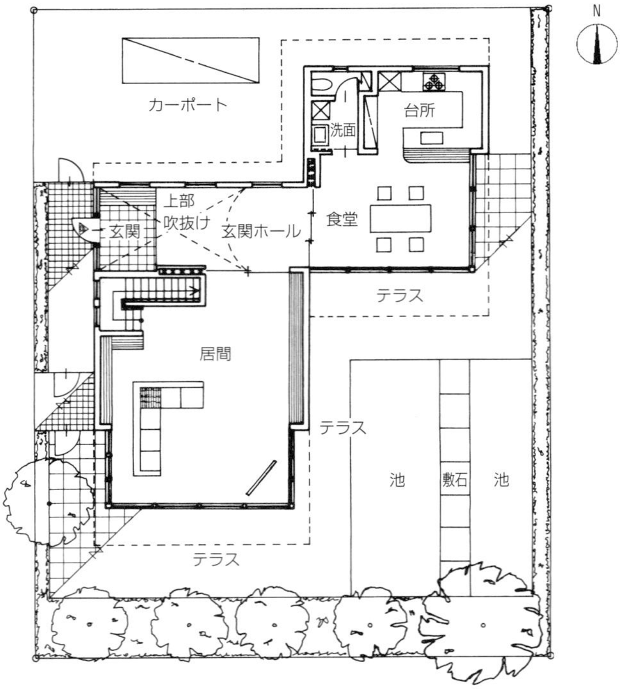

1階平面図兼配置図　1/250

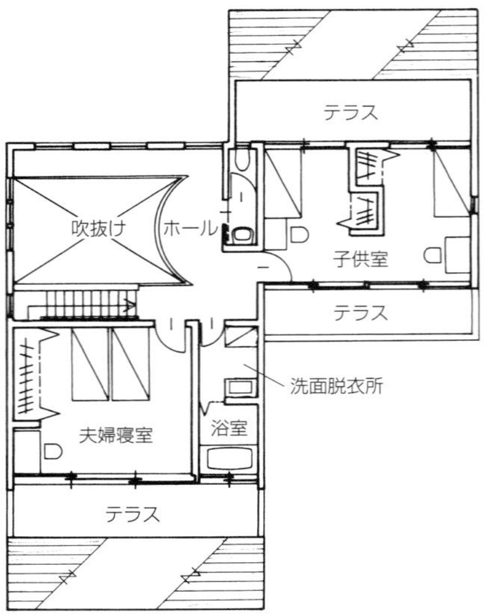

2階平面図　1/250

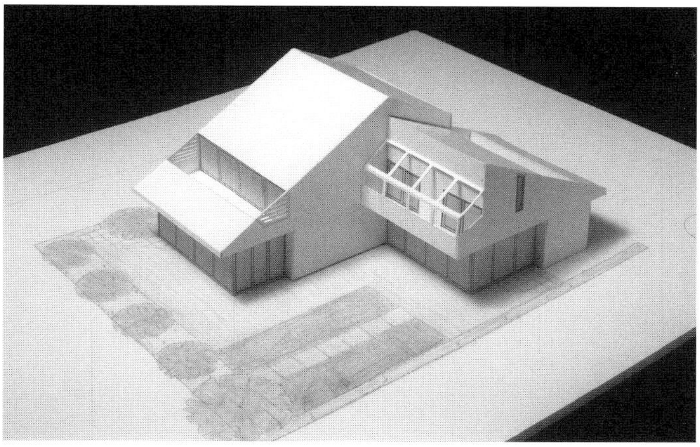

ケント紙によるRC造2階建て住宅のスタディ模型(1/100)

どのカラーケント紙でもよく、窓枠は鉛筆の代わりにサインペンやロットリングを使ってもよい。窓部分にカラーケント紙を張ったり色鉛筆やマーカーなどで塗って、白などの外壁の色との対比をはっきりさせると壁と窓とのバランスがよくわかるようになる。また外構は鉛筆で描いてから、色鉛筆で簡単に塗ってある。ケント紙によるスタディ模型は短時間で簡単にできるため、計画案ごとに模型をつくり比較検討できるよさがある。

2　スタイロフォームで スタディ模型をつくる

これもケント紙によるスタディ模型と同じように、建物のエスキース段階での平面や立面が決まった時点で、建物の配置、建物全体のおおまかな形、屋根形状や勾配、窓の大きさや位置などを検討するためにつくる。建物の配置、ボリューム、全体の形だけの検討なら、スタイロフォームを切っただけの模型をつくるとよい。しかし窓の検討なども含めたものにするには、スタイロフォームで建物の芯をつくり、窓を描いた外壁や屋根の紙を表面に張る場合が多い。スタイロフォームはヒートカッターを使って簡単に切ることができるために、スタディ模型としてかなりよく使われる。このスタイロフォームによる模型は短時間で効率よくつくれるため、いくつかのタイプのスタディ模型をつくり、比較検討できるよさがある。またスタイロフォームは計画建物の周辺建物の模型材料としても、よく使われる。

1→商業ビル計画のための周辺模型

この頁の右下写真のスタイロフォームによる周辺模型は、6階建ての商業ビルを計画するためのもので、写真中央にあるビルは計画前の建物であり、これを取り壊して新たに設計をする。

一般に計画建物の周辺模型は設計の初期段階でつくることが多く、この商業ビルの計画ではこの周辺模型をもとにして駅やロータリーとの関係、街のランドマークとしての役割、隣接する建物との関係、法的規制などを設計作業の過程で検討していく。

一般にスタディ模型では、計画建物だけでなく周辺模型もつくると、敷地とその周囲の状況がわかりやすくなるので、つくることをすすめる。周辺模型は、スタイロフォームをヒートカッターで切っただけのもので十分であるが、場合によってはジェッソなどを塗ることもある。スタディモデルでつくった周辺模型をプレゼンテーション模型として使うことが多いので、写真を撮るときに邪魔にならないように、周辺模型はいつでも取りはずしできるように両面テープや虫ピンで仮止めしておくとよい。

計画地

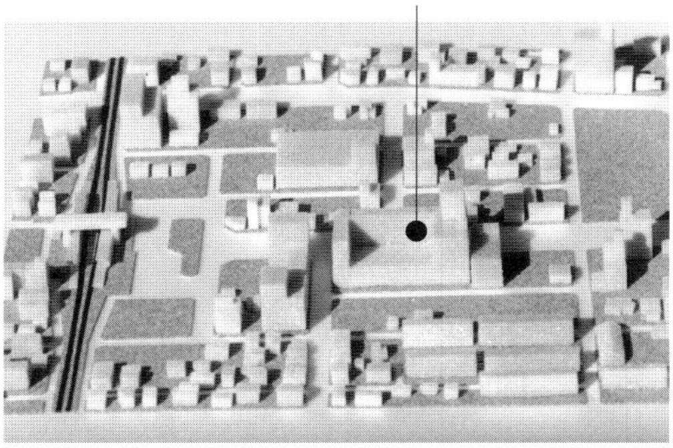

商業ビル計画のための周辺模型

3 スチレンボードでスタディ模型をつくる

スチレンボードによるスタディ模型も建物の形やデザイン、プラン、屋根の形や勾配、窓のデザインなどを検討するためにつくるが、ケント紙やスタイロフォームよりは手間がかかる。ただし、プレゼンテーション模型ではないので、用途や目的に応じて、簡略化できるところは簡略してもかまわない。

1→RC造3階建て住宅のスタディ模型

この頁の上写真の模型は、住宅の外観、窓の大きさや位置、建物全体の空間構成、玄関の大きな窓のデザインなどを検討するためにつくられたスタディ模型である。窓は玄関の大きな窓以外は、単に穴をあけただけである。一般にスチレンボードによるスタディ模型のコーナー処理は、この模型のように小口を見せるような方法でかまわない。

住宅のスタディ模型は1/100ないしは1/50でつくることが多いが、この模型は1/50のスケールである。当然、1/50のスタディ模型は、1/100のものよりスケールの大きさによるボリューム感が出る。

2→RC造2階建て住宅のスタディ模型

この頁の下写真の模型は、114頁のケント紙のスタディ模型と同じ住宅をスチレンボードでつくったものである。住宅の外観や屋根勾配、庭に面した大きな窓のデザインの検討のためにつくられている。このスタディ模型は住宅の外観（とくに屋根勾配）と庭に面した大きな窓のデザインの検討を目的にした模型であるため、屋根を取って内部を見せるようにはなっておらず、また建物の北面の窓は単に穴をあけただけである。外部

RC造3階建て住宅のスタディ模型（1/50）

RC造2階建て住宅のスタディ模型（1/100）

は地面に3種類の色紙を張って、庭に張った素材の違いをあらわしている。

3→2 階建て集合住宅のスタディ模型

この頁の写真の模型は二つとも、集合住宅の主に配置と全体の形やデザインを検討するためにつくられたスタディ模型である。単に全体の配置のみを検討するためのスタディ模型は、一般にスタイロフォームでつくることが多いが、この模型は建て主への中間プレゼンテーションも兼ねているために、スチレンボードでつくられている。

2階建て集合住宅のスタディ模型－1

2階建て集合住宅のスタディ模型－2

6 インテリア模型

インテリア模型は、建て主のプレゼンテーション用として、また設計者のスタディ用の模型として、間取りや内部空間の構成、家具、インテリアの色彩などを表現するためにつくられる。インテリア模型には、第3章1節「プレゼンテーション模型」にあるように外観模型と一体につくり、外観模型の屋根や床を取りはずして、内部空間の構成や間取りなどをあらわすものがある。これは外観と内観が一体となっている模型であるが、それとは別に、インテリアの要素に重点をおくことを目的として、外観模型とは別にインテリアのみを単独でつくる模型もある。また建物全体を表現したインテリア模型のほかにも、重要な内部空間や一部屋だけのインテリアを表現した模型もある。

インテリア模型の種類

- インテリア模型
  - 外観模型を兼ねたインテリア模型（外観模型＋インテリア模型）
  - インテリア模型のみ
    - 建物全体のインテリア模型（間取り模型、断面インテリア模型など）
    - 建物の一部あるいは部屋のインテリア模型

1　インテリア模型のつくり方のポイント

次に一般的なインテリア模型のつくり方のポイントを述べる。

①床、壁、天井などの色彩やテクスチャーをあらわすことで、内部空間にリアリティーを出す。

②テクスチャー表現は、床、壁、天井などの模型材料の素材によってあらわすもののほかに、目地を描き込んだり、色鉛筆やマーカーなどによる着色によっても行うが、全体のバランスを考えながら、あまり過剰な表現にならないようにすること。

③床、壁、天井のボードに着彩したり色紙を張る場合は、ボードを組み立てる前に行うとよい。ボードを組み立てた後に行うと作業が難しくなる。

④インテリアの色彩は、一般に天井よりも壁を、また壁よりも床の明度を低くしたほうがバランスがよい。壁に紙を張る場合は、床材よりは明度が高いかまたは光沢のある紙、あるいは床材と色やテクスチャーの違う紙を使って、床材との違いをはっきりと表現したほうがよい。

⑤家具、住宅設備機器、人物などの模型をおくことによって、内部空間にスケール感を与えたり生活感を出すことができる。また、簡略化した方法としては、家具などの模型をつくらずに、平面図や展開図に描かれた家具などの図面に色鉛筆やマーカーなどで着色して床や壁のボードに張る方法がある。インテリア模型としてよくつくられる家具や住宅設備機器にはリビングセット、ダイニングテーブル、椅子、机、棚、ベッド、厨房セットなどがある。そのほかに、テレビ、ピアノ、植物などをおくことによって、雰囲気を出すことができる。

⑥2階建ての建物については、2階の床を取りはずせるようにすることで、1階の間取りがわかるようにする方法がある。

⑦外壁の1面か2面を虫ピンなどで止め、取りはずしできるようにすると、取りはずした外壁面の方向から見た断面インテリア模型が表現できる。次項で取りあげるコートハウスのインテリア模型は、断面インテリア模型としても利用できるようになっている。

⑧家具は一般に厚さ2〜3mmのスチレンボードを用いる。家具は全体とのバランスを考えて、簡単につくるか精密につくるかを考える。家具のみが目立って、全体のバランスが悪くならないようにする。

⑨洗面所、浴室、便所などの部屋は内部が狭いために、浴槽、洗面、便器などの住宅設備機器の模型をつくっても、インテリア模型として効果が弱い場合は、平面図に住宅設備機器を描いて床のボードに張っただけでもかまわない。

⑩住宅全体のインテリア模型では1/50のスケールが適当であるが、部屋のみのインテリア模型では1/20くらいのスケールが適当である。1/20以上のインテリア模型になると、テクスチャーやディテールを表現することがある。

⑪部屋のみのごく簡単なインテリア模型をつくる場合は、その部屋の平面図、展開図4面、天井伏図をモデルボード（厚さ3mm）に張り付け、天井面あるいは壁の1面か2面を取りはずせるようにする方法がある。この場合、窓やドアは壁に描かないで、切り抜いたほうがリアルな模型になる。

2　コートハウスのインテリア模型をつくる

ここであげるコートハウスのインテリア模型は、内部空間の構成や全体の間取りの表現のほかに、床・壁・天井の色彩やテクスチャーと家具、住宅設備機器なども表現している。この住宅の模型では、インテリアを主体として表現しているため、インテリアの色彩やテクスチャー、家具、住宅設備機器をつくるための手間と時間が必要になる。また外観模型も兼ねているが、床、外壁、内壁などの基本的なつくり方やプロセスは、第3章1節「プレゼンテーション模型」の住宅模型とほとんど同じであるため、重複する箇所はここでは省略している。同節を参考にしてほしい。

インテリアの色彩やテクスチャーは主に色紙で表現しているために、組み立てる前に色紙を内壁や床などのボードに張らなければならない。組み立ててからでは、色紙を張るのはかなり難しい作業になるからである。ここで色紙に鉛筆で表現してあるのはコート①とコート②の床、家具の正面である。色紙をボードに接着す

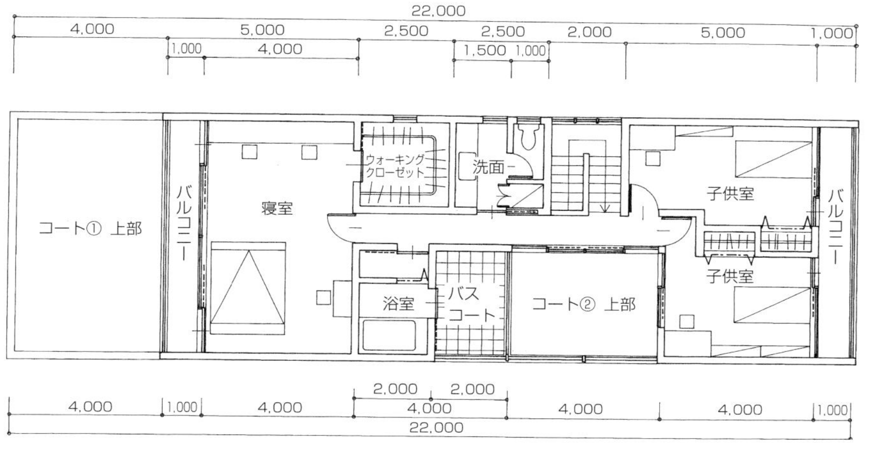

2階平面図　1/200

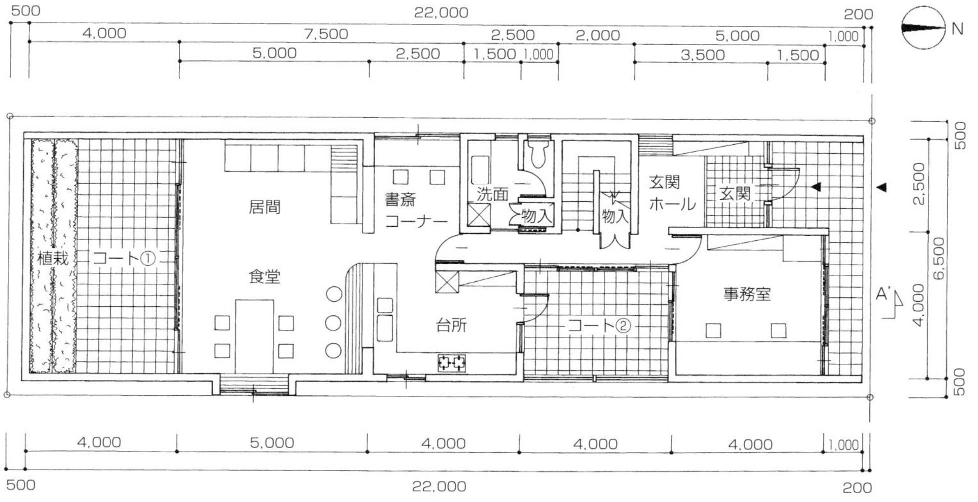

1階平面図　1/200

コートハウスのインテリア模型図面

るには、狭いボードの場合は両面テープで張り、広いボードの場合はスプレーのりを使っている。この模型では、2階床や屋根を取りはずすことで1階・2階の間取りや内部空間の構成がわかるようになっているが、さらに東の外壁も取りはずしできるようになっていて、断面インテリア模型(東側から室内を見たときのインテリア模型)としても表現できる。このように一つの模型で床、屋根、外壁を取りはずしできるようにするには、経験や技術がいる。初心者では2階床、屋根を取りはずせるようにするだけでも大変なので、外壁も取りはずせるようにする必要はない。また2階床の取りはずしも難しいという人は、外観模型としての役割は除いて考えることで、1階部分のインテリア模型と2階部分のインテリア模型を別々につくるという方法も考えられる。

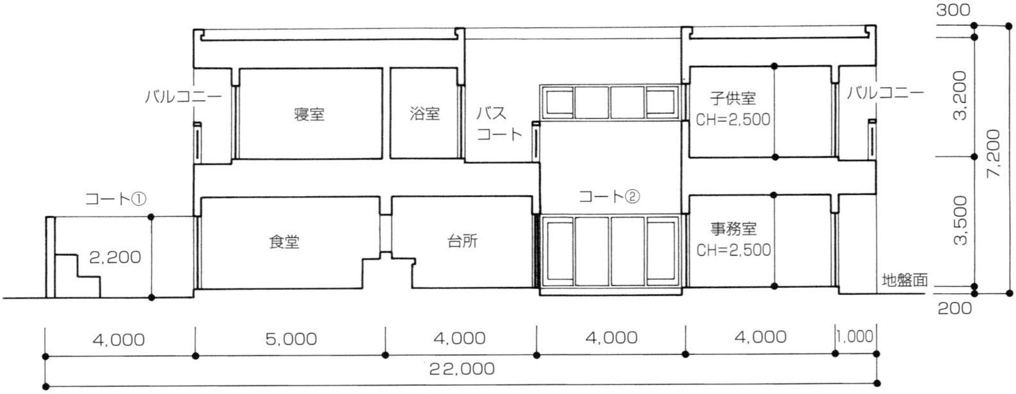

A-A' 断面図　1/200

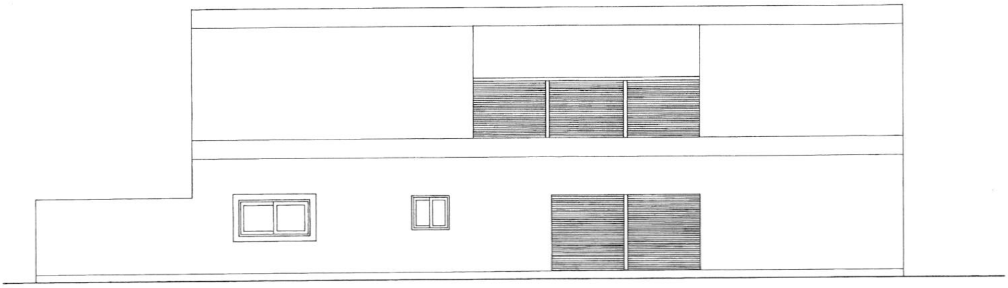

東立面図　1/200

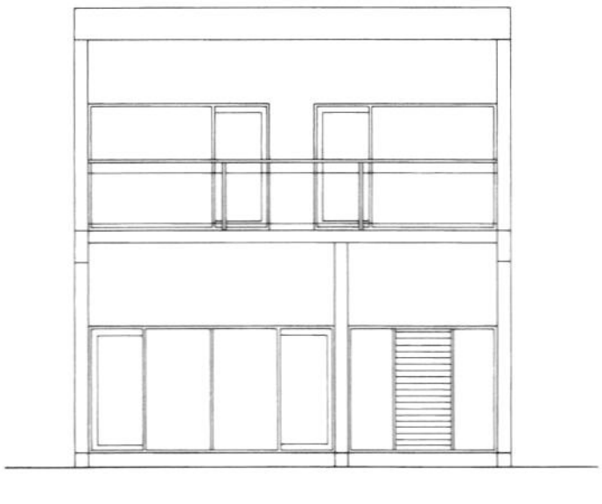

北立面図　1/200

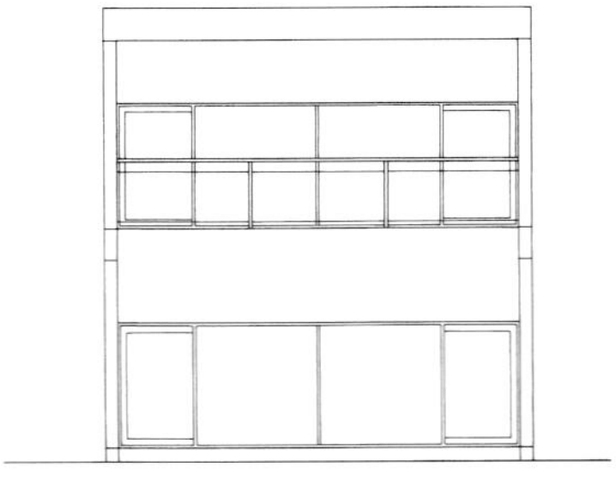

南立面図　1/200

コートハウスのインテリア模型(1/50)。東側の壁部材を取りはずして正面から見る

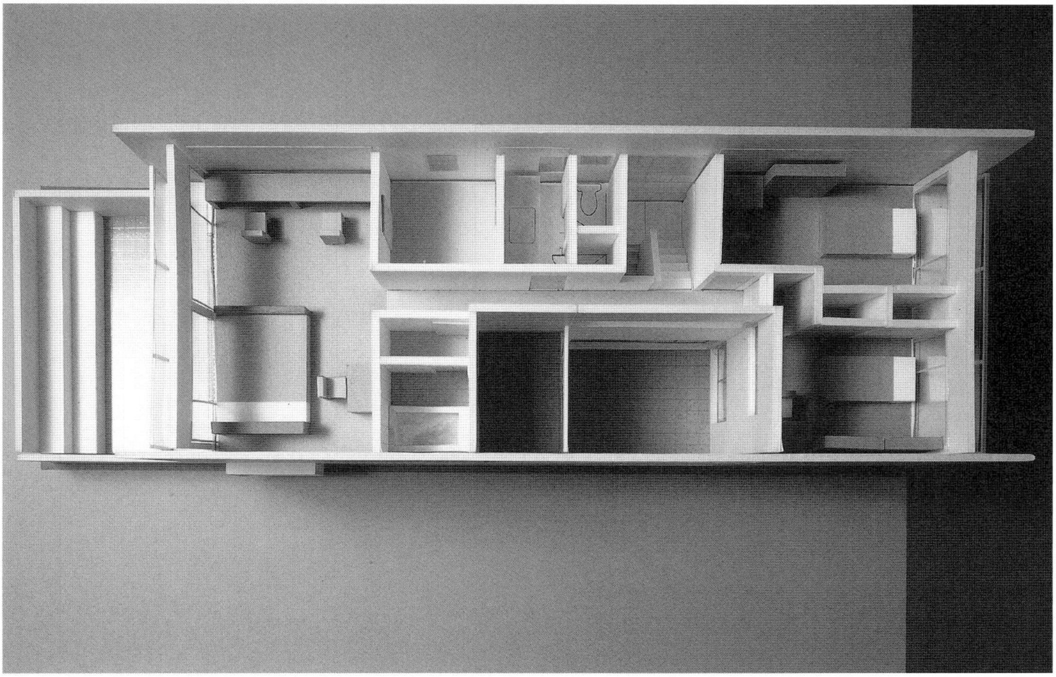

コートハウスのインテリア模型(1/50)。屋根部材を取りはずして上から見る

1→材料、道具をそろえる

材料は厚さ3mmのスチレンボード、厚さ5mmのスチレンボード、厚さ0.2mmの透明塩ビ板、幅1mmのシルバーのラインテープ、色紙などである。道具はスチのり、スプレーのり、カッター、ステンレス定規、カッターマット、スコヤ、ピンセットなどである。

色紙の種類とその使用箇所を次に示す。

色上質紙：1階居間の床、キッチンの床、タント紙：1階事務所の床、2階子供室の床、1階と2階の机、1階と2階のテーブル、2階の棚、ラシャ紙：1階居間の壁、1階と2階の椅子、2階のベッド。ラシャ紙はザラザラしたテクスチャーであり、タント紙はラシャ紙ほどではないが少しザラザラしている。

2→床をつくる

①床をつくるには、平面図をコピーして裏にスプレーのりを均一に吹き付けてスチレンボード(厚さ5mm)に張る。この住宅では床高が200mmであり1/50の模型では4mmになるが、厚さ4mmのスチレンボードは市販されていないため5mmのものを使うことにする。

②玄関の土間部分は床の5mmのスチレンボードを切り落として、2mmのスチレンボードを張る。

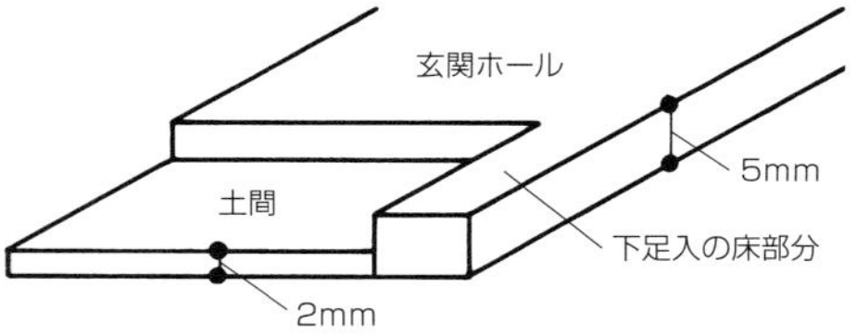

玄関の床

③1階天井から2階床までの懐部分は第3章1節「プレゼンテーション模型」の住宅模型と同じように、一体に箱状につくる。

④床に色紙を張るが、それぞれの部屋の床材が違うために部屋ごとに異なる色紙を張る。その境界にあたる内壁のドアの下の部分にも色紙を張るために、右上の図「内壁用ボードの下に色紙を差し込む」のように、内壁用スチレンボードの下にいずれかの床の色紙を差し込んでおくとよい。たとえば、部屋と廊下のあいだのドアの下ならば部屋の色紙を、主要な部屋とそうでない部屋のあいだのドアの下ならば、主要な部屋の色紙を差し込むようにする。

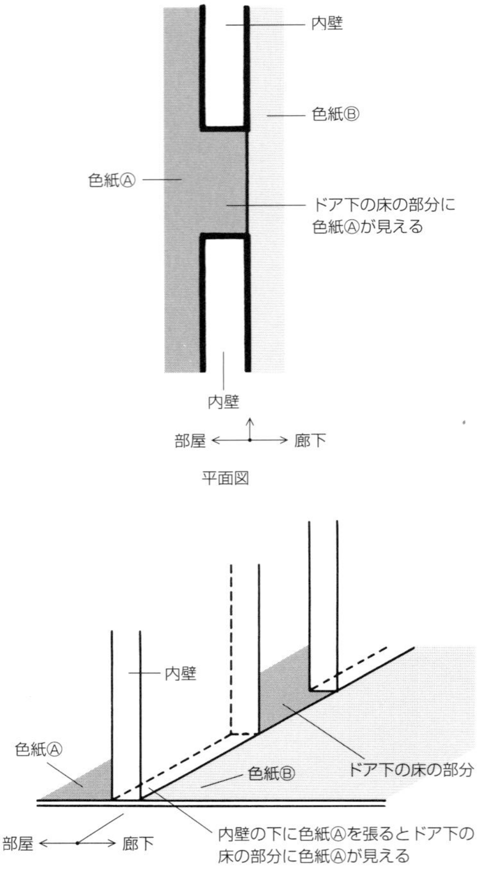

内壁用ボードの下に色紙を差し込む

3→外壁をつくる

①立面図のコピーをスプレーのりでスチレンボードに張る。このとき、はみ出したスプレーのりはラバークリーナーを使用して、消しゴムで鉛筆書きを消すようなやり方で簡単に取り除くことができる。立面図のコピーは後ではがすので、スプレーのりは薄めに吹き付け、ある程度乾燥させてから張ると簡単にはがすことができる。

②外壁は壁厚200mmであるが、厚さ4mmのスチレンボードが市販されていないため、厚さ3mmのスチレンボードを使う。この場合、3mmのスチレンボードは外壁の室内側の線に合わせるようにするとつくりやすい。なぜなら、この模型はインテリア模型であるため室内側を正確につくる必要があり、図面もそのまま使えるからである。これは、コートに面する外壁についても同様である。また事務室と玄関のあいだの内壁

は外壁とつながっているために、事務室の室内側の面にそろえる。また内壁の厚さ200mmのところも、同じように3mmのボードを使うが、内壁のボードは基本的には内壁の中心で合わせればよい。
このように必要となる厚さの市販のボードがない場合に、正確な外壁、内壁の位置を求めるには、模型をつくる前にあらかじめ模型用図面をつくるか、または模型をつくりながらボードの位置を確認して決めていくようにする。

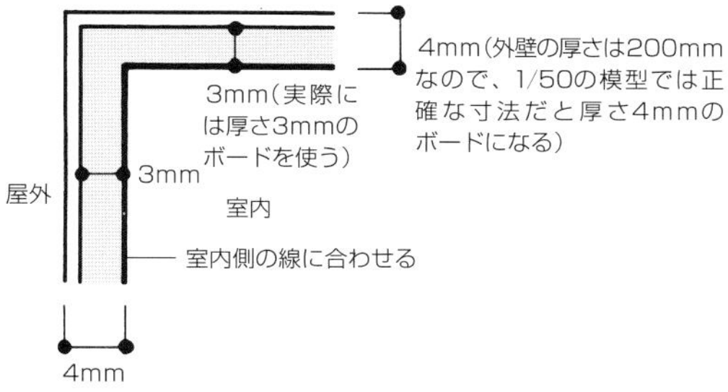

※外壁の厚さは200mmなので、1/50ではボードの厚さは4mmとなるが市販品で4mmの厚さのボードがないため、3mmの厚さのボードを使う。この場合、インテリア模型としての寸法の正確さを出すため、ボードは外壁の室内側の線に合わせる

外壁のボードは室内側の線に合わせる

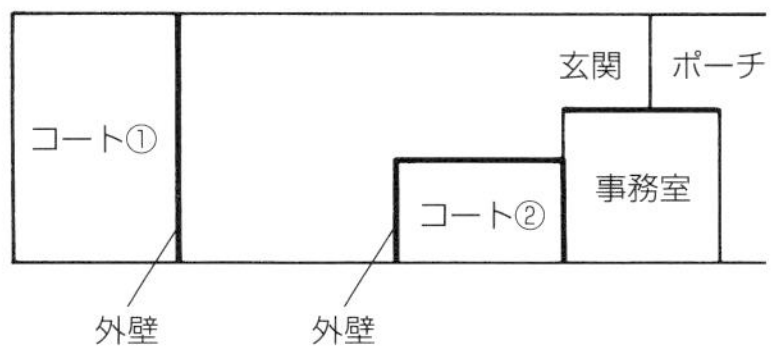

※コート①、②に面する外壁も厚さ3mmのボードを外壁の室内側の線に合わせる

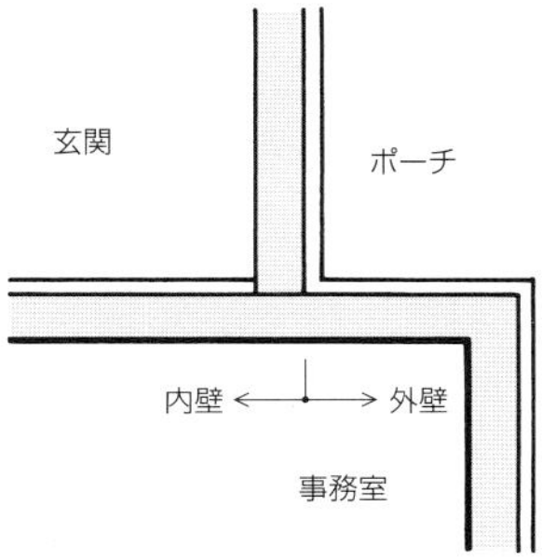

この事務室の内壁は外壁とつながっているため、事務室の室内側にそろえる

コート①、②に面する外壁と事務室の内壁

③立面図の輪郭線に沿ってスチレンボードを切り取り外壁をつくる。また立面図の窓、ドアの線に沿ってスチレンボードを切り取り、窓、ドアの穴をあける。
④東と西の外壁はコート①のコンクリート塀まで連続してつなげるようにする。
⑤窓は透明と半透明の塩ビ板にグレーの幅1mmのラインテープを張ったものを、外壁の窓の穴の位置に室内側から張る。
⑥出窓はスチレンボード(厚さ3mm)で箱をつくり塩ビ板を取り付けてから、外壁に組み込む。

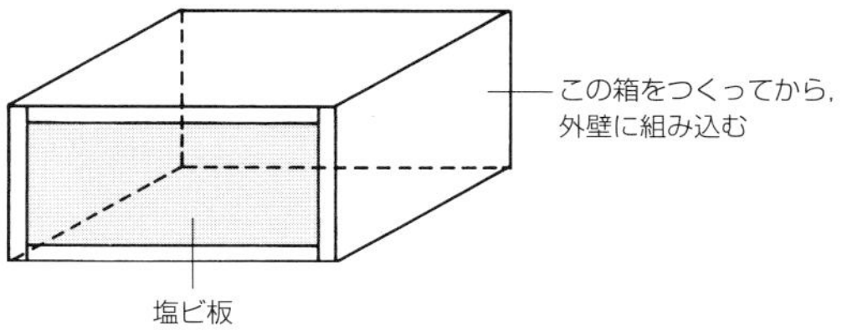

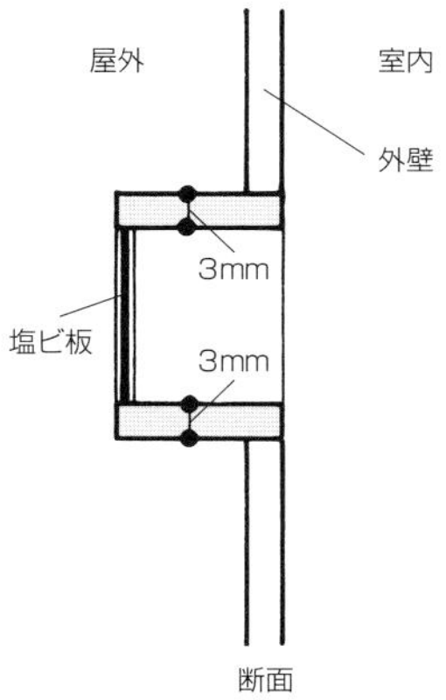

出窓のつくり方

4→内壁をつくる

①内壁のドアに穴をあけ、厚さ1mmのケントボードをその穴に差し込み、ドアを閉じた状態にする。
②内壁と外壁の室内側に色紙を張る。一般に床は明度を低くするため濃い色を使い、次に壁、天井の順に明度を高くしていくように、色紙を選択する。
③大きな壁はスチレンボードを切ってから色紙を張ってもよいが、小さい壁は先に色紙を張ってから、スチレンボードと一緒に切り出すとよい。

5→階段をつくる

①階高が3,500mmで階段の段数が14段なので、蹴上げが250mm(3,500mm÷14段＝250mm)となり、1/50の模型では厚さ5mm(2,500mm÷50＝50mm)のスチレンボードを使う。

②階段の手すり壁は最初につくって組み立てておく。

③下図「階段のつくり方」のように、ボード(厚さ5mm)で1段目から7段目の踊り場までの階段の部分を段状に重ねて接着する。次に踊り場の一段上の段(8段目)から2階床の一段下の段(13段目)までの階段の部分を段状に重ねて接着する。

④階段下の収納部分のドア(厚さ1mmのケントボード)を踊り場の一段上の段から2階床の一段下の段までの階段の部分にはめ込む。

⑤1段目から踊り場までの階段の部分を1階床に接着する。このとき、組み立ての補助材として、支えがあるとよい。次に、踊り場の一段上の段から2階床の一段下の段までの階段の部分を踊り場や手すり壁に接着するが、2階床を取りはずせるようにするために2階床とは接着しないこと。

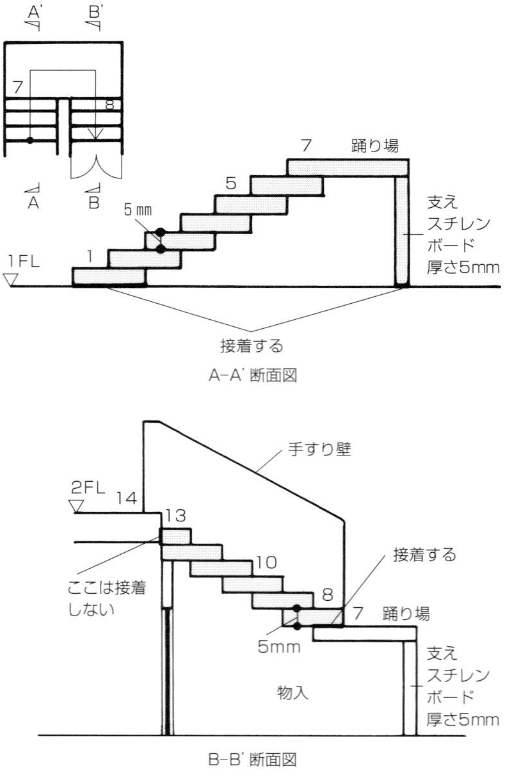

階段のつくり方

6→床と壁のボードを組み立てる

組み立ての順序は基本的に第3章1節「プレゼンテーション模型」と同じだが、異なる点は、この住宅ではコートがあるため外壁と内壁をほぼ同時に組み立てることである。接着する前に、両面テープで仮組みして精度や接着箇所を確認してから接着する。組み立ての順序は次のようになる。

①西の外壁(1階と2階が一体になっている)、南の外壁(1階のみ)、北の外壁(1階のみ)、さらに1階内壁のボードを1階床のボードに接着する。

②色紙(LKカラー)に目地と点を描いたものをコート②の床の部分に張る。下図「コート②の床に色紙を張る」のようにコート②に面する外壁の下にまで色紙を敷いておくとコート②の床がきれいに見える。色紙の厚さが薄いので、外壁の下に敷いても問題はない。

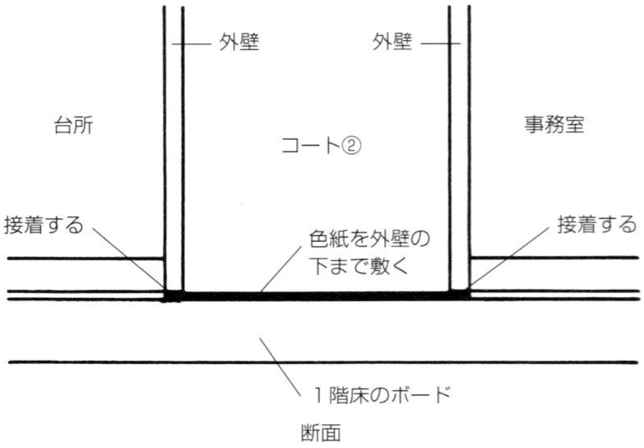

コート②の床に色紙を張る

③コート②の外壁を1階床のボードに接着する。

④2階の寝室、浴室、子供室のバルコニーは2階床と一体につくる。

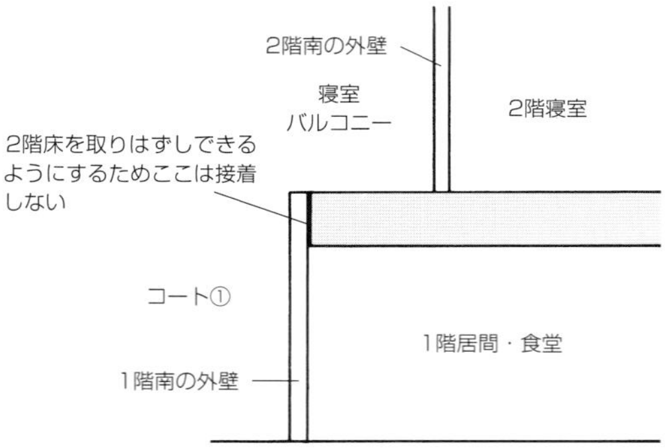

2階寝室のバルコニー

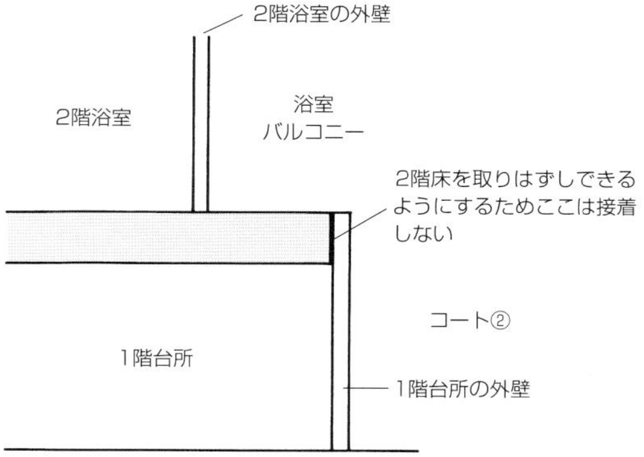

2階浴室のバルコニー

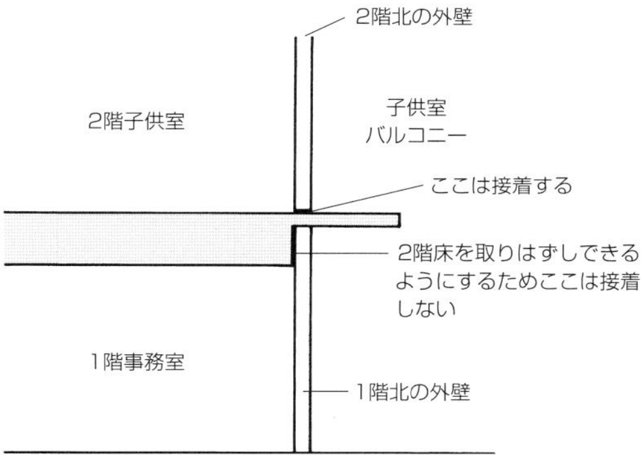

2階子供室のバルコニー

⑤2階床のボードに2階外壁（南の外壁、北の外壁）と2階内壁を接着する。ただし、東の外壁のボード（1階と2階が一体になっている）は模型が完成した後も、取りはずしできるようにするために接着しない。また2階内壁は、完成した後も2階床を取りはずして1階の室内部分を見せるようにするため外壁と接着しない。

7→屋上をつくる

屋上は2階床と同じように、2階懐部分と一体で箱状につくる。屋上は完成した後も、取りはずしできるようにするために外壁とは接着しない。

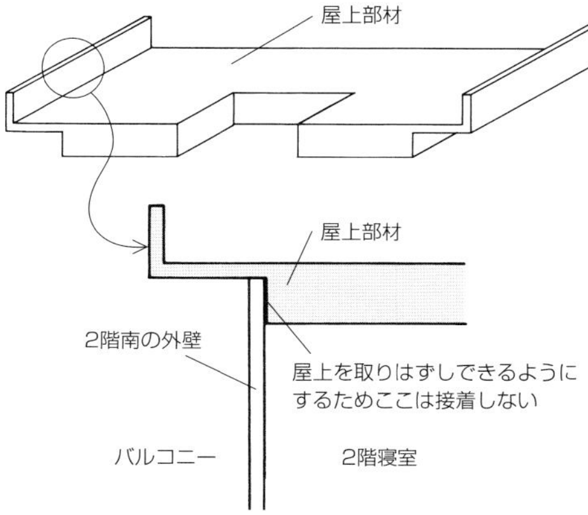

屋上のつくり方

8→細部をつくる

①バルコニーの手すりは、白のプラ棒で手すりと支柱をつくり、それに半透明の塩ビ板を張る。支柱は少し長めに切って1階の外壁に差し込む。

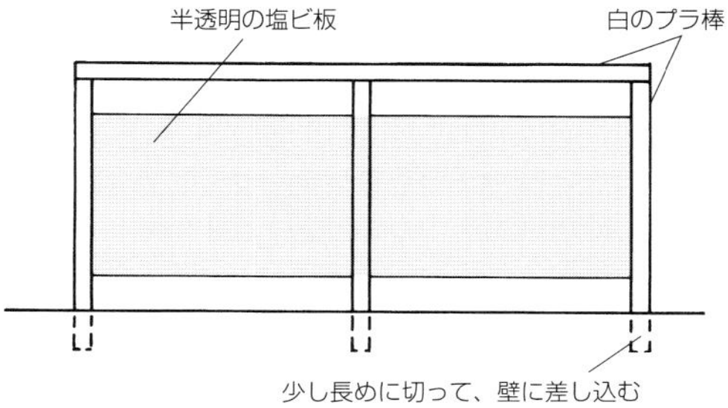

バルコニーの手すり

②コート②の外壁にあるガラリはプラ棒で枠をつくり、細長く切ったプラ板を斜めに張り合わせてつくる。

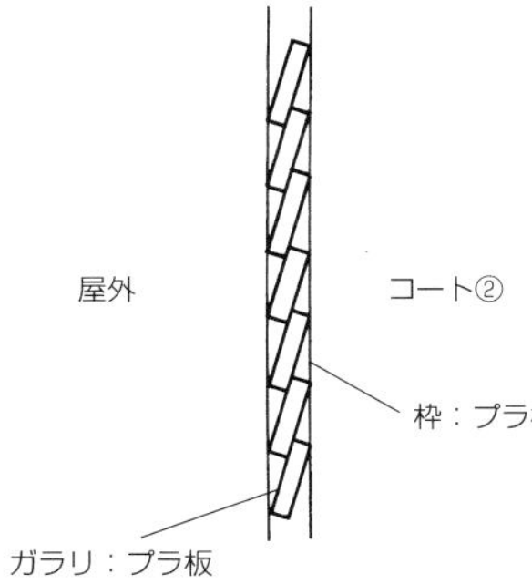

コート②の外壁のガラリ

③コート①の段差のあるプラントボックスを厚さ3mmのスチレンボードでつくる。

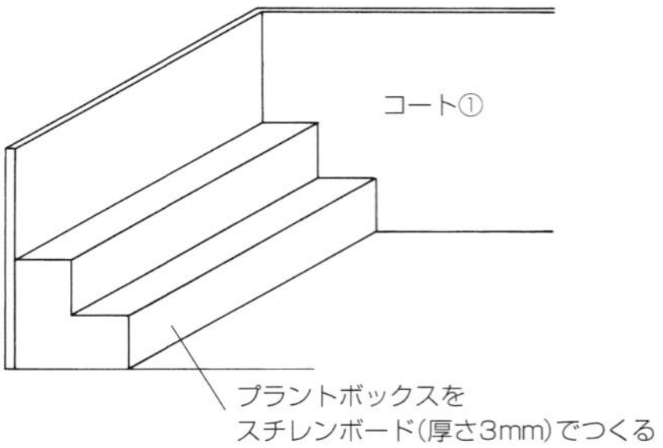

コート①のプラントボックス

9→家具をつくる

厚さ2mmのスチレンボードで家具をつくり、その上に色紙を張る。家具は、椅子、テーブル、ソファー、机、ベッド、棚をつくる。そのほかに浴槽、洗面台、厨房機器、冷蔵庫、コピー機をつくる。椅子は15脚、机は7卓、ベッドは3台、棚は7個、テーブル1台、洗面台2個というように同じものを何個もつくり、その上に色紙を張るために、作業は本体の建築をつくるのと同じ程度の時間を要する。

家具などに張る色紙は床に接する面以外のすべての面に張る。小口面はその面を単独で張るよりも広い面に張る色紙を折り曲げて張ったほうがきれいに見える。接着は家具などの広い面には両面テープ、狭い面にはスチのりを使う。家具に色紙を張るのは細かい作業なのでピンセットなどを使うと便利である。また棚、冷蔵庫の正面には鉛筆でデザインを描いている。

10→模型を模型台に接着する

模型台は市販の木製パネルを使う。模型台全体に薄いグレーの色紙をスプレーのりで張り、敷地には濃いグレーの色紙を張る。完成した住宅模型を模型台にスチのりで接着する。

1階と2階を並べて見る

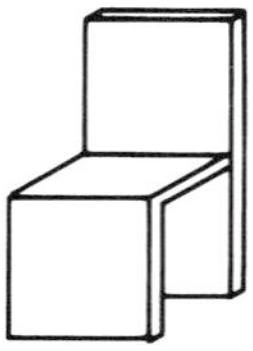

1階・2階椅子

2階浴室浴槽

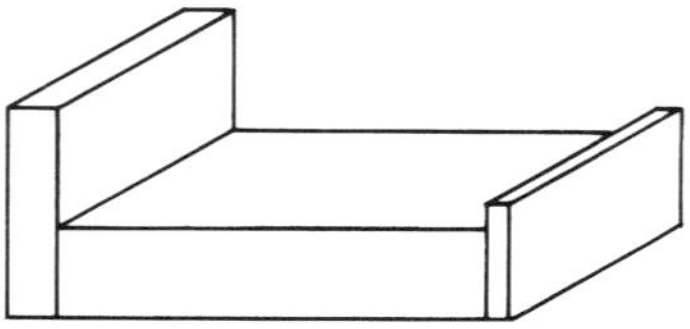

2階寝室ベッド

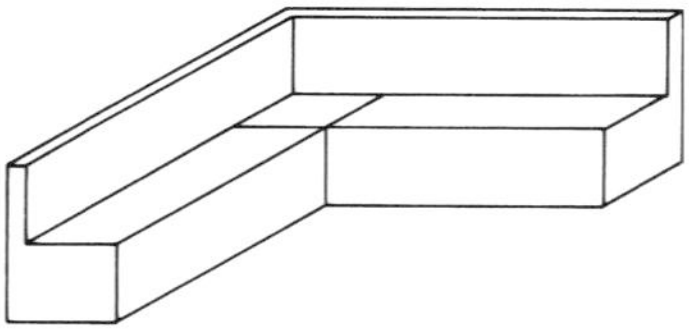

1階居間ソファー

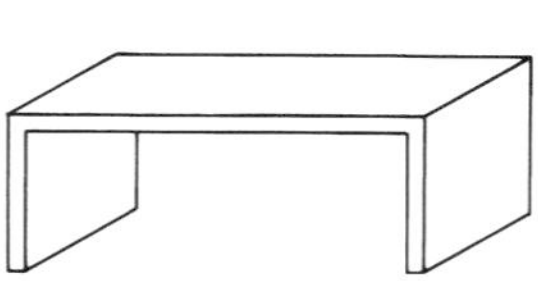

1階居間テーブル

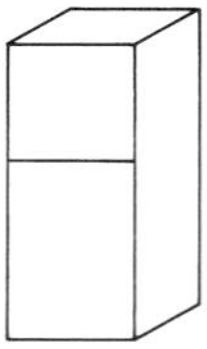

1階台所冷蔵庫

スチレンボードでつくるいろいろな家具

第4章

模型写真を撮影する

模型が大きい、もしくは遠くの場所でプレゼンテーションしなくてはならないなど、模型の運搬が困難な場合、写真で代用すると便利である。また設計者があるアングルから見た建物を表現したいなどのこだわりをもっているときは、模型写真は特定のイメージを的確に伝えることができるため効果的である。さらに模型を写真独自の美しさによって表現することもできる。しかし、撮影した写真がピンぼけであったり、画面が暗かったりしたら、せっかくの美しくて正確な模型も台なしになってしまう。そのようなことのないよう、ここでは模型写真の基本的な撮り方について説明する。

1　撮影の機材

1→カメラ

カメラは大きく分けて、銀塩カメラとデジタルカメラに分けられる。銀塩カメラはフィルムを使うものである。デジタルカメラはフィルムを使わないで、内蔵メモリーなどに画像を記録するものである。近年急速に普及したが、画像確認や画像消去など、簡単に画像処理ができるのでたいへん便利である。さらにカメラには大きさやファインダーの方式によりさまざまな種類があるが、一般の模型撮影では、次にあげる35ミリ一眼レフカメラやコンパクトカメラを使うことが多い。

①35ミリ一眼レフカメラ

35ミリ一眼レフカメラは、最も一般的なカメラであり、模型撮影では露出計内蔵型で、レンズ交換ができ、絞り優先が可能で、シャッターレリーズを使えるものがよい。24mm、28〜80mmくらいのズームレンズ、50mmや100mmくらいのマクロレンズなどのレンズがあると、ほとんどの模型は撮影することができる。

②コンパクトカメラ

多くのコンパクトカメラは、自動的に絞りとシャッタースピードを組み合わせることで正しい露出になるプログラム自動露出の機能と自動的にピントが合うオートフォーカスの機能が内蔵されているので、だれでも気軽に撮影できる利点がある。しかし、このようにすべて自動で設定されているために模型撮影にはもの足りない面がある。

2→レンズ

レンズには、単焦点レンズとズームレンズがある。単焦点レンズは撮影できる範囲が限られている。レンズの焦点距離が35mmとか50mmというように表示されているが、この数値が大きくなるほど撮影できる範囲が狭くなり、また小さくなるほど撮影できる範囲が広くなる。模型をできるだけ自然に撮影したい場合には、

上列は銀塩の35ミリ1眼レフカメラ。下列はデジタルのコンパクトカメラ

50mmや85mmの中望遠レンズを使うようにする。
広い範囲を撮影したい場合には、広角レンズが適している。マクロレンズは、被写体に接近して撮影することのできる機能をもち、模型撮影に向いているレンズである。
模型を人の目線に合わせて撮影する場合は、28mmなどの広角レンズを使い、模型にかなり近づいて撮影する。広角レンズを使う場合は、背景の紙や布の幅がかなり必要となるが、パースペクティブのきいた写真になる。ピントを合わせにくいときは、60mmくらいのマクロレンズがあれば便利である。
ズームレンズは、撮影できる範囲を広くしたり、模型に接近して撮影することができるレンズである。ズームレンズのよさは、模型などの被写体を動かさずに後ろの風景の撮影範囲を広くしたり、狭めたりすることができることである。

3→フィルム

フィルムにはカラーフィルムと白黒フィルムがある。カラーフィルムにはネガであらわされるネガカラーフィルムとポジであらわされるカラーリバーサルフィルムがある。白黒フィルムも同様にネガとポジがある。カラーフィルムから白黒プリントもできるが、仕上がりのよさを考えると白黒フィルムを使うほうが望ましい。カラーリバーサルフィルムや白黒フィルムは現像やプリントに時間がかかるので事前に確認すること。
フィルム感度は、ISOの数値によって表示され、これはフィルムの乳剤が光に感じる度合いをあらわした数値である。低感度フィルムほど画質はよい。模型撮影ではISO50～100くらいのものを使うことが望ましい。
①ネガカラーフィルム
ネガカラーフィルムは、一般によく使われるプリントを目的としたカラーフィルムである。ネガカラーフィルムはデイライト（外光）タイプとタングステンタイプが販売されている。
②カラーリバーサルフィルム（ポジフィルム）
カラーリバーサルフィルムは、スライドや印刷原稿に使われるフィルムである。カラーリバーサルフィルムは、撮影時のライトの種類によって、デイライト用とタングステン用がある。デイライト用は、太陽光、ブルーランプ、ストロボでの撮影用のフィルムで、一般の撮影ではこのフィルムを使う。タングステン用は、タングステンライトで撮影する場合に使われる。
③白黒フィルム（モノクロームフィルム）
白黒フィルムは色褪せの心配がなく、長期保存に適している。着彩をしていない模型の撮影に向いている。自分で現像したりプリントすることもできる。

4→三脚

模型写真は、陰影をつけるために室内で撮影することが多いが、室内では光量が不足しがちである。そのためシャッタースピードが遅くなることが多い。シャッタースピードが1/30秒以下になると、手持ちの場合は手ぶれによる撮影ミスが起きやすい。そのため三脚でカメラを固定して撮影するのが望ましい。三脚はぐらつきのない頑丈なものがよい。建築模型をクローズアップする場合は、カメラぶれを起こさないよう三脚にカメラをしっかりとセットし、またピンぼけを起こさないようできるだけ絞り込んで、スローシャッターで撮影することが望ましい。

5→ライト

模型撮影では、自然光によるほうが自然なやわらかさを出せるが、陰影をつけて立体感を強調するには、人工光によるほうが適している。一般に用いるライトは、デイライト用フィルムで撮影する場合に使うブルーランプ（5000°k）と、タングステン用フィルムで撮影する場合に使う白熱灯（タングステンライト、3200°k）がある。ブルーランプは太陽光に近く、白く光る光源で、自然な色で撮影できる。白熱灯は電球のようなオレンジ色の光源のため、デイライト用フィルムを使うと写真が全体的にオレンジ色を帯びる。色の安定度と、その色を保つ寿命を考えると、白熱灯でタングステン用フィルムを使うのが望ましい。蛍光灯はあまり使わないが、デイライト用フィルムを使って、白色蛍光灯の光源により撮影すると、植栽などの緑がスチレンボードの建物や背景の白い部分に写ってしまい、全体が少し緑がかるので、マゼンタ色のFL-Wフィルターなどを用いて補正する。
ライトの付属品のクリップやソケット類は、用意すると便利である。またストロボ撮影は近距離の模型撮影にはコントラストがつきすぎて不向きであるが、光源にトレペなどをあてて透過した光で撮ったり、光源を天井にぶつけて反射光で撮るとよい。

6→セルフタイマー
模型撮影では、指でシャッターボタンを押すとカメラが動いて、手ぶれすることがある。このため、カメラについているセルフタイマー機能を用いて撮影する方法もある。また、シャッターボタンにねじ穴がある場合は、その穴にシャッターレリーズをねじ込んで、シャッターボタンを離れたところから押すことができる。

7→シャッターレリーズ
遠隔操作でシャッターを切る道具である。セルフタイマーのように、シャッターが下りるまでに時間がかからない。何種類かの長さがあるが、一般には30cmくらいのものが使いやすい。

8→レフ板
レフ板は、光源の反対側において、光源からの光を模型に反射させることで、模型の陰影を調整するものである。また光の演出効果を考えて、光をやわらげるためにトレペを使ったり、セロファン紙によってライトの光を変色させたりするなどの方法がある。

9→ライトソケット
ライトソケットは、ライトのワット数に合ったものを選ばなければならない。クリップの付いているライトソケットはいろいろな場所にはさむことができ便利である。

10→ライトスタンド
ライトを固定するスタンドで、伸ばすと1.5〜2mくらいになるものを2本用意する。

11→露出計
被写体の明るさを露出計で測り、適切なシャッタースピードと露出を求める。なければ、カメラ内蔵のTTL露出計で測る。

12→背景
背景に使う材料としては、紙や暗幕などの反射しにくい素材のものを選ぶ。背景の大きさは、模型の大きさや使用するレンズにもよるが、模型の5倍くらいの大きさのものが必要となる。これは広角レンズで撮ったり、下から見上げて撮る場合に、後方が広い範囲で映

左よりブルーランプ、白熱灯、低位置用の三脚、高位置用の三脚、コンパクトタイプの三脚

るためである。おおよそ1.5×2mくらいあれば間に合うことが多い。背景の色は一般には無彩色(黒が多い)がよく、模型台の下に敷くものも同様の無彩色にする。色つきの背景紙は、ラシャ紙などが一般的である。屋外では、青空を背景にした撮影が基本であるが、天候に左右されやすい欠点がある。そのため屋外で撮影したものと同じような雰囲気を室内でも出すためには、背景が青空となるような紙を使ったり、空の変化を出すためにグラデーションペーパーを使用する方法もある。また撮影用ロールペーパーが市販されており、写真機材の専門店などで扱っているので、できれば何種類か用意すると便利である。

13→黒ケント紙

レンズにライトの光が直接入らないように、レンズのまわりに黒ケント紙をクリップで止めてハレーションを防止する。

上列はレリーズ。中列は左よりクリップ付きライトソケット、ストロボ、露出計。下列は左よりフィルター、水準器、フィルターホルダー、クリーニング用のレンズペン

2 模型の撮影

1 模型を撮影する手順

模型撮影は、まず背景を設置して模型を固定し、三脚や自分の影が画面に入らないようにカメラ位置を決めてから、模型の奥行きの中間にピントを合わせ、次に絞りをできるだけ絞り込んでシャッタースピードを合わせる、というプロセスで行われる。ここでは銀塩カメラでの撮影を前提に説明するが、デジタルカメラでも背景やライティングの基本は変わらない。

1→撮影場所を確保する

撮影台の高さは80cmくらいがよい。撮影台の高さが低すぎると、人間の目線くらいのローアングルの撮影ができない。

撮影台として使うテーブルなどを壁から1mくらい離しておき、背景となる紙や布を撮影台と壁の両方に掛ける。このときに、紙や布の端がしわにならないようにガムテープでテーブルや壁に止めて動かないようにする。または撮影台を使わないで、直接模型を床において撮影する場合は、背景の紙や布を壁からゆるやかにカーブを描くように手前の床にもってきて、床にガムテープで止めておく。

2→背景をセットする

背景は模型によって黒、青、白などの紙や布を使う。なるべく大きなものを使い、背景が画面から切れないようにする。

背景の紙や布の色によって模型写真は表情を変えるので、模型全体の色調と違和感のない背景の色を選択する。また一般的に、背景の写真の仕上がりの色は、実際に見た色より沈んだ色になる。模型と背景の距離を離すと紙や布の材質感がなくなり、ぼけて平板な背景となったり、背景に紙を使ったときはハレーションを起こすことがあるので注意する。

3→アングルを決める

完成した模型を手に取ったり、カメラのファインダーを通してのぞいたりしながら、作品の特徴や全体の構成がよくあらわれるように、アングルを考える。模型撮影は、一般に俯瞰または撮影者の目線から行われ、カメラ、模型、撮影台、背景、ライティングなどの関係を考慮して、立体感が出るように撮影を行うことが必要である。

アングルに関していえば、模型に近づいたり目の高さから模型を見上げるように撮影すると、現実感のある写真撮影が可能となり、模型のめりはりや変化の面白さなどが表現できる。また、建物の水平、垂直をきちんと出すために、真横から水平に写す方法もあるが、このときに撮影の妨げとなる手前の周辺模型がある場合は、取り除くようにする。俯瞰や真上から撮影するときは、模型を壁に立て掛けてもよい。

撮影は広角レンズを使うことが多いが、アングルによっては標準レンズのほうがよい場合もあり、使い分けが必要である。

建物と庭または周囲の環境との関係を見せるような場合には、俯瞰のアングルで撮影を行うとよい。この場合、画面の歪みを少なくするために標準レンズなどの長焦点のレンズを選んだほうが自然なパースとなる。

4→カメラと三脚をセットする

背景の上に模型をおいて、あらかじめ決めておいた構図になるように三脚を配置する。さらに、三脚にカメラを取り付け、しっかりと固定する。ファインダーをのぞいて、背景の紙や布が画面から切れていないか確かめ、もし背景が切れている場合は、背景が切れないように背景の紙や布を移動するか、模型やカメラを動かす。

5→模型にライティングをする

ライトは白熱灯を2灯用意する。500Wと300Wの2種類を用意して、状況に応じて500＋300Wまたは500＋500Wと使い分けるとよい。1灯を主光源としてこれが模型に直接あたる面と、もう1灯をレフ板あるいは背景や天井にあてて、その反射光が模型にあたる面との明るさのバランスを見る。模型の立体感を出すためには、ライトと模型の距離を変えたり、ライトを上下左右に移動させたりして、模型や模型台にあらわれる陰影を検討する必要がある。ライトの光は模型の正面からあてたのでは、全体の明るさが均一になり、陰影のない立体感の乏しい写真になってしまう。

ライトの光がレンズに入らないようにして、もし入るようであれば黒いボードかレンズフードをカメラに取り付ける。
外光は遮断して、蛍光灯がある場合は消し、ミックス光源にならないようにしないと、正しい色合いが出ない。室内での撮影は、ライトの位置を自由に変えられるという利点がある。そのため、陰影のつけ方を十分検討でき、光源の位置や光量が安定しているので、要領さえつかめば露出設定(シャッタースピードと絞り値の設定)も比較的簡単に行える。

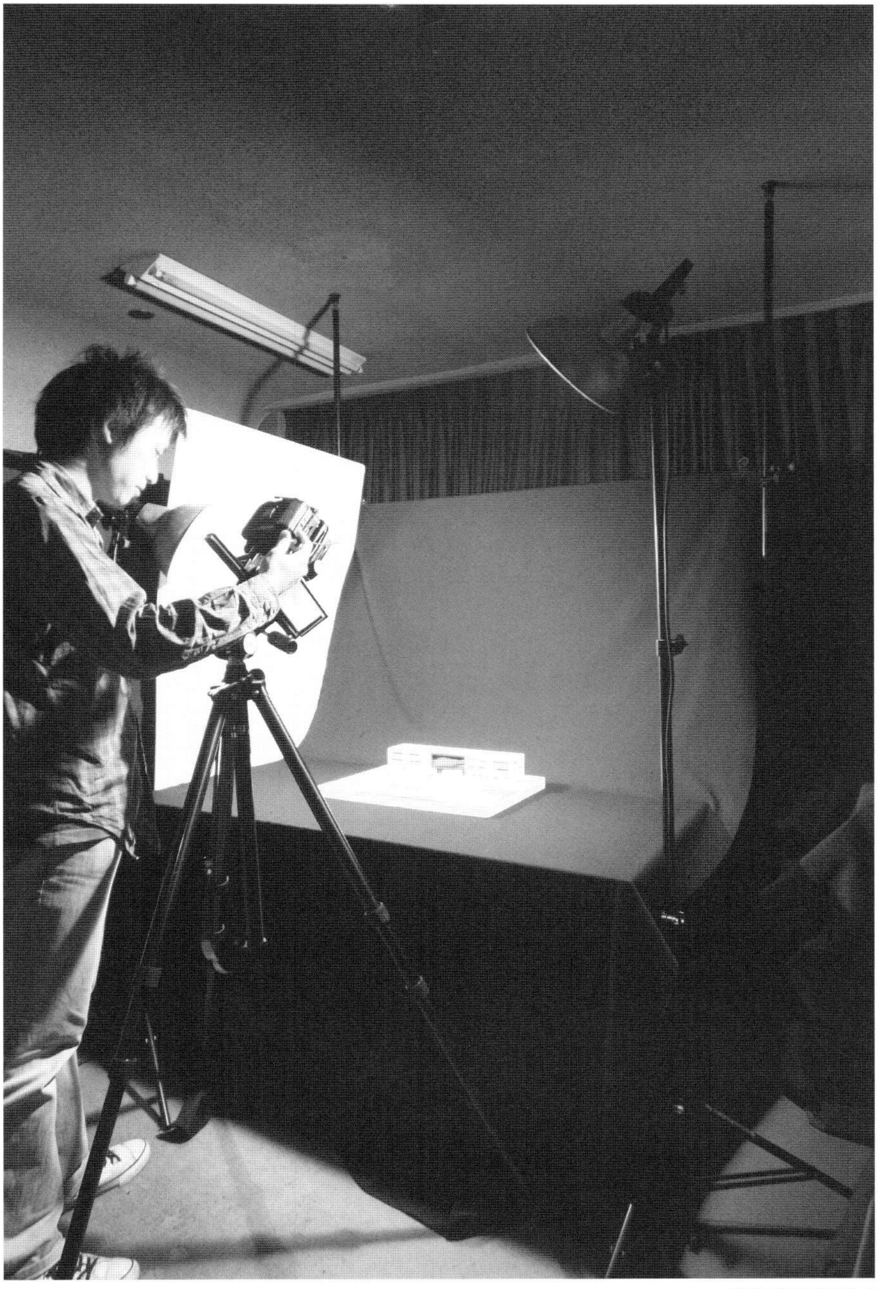

模型写真撮影の様子

6→カメラにフィルムを装塡する

マニュアルでフィルム感度を合わせる場合は、カメラのISOの目盛りをフィルムに書かれた数字に合わせる。正しく合っていないと、撮影が失敗する恐れがあるので注意すること。ただ、最近のカメラでは自動でセットされるものも多い。

7→ピントを合わせる

模型の一番手前の箇所にピントを合わせると、写真の一番奥の箇所がぼけ、逆に一番奥にピントを合わせると手前がぼけてしまう。撮影したい範囲のすべてにピントが合わないときは、アングルを変えるかピントが合う範囲を限定する。写真全体にピントが合うようにするためには、模型の奥行きの中間あたりにピントを合わせるようにするとよい。

8→絞りはできるだけ絞っておく

よい写真を撮るには、レンズの絞り(F値)とシャッタースピードによる露出制御がうまくいかなければならない。

①適正露出を得る

フィルムの感度に合わせた光量を正確にフィルムにあてることを適正露出という。この値を正確に知ることが大切である。

適正露出を得るには、遅いシャッタースピードの場合は、絞り込んでカメラに入り込む光量を少なくし、逆に速いシャッタースピードでは絞りを開いて多くの光量をカメラに入れるようにする。

②露出計により正しい露出を測る

適正露出を得るには、露出計で各数値を測ることをすすめるが、カメラ内蔵の露出計つまり絞り優先の自動露出機能でも十分である。露出計を使って少しずつ露出条件を変えた写真を数種類撮影することが望ましい。

③被写界深度によりピンぼけを防ぐ

被写界深度とは、被写体にピントを合わせると、そのピントの合った部分の前後の画像が鮮明に写る範囲のことをいう。この範囲が広い(深い)ほど、ピンぼけの部分が少なくなる。

レンズは、絞りをより絞り込む(数値を大きいほうにずらす)ほど被写界深度が深くなり、逆に絞りを開く(数値を小さいほうにずらす)ほど浅くなる。たとえば、絞りが8と16では、数値の大きい16のほうがピントが合う範囲が広い(深度が深い)ということである。レンズの種類にもよるが、絞り値の一番大きな数字(f16〜32)に合わせるようにすることで、ピンぼけを減らすことができる。

模型写真では、一般に画像の奥までシャープに撮影する場合が多いので、レンズをできるだけ絞り込んだほうがよいわけである。

次に、絞りをできるだけ大きな数字にしたら、シャッタースピードを遅くしなければならない。カメラに露出優先の機能がある場合は、絞りをできるだけ絞り込んで固定し、シャッタースピードは自動で撮影する。シャッタースピードを遅くすると、手が震えてカメラがぶれやすくなるので、カメラを三脚で固定して、シャッターレリーズかセルフタイマーを使って手ぶれを防ぐようにする。

9→絞りに合わせてシャッタースピードを決める

現在販売されている35ミリ一眼レフカメラの多くには自動露出機能がある。この機能はマニュアルで決めた絞りの数値に合わせて、カメラが適正露出を得られるように自動的にシャッタースピードを調節するという撮影者にとって便利な機能である。

10→撮影の終了

撮影終了後に注意しなければならないのは、ライトによるやけどや火災である。撮影が長時間にわたると、ライトは熱くなっているため、やけどや火災の原因となることがある。ライトのスイッチを消したら、そのままにして冷えるのを待つようにする。また、模型はほこりをかぶらないように早めに模型ケースや箱におさめておくようにする。

2＿＿屋外で撮影する

模型撮影は一般に室内で行うが、晴れた日には屋外で青空を背景にした写真を撮ることも考えられる。撮影の仕方や手順については、室内での撮影と同様であるが、風によって背景が振れたり、レフ板などが転倒したりしないように注意すること。晴天でも雲が出てくると晴れたり曇ったりして露出が変わりやすいので、模型撮影には不向きである。

著者略歴

大脇 賢次（おおわき けんじ）

建築家。明治大学工学部建築学科卒業。1983年、イタリアの建築と都市の研究のためイタリア留学。1984年、一級建築士事務所大脇建築設計事務所を設立。主な作品に「西日暮里の家」「下馬の家」「太子堂の家」「曙町複合商業ビル」「東金町の集合住宅」「彫刻家のアトリエ」「瀬田オフィスビル・集合住宅プロジェクト」「画家のアトリエ」などがある。現在、大脇建築設計事務所主宰。環境・景観・街並みとしての建築をテーマとして設計活動を展開している。日本建築学会会員。

著書

『基本・建築製図と表現技法』（彰国社）

『よくわかるパースの基本と実践テクニック』（彰国社）

『最新 建築・土木のしくみ』（日本実業出版社）

『図解 早わかり建築基準法』（ナツメ社）

模型製作協力

斎藤 翼（大脇建築設計事務所スタッフ）

関 宏行

志賀 匡

後藤 貴之

写真撮影

畑　拓：表紙カバー，p.1，pp.4–5，p.9，p.27，p.44，p.46，p.50，p.53，pp.58–60，pp.71–72，p.85右，pp.87–88，pp.98–101，p.104上，pp.106–107，pp.110–111，p.115上，p.116，p.117上，p.121，pp.126–128，pp.130–131，p.133

＊上記以外のものはすべて、大脇建築設計事務所からの提供による。

イラストでわかる建築模型のつくり方

2007年4月10日　第1版 発　行

2009年10月10日　第1版 第5刷

著作権者との協定により検印省略

著　者　大脇 賢次

発行者　後藤 武

発行所　株式会社 彰国社

160-0002 東京都新宿区坂町25

電話 03-3359-3231（大代表）

振替口座　00160-2-173401

自然科学書協会会員

工学書協会会員

Printed in Japan

印刷：壮光舎印刷　製本：中尾製本

ISBN 978-4-395-00854-4 C3052

http://www.shokokusha.co.jp